互联网租赁自行车共享出行特征分析与优化管理

Travel Pattern Analysis and Optimization Management of Free-floating Bike-sharing System

季彦婕 马新卫 刘 阳 张 凡 著

科学出版社

北 京

内 容 简 介

本书以互联网租赁自行车为研究对象,基于多源数据解析了租赁自行车出行特征,探究了租赁自行车共享出行需求生成机理,构建了租赁自行车需求预测模型,研究了投放量优化、动静态智能调度、接驳换乘出行优化等系统优化管理方法,提出了面向全生命周期的低碳效益评估模型,并以南京市为例进行了实证分析。

本书可作为高等院校交通工程、交通运输和城市规划专业高年级本科生、研究生专业参考书,对城市交通运输工程领域的科研、管理人员也有较强的应用参考价值。

图书在版编目(CIP)数据

互联网租赁自行车共享出行特征分析与优化管理 / 季彦婕等著. —北京:科学出版社,2022.6

ISBN 978-7-03-072135-8

Ⅰ. ①互… Ⅱ. ①季… Ⅲ. ①互联网络-应用-自行车-租凭业务-研究 Ⅳ. ①U484-39

中国版本图书馆 CIP 数据核字(2022)第 067077 号

责任编辑:惠 雪 曾佳佳 高 微 / 责任校对:杜子昂
责任印制:张 伟 / 封面设计:许 瑞

科学出版社 出版
北京东黄城根北街 16 号
邮政编码:100717
http://www.sciencep.com

北京盛通商印快线网络科技有限公司 印刷
科学出版社发行 各地新华书店经销

*

2022 年 6 月第 一 版　　开本:720×1000　1/16
2022 年 6 月第一次印刷　　印张:15 1/2
字数:310 000

定价:129.00 元
(如有印装质量问题,我社负责调换)

前　　言

新一轮科技革命和产业变革正加速演变，绿色交通、共享交通、智慧交通成为我国培育交通发展新优势的重要发力点。为积极贯彻落实国家层面的一系列重大决策部署，应坚持创新、协调、绿色、开放、共享的新发展理念，积极鼓励和规范共享交通新业态，全面推进节能减排和低碳循环发展，构筑新型交通生态系统，努力建设低碳交通系统。

互联网租赁自行车作为低碳交通系统的重要组成部分，是移动互联网和租赁自行车融合发展的新型绿色交通服务模式，为满足公众短距离出行和公共交通接驳换乘需求提供了新选项，在我国得到了快速发展。尤其是在当前疫情防控常态化形势下，少接触、少聚集的防控要求使得互联网租赁自行车骑行需求量明显提升。

互联网租赁自行车在满足"最后一公里"出行需求、促进绿色出行等方面发挥了重要作用，但其弊端也日益凸显，如供过于求、运维不当、旧车回收不及时等问题。近年来，政府管理部门着手从设定企业准入条件、控制车辆投放数量等方面进行监管和引导，取得了部分成效，但仍存在诸多问题。互联网租赁自行车应加快转变，由一味追求投放规模向更加注重质量效益转变，由满足基本骑行需求向更加注重低碳导向转变，更好地满足公众高品质、个性化的绿色出行需求。

本书充分利用互联网技术、移动大数据手段，通过强化交通大数据应用与开放共享，提出共享单车订单数据、公共交通刷卡、建成环境数据等多源异构数据获取、融合及关联匹配技术，聚焦租赁自行车共享出行特征和系统优化建模两个角度开展系统研究。首先，解析了租赁自行车的单车出行特征和接驳轨道交通的换乘行为特征；其次，分别利用空间计量模型和深度学习技术对租赁自行车的共享出行需求和短时出行需求进行预测；最后，分别从租赁自行车投放量优化、智能调度决策、接驳换乘优化、低碳效益评估四方面开展了系统优化研究。本书形成了一整套关于城市租赁自行车管理运营理论和方法体系，研究成果可以为城市管理者、单车运营企业等利益相关方的决策提供重要参考。

本书根据东南大学交通运输规划与管理国家重点学科主持的国家重点研发计划项目"城市多模式交通供需平衡机理与仿真系统"（编号：2018YFB1600900）、广州骑安科技有限公司合作课题"互联网租赁自行车行业管理新机制研究"的部分研究成果总结而成。全书由季彦婕负责设计结构并统稿，张凡、叶彬、赖如欣负责第 1 章、第 8 章的撰写，马新卫（现工作于河北工业大学）负责第 2 章、第 4 章和第 6 章的撰写，刘阳（现工作于昆明理工大学）、戚心怡、曹钰负责第 3 章、第 7 章的撰写，易陈钰、张豫徽、谢晓乐负责第 5 章的撰写。在本书的研究和撰写过程中，始终得到南京市城市管理局停车设施管理处叶彬处长的大力支持，在此表示衷心感谢！

  限于作者的理论水平及实践经验，书中不妥之处在所难免，恳请读者批评指正！

季彦婕

2021 年 8 月于南京

目　　录

前言
第1章　绪论…………………………………………………………………… 1
　1.1　研究背景和意义……………………………………………………… 1
　　1.1.1　研究背景………………………………………………………… 1
　　1.1.2　研究意义………………………………………………………… 2
　1.2　国内外研究现状……………………………………………………… 3
　　1.2.1　租赁自行车特性分析…………………………………………… 3
　　1.2.2　租赁自行车需求预测…………………………………………… 4
　　1.2.3　租赁自行车投放优化…………………………………………… 7
　　1.2.4　租赁自行车调度优化…………………………………………… 9
　　1.2.5　租赁自行车换乘优化…………………………………………… 13
　　1.2.6　租赁自行车低碳评估…………………………………………… 16
　　1.2.7　现状研究存在的不足…………………………………………… 17
　1.3　主要研究内容………………………………………………………… 19
　1.4　研究技术路线………………………………………………………… 21
　参考文献…………………………………………………………………… 23
第2章　互联网租赁自行车出行特征分析…………………………………… 31
　2.1　南京市租赁自行车发展概况………………………………………… 31
　2.2　研究数据获取与预处理……………………………………………… 32
　　2.2.1　互联网租赁自行车骑行数据…………………………………… 33
　　2.2.2　城市兴趣点数据………………………………………………… 34
　　2.2.3　路网与公共交通站点数据……………………………………… 35
　　2.2.4　天气数据………………………………………………………… 35
　2.3　互联网租赁自行车虚拟站点生成…………………………………… 36
　　2.3.1　评价指标………………………………………………………… 36
　　2.3.2　生成方法………………………………………………………… 38
　　2.3.3　生成结果………………………………………………………… 42
　2.4　互联网租赁自行车时空特征分析…………………………………… 43
　　2.4.1　时间特征分析…………………………………………………… 43

2.4.2 空间特征分析 ... 47

参考文献 ... 54

第3章 互联网租赁自行车接驳换乘行为特征分析 ... 56
3.1 研究数据获取与预处理 ... 56
3.1.1 共享单车骑行数据 ... 56
3.1.2 轨道交通站点和线路数据 ... 57
3.1.3 研究数据预处理 ... 58
3.2 互联网租赁自行车与轨道交通换乘行为辨识 ... 59
3.2.1 轨道交通站点接驳缓冲区 ... 59
3.2.2 共享单车接驳行为辨识 ... 61
3.2.3 基于个人的共享单车接驳行为辨识 ... 62
3.3 互联网租赁自行车接驳轨道交通换乘行为特征分析 ... 65
3.3.1 时间维度骑行特性分析 ... 65
3.3.2 空间维度骑行特性分析 ... 68
3.4 互联网租赁自行车接驳轨道交通组合出行路径分析 ... 71
3.4.1 轨道交通路径分析 ... 71
3.4.2 租赁自行车路径分析 ... 73
3.4.3 组合出行路径分析 ... 74

参考文献 ... 75

第4章 互联网租赁自行车共享出行需求预测 ... 77
4.1 互联网租赁自行车共享出行需求分析模型 ... 77
4.1.1 数据源与数据处理 ... 77
4.1.2 时空地理加权回归模型构建 ... 79
4.1.3 模型结果与分析 ... 81
4.2 互联网租赁自行车共享出行需求短时预测 ... 88
4.2.1 深度学习相关理论 ... 88
4.2.2 引入注意力机制的时空图卷积网络预测模型构建 ... 95
4.2.3 实验过程 ... 96
4.2.4 实验结果与分析 ... 102

参考文献 ... 109

第5章 互联网租赁自行车投放量优化 ... 112
5.1 互联网租赁自行车投放量影响因素分析 ... 112
5.1.1 问题描述 ... 112
5.1.2 互联网租赁自行车投放量影响因素 ... 113
5.2 互联网租赁自行车交通设施承载力测度方法 ... 114

5.2.1　城市交通设施承载力概述 ·················· 115
　　5.2.2　互联网租赁自行车道路网络承载力测度方法 ······ 115
　　5.2.3　互联网租赁自行车停车设施承载力测度方法 ······ 118
　　5.2.4　互联网租赁自行车承载力测度实例 ············ 120
　　5.2.5　互联网租赁自行车交通设施承载负荷分析 ········ 124
　5.3　互联网租赁自行车投放量优化模型 ················ 126
　　5.3.1　互联网租赁自行车投放量测算模型 ············ 126
　　5.3.2　模型求解 ···························· 129
　　5.3.3　互联网租赁自行车投放量测算实例 ············ 130
　参考文献 ·· 133

第6章　互联网租赁自行车智能调度优化 ················ 134
　6.1　互联网租赁自行车调度量确定 ···················· 134
　　6.1.1　静态调度的调度量确定 ··················· 134
　　6.1.2　动态调度的调度量确定 ··················· 136
　6.2　互联网租赁自行车调度子区划分方法 ················ 139
　　6.2.1　非重叠社团发现概念 ····················· 139
　　6.2.2　非重叠社团发现算法 ····················· 141
　　6.2.3　调度子区划分评价指标 ··················· 143
　6.3　互联网租赁自行车静态调度优化模型 ················ 145
　　6.3.1　问题描述 ···························· 145
　　6.3.2　模型构建 ···························· 146
　　6.3.3　模型求解 ···························· 149
　　6.3.4　算例分析 ···························· 156
　6.4　互联网租赁自行车动态调度优化模型 ················ 163
　　6.4.1　问题描述 ···························· 163
　　6.4.2　模型构建 ···························· 164
　　6.4.3　模型求解 ···························· 172
　　6.4.4　算例分析 ···························· 177
　参考文献 ·· 186

第7章　互联网租赁自行车接驳换乘出行优化 ·············· 189
　7.1　组合出行路径优化问题描述与假设 ·················· 189
　　7.1.1　组合出行路径优化问题描述 ················· 189
　　7.1.2　组合出行路径优化目标与假设 ··············· 191
　7.2　复合网络动态承载状态估计方法 ··················· 192
　　7.2.1　复合网络承载状态定义 ··················· 192

  7.2.2 轨道交通动态承载状态估计方法 …… 193
  7.2.3 租赁自行车动态承载状态估计方法 …… 197
 7.3 租赁自行车组合出行路径优化 …… 201
  7.3.1 组合出行路径优化目标函数 …… 201
  7.3.2 组合出行路径优化求解算法 …… 203
  7.3.3 案例分析 …… 204
  7.3.4 组合出行路径优化策略 …… 209
 参考文献 …… 210

第8章 互联网租赁自行车低碳效益评估优化 …… 211
 8.1 互联网租赁自行车影响下小汽车出行转移机理 …… 211
  8.1.1 问卷设计与数据收集 …… 212
  8.1.2 基于主观感知的影响因素分析 …… 214
  8.1.3 模型拟合与检验 …… 217
  8.1.4 模型结果 …… 220
 8.2 互联网租赁自行车共享出行碳减排估算方法 …… 222
  8.2.1 问卷设计与数据收集 …… 223
  8.2.2 描述性统计分析 …… 224
  8.2.3 互联网租赁自行车碳减排效果核算 …… 226
 8.3 面向全生命周期的互联网租赁自行车低碳效益评估模型 …… 229
  8.3.1 模型建立 …… 229
  8.3.2 结果核算 …… 233
 参考文献 …… 235

第1章 绪　　论

1.1　研究背景和意义

1.1.1　研究背景

我国正在经历着快速的城市化和机动化进程，出行需求不断增长的同时，城市居民的出行方式也在发生着改变。一方面，城市规模的不断扩大导致居民出行距离也在扩大，私家车已成为城市居民出行的一种主要方式。根据公安部交通管理局发布的数据，我国私家车保有量由 2000 年的 654 万辆增加到 2019 年的 2.6 亿辆，全国共有 66 个城市的汽车保有量超过百万辆，30 个城市超过 200 万辆。尽管城市化水平的提高和私家车的普及为人们的生活带来了明显的改善和便利，但是与此同时也给城市交通造成了巨大的压力，导致日益加剧的城市交通拥堵和城市环境污染问题。另一方面，随着社会经济的发展和人们生活水平的提升，城市居民对于出行质量的要求也越来越高。

在此背景下，2019 年 9 月，中共中央、国务院正式印发了《交通强国建设纲要》，明确指出要在 2035 年实现"智能、平安、绿色、共享交通发展水平明显提高，城市交通拥堵基本缓解，无障碍出行服务体系基本完善"的目标，更好地满足人民群众美好出行需要。作为有效缓解交通拥堵与节能减排的绿色交通手段，城市互联网租赁自行车（以下简称"租赁自行车"）不仅适用于中短途出行，同时也是轨道交通和地面常规公交的重要补充和延伸，能够有效缓解城市内部的交通压力、提升居民出行质量、降低能源消耗、减少尾气排放，是契合当前社会低碳发展的交通出行方式。

租赁自行车是一种有效的末端出行方式。租赁自行车系统又称为"自行车共享系统"，最早起源于欧洲，自 1965 年第一代公共自行车系统在荷兰阿姆斯特丹产生以来[1]，公共自行车系统经历了四代发展。其中，第三代和第四代租赁自行车即市面上主流的"有桩公共自行车"和"无桩共享单车"。租赁自行车换乘轨道一方面借助自行车"门到门"的特性扩大了个体对轨道站点或目的地的选择范围，同时利用轨道交通的优势规避了地面交通的干扰，极大地提高了个体的出行时间可靠性。近年来，借助互联网和共享经济的东风，租赁自行车的出现和兴起，激发了大众对自行车的使用热情。截至2019年底，我国租赁自行车已覆盖全国360个城市，注册用户超过3亿人次，日均使用量约4570万人次。

随着对《中共中央关于制定国民经济和社会发展第十三个五年规划的建议》中创新、协调、绿色、开放、共享发展理念的贯彻落实，互联网租赁自行车作为移动互联网和租赁自行车融合发展的新型服务模式，借助智能手机、移动互联网、全球定位系统（GPS）等科技手段，凭借无桩运营、移动支付、随走随停等特点，为用户借还车提供了极大的自主性和便利性。近年来，互联网租赁自行车在我国甚至全世界范围内得到了迅猛的发展。相较于传统的有桩公共自行车企业，处于探索发展阶段的互联网租赁自行车企业运营管理经验较少，系统在实际运营过程中的弊端也日益凸显，如资源配置失衡、乱停乱放现象严重、运维调度不合理等[2]，这些问题导致互联网租赁自行车系统运营服务水平下降，同时造成了一定的负面社会影响。

2017年8月，交通运输部等10部门联合出台了《关于鼓励和规范互联网租赁自行车发展的指导意见》，该意见指出各城市须引导有序投放车辆、推进自行车停车点位设置和建设、规范运营服务行为。2018年3月5日，第十三届全国人民代表大会第一次会议开幕，会后交通运输部部长李小鹏在回应互联网租赁自行车管理服务问题时指出，互联网租赁自行车在发展过程中依然存在着乱停乱放、服务维护不及时等问题，社会各界需要共同治理与维护，让共享单车能够更好地服务大众。2019年，曾经共享单车行业的巨头ofo小黄车濒临破产，摩拜单车（Mobike）被美团收购并更名为美团单车。与此同时，哈啰单车（Hellobike）和青桔单车分别在阿里巴巴和滴滴出行的扶持下逐步成为国内主流的共享单车公司，与美团单车形成了"三足鼎立"的格局。尽管共享单车的热潮已退，但是毫无疑问，这种低碳环保的新型出行方式正在影响和改变着我国城市居民的出行模式和出行观念。

1.1.2 研究意义

当前，我国发展所面临的机遇和挑战都有新的变化。2020年9月，习近平总书记在第七十五届联合国大会一般性辩论会上发表重要讲话，提出我国"二氧化碳排放力争于2030年前达到峰值，努力争取2060年前实现碳中和"。2020年12月，中央经济工作会议把"做好碳达峰、碳中和工作"定为2021年八大工作重点之一。2021年的国务院政府工作报告也明确提出，要"扎实做好碳达峰、碳中和各项工作"。交通运输行业是我国碳中和关注的重点领域，低碳交通工具的使用、绿色出行系统的完善是交通部门脱碳战略的主要方面。《交通强国建设纲要》中明确提出，

"开展绿色出行行动,倡导绿色低碳出行理念","大力发展共享交通,打造基于移动智能终端技术的服务系统,实现出行即服务"。2021年2月,《国务院关于加快建立健全绿色低碳循环发展经济体系的指导意见》印发,倡导绿色低碳生活方式。新一轮科技革命和产业变革正加速演变,绿色交通、共享交通、智慧交通成为我国培育交通发展新优势的重要发力点。为积极贯彻落实国家层面的一系列重大决策部署,应坚持创新、协调、绿色、开放、共享的新发展理念,积极鼓励和规范共享交通新业态,全面推进节能减排和低碳循环发展,构筑新型交通生态系统,努力建设低碳交通系统。

互联网租赁自行车作为低碳交通系统的重要组成部分,是移动互联网和租赁自行车融合发展的新型绿色交通服务模式,为满足公众短距离出行和公共交通接驳换乘需求提供了新选项,在我国得到了快速发展。尤其是在当前疫情常态化防控形势下,少接触、少聚集的防控要求使得互联网租赁自行车骑行需求量明显提升。人民群众出行模式正发生深刻变化,多层次、多样化、个性化的出行需求特征更加明显,"绿色共享"成为重要出行方式。

在此背景下,针对互联网租赁自行车系统运营中面临的突出问题,如何科学构建互联网租赁自行车系统的运营优化模型及机制,制定高效合理的调度运营管理方案以提高单车运转效率和调度水平,促进租赁自行车与轨道交通协同发展以引导公众低碳出行,是优化城市交通结构、实现城市交通运输系统可持续发展的关键,也是当前备受关注且亟待解决的一个重大研究课题。

1.2 国内外研究现状

租赁自行车作为一种新兴的交通方式,其建设发展时间较短,相关的理论研究较少。目前已有的租赁自行车相关研究主要集中在传统公共自行车方面,涌现出丰富的研究成果。鉴于互联网租赁自行车和有桩公共自行车存在很多相似之处,本书结合传统的有桩公共自行车和互联网租赁自行车,分别从"租赁自行车特性分析""租赁自行车需求预测""租赁自行车投放优化""租赁自行车调度优化""租赁自行车换乘优化""租赁自行车低碳评估"6个方面对国内外研究进展进行重点阐述。

1.2.1 租赁自行车特性分析

由于各交通方式自身有着不同的固有特性,加之出行个体属性的差异性,各种交通方式对不同群体具有不同的吸引程度,租赁自行车作为交通方式的一种,在城市交通发展过程中逐步得到重视。探究租赁自行车自身特性,为租赁自行车系统的良好运营和未来发展提供理论基础。Pinand等从交通特性的角度指出公共自行车和其他交通方式都是重要的城市要素[3]。Shaheen和Guzman指出公共自行车与现存的交通模式具有互补性,也被应用于解决"最后一公里"出行的问题[4]。Gastillo-Manzano等指出本地居民、受教育水平和被盗风险是决定公共自行车和私人自行车哪个更受欢迎的主要因素[5]。Bernatchez等通过7011份电话调查发现,公共自行车站点布设密度是影响公共自行车吸引力的关键因素[6]。Shaheen等还通过对杭州市公共自行车使用者和非使用者的问卷调查,统计分析使用者与非使用者在个人属性、对出行环境和环保的态度及对现有公共自行车系统的评价方面的区别[7]。Bachand-Marleau等在蒙特利尔通过问卷调查收集个人属性和附近交通设施的相关数据,探讨公共自行车使用者个人特征及交通设施的完善程度与使用频率的关系[8]。Flamm等对公共自行车系统实施前后公共汽车历年工作日与周末、不同类型公交线路的客流量进行统计分析,揭示公共自行车系统在短距离的优势及对公共交通产生的影响[9]。石晓凤从公共自行车设施的使用角度出发,对用户的使用特征进行调查研究,总结我国公共自行车系统的交通特性和运营特征[10]。牛伟伟和叶霞飞等探讨了公共自行车接驳的相关特性,包括公共自行车接驳轨道交通的特点、单辆自行车周转率等,得出公共自行车在城市外围地区接驳轨道交通中发挥独特的作用的结论[11]。

在IC卡(集成电路卡)数据应用方面,Bian和Wu等利用北京公共自行车IC卡数据,统计了不同行政区站点借车频次、周转率,据此将站点划分成四个等级,为站点优化提供依据;并通过问卷调查统计出行目的、出行模式等出行特征,利用曲线拟合获得公共自行车使用量与出行距离的关系,计算站点服务半径[12]。Vogel和Greiser等通过对公共自行车系统大量借还车数据挖掘分析,统计各站点工作日与周末不同时间段借还车频次,以此为依据利用聚类分析将站点分为五类,并结合站点的空间分布研究不同类型站点的活动模式[13]。黄莉和刘丁酉以MySQL关系数据库为工具,对温州市鹿城区20天借还车数据进行处理,统计了各站点的借还车频次、用车时长和时刻分布,以期研究公共自行车服务系统的运行规律[14]。

1.2.2 租赁自行车需求预测

租赁自行车需求预测对系统的运营具有重要意义。根据预测的时间跨度,可以分为中长时需求预测(预测时长超过60min)及短时需求预测(预测时长为5~

60min）[15]。精准地预测租赁自行车的短时借还需求，能够有效提高租赁自行车的调度效率与服务质量。目前关于租赁自行车短时需求预测方法主要分为：时间序列预测方法、机器学习预测方法和深度学习预测方法。

1. 时间序列预测方法

国内外一些学者将租赁自行车的短时需求预测问题划归为时间序列预测问题，通过对已有的时间序列进行分析，提取其中的变化特征，从而预测未来的借还需求量。Shen 等基于互联网租赁自行车的历史骑行数据，利用 K 均值（K-means）算法得到了互联网租赁自行车的虚拟站点，通过构建自回归移动平均模型（ARMA）预测了虚拟站点在工作日的用户借还需求[16]。刘畅基于互联网租赁自行车历史骑行数据，分析其需求变化的周期性特征，构建了差分自回归移动平均模型（ARIMA）对网格内的互联网租赁自行车需求量进行预测[17]。赵明明分别构建了 ARIMA、支持向量机（SVM）、决策树（DT）、随机森林（RF）模型对互联网租赁自行车的调度需求量进行预测[18]。李源庆臻综合考虑天气、气温、风力、站点容量与初始车辆数等因素，运用 BP（back propagation）神经网络、小波神经网络和灰色神经网络对互联网租赁自行车的潜在借还需求进行预测，随后将基于神经网络预测的潜在需求量导入到原始数据得到组合数据，使用 ARIMA 预测得到站点的借还需求量[19]。陈绵等使用 BP 神经网络模型与 ARIMA 结合的方法预测了互联网租赁自行车的短时停放需求，证明了此组合预测模型比 ARIMA 效果更好[20]。徐铖铖等基于互联网租赁自行车的历史骑行数据，使用 ARIMA 预测了不同时间间隔下各交通小区的互联网租赁自行车出行需求量[21]。

2. 机器学习预测方法

随着大数据相关理论的逐渐成熟，将机器学习技术引入租赁自行车需求预测中也成为一个研究热点。孔静[22]、金含笑[23]和侯宁[24]基于互联网租赁自行车历史骑行数据，利用 BP 神经网络对投放点或区域内的借车需求和还车需求分别进行预测。李博峰提出采用附加动量的自适应 BP 神经网络分别对工作日高峰期交通小区的借车需求和还车需求进行预测[25]。杨军等考虑天气因素与时间因素，构建了基于不同激活函数下的 BP 神经网络模型，预测了未来一段时间的互联网租赁自行车需求量[26]。宋鹏等运用主成分分析法降低了预测数据集的维度，构建了基于不同基核函数的 SVM 预测模型的共享单车需求预测模型，发现基于径向基核函数的 SVM 预测模型效果最好[27]。史越建立了基于小波神经网络短时需求预测模型对区域内的互联网租赁自行车借车需求和还车需求进行了预测[28]。

王敬提取了影响互联网租赁自行车需求的关键性因素,分别采用梯度提升回归树(GBDT)模型、极端梯度提升(XGBoost)模型和人工神经网络(ANN)模型对租赁点单车的实时需求进行预测,发现 XGBoost 模型的预测精度更高[29]。苏影选取工作日互联网租赁自行车的历史骑行数据,利用 XGBoost 模型对各投放区域内的互联网租赁自行车需求进行了动态预测[30]。甘维德融合了 SVM、RF 和 GBDT 回归模型,构建了 SSRG(Stacking-SVR-RF-GBDT)预测模型,并对区域内的互联网租赁自行车短时需求量进行了预测[31]。王立运用 GBDT、RF 和 BP 神经网络模型进行组合预测,即将 BP 神经网络与非线性模型融合预测互联网租赁自行车的骑行量,结果显示预测效果优于单一模型,拟合优度提高了 2.00%[32]。Caggiani 等采用时空聚类算法将研究范围划分为不同区域,构建了考虑外生变量的非线性回归神经网络模型,对各区域内的互联网租赁自行车需求量进行预测[33]。

3. 深度学习预测方法

相比于机器学习预测方法,深度学习预测方法能有效地进行特征提取,进而处理一些更为复杂的问题,一些学者采用深度学习预测方法对租赁自行车的短时需求进行预测。马勇从时空两个维度描述了各个出行区域之间互联网租赁自行车的相关影响,建立长短时记忆神经网络(LSTM)预测模型,准确预测了不同区域内的互联网租赁自行车需求量[34]。李颖宏和马勇基于互联网租赁自行车轨迹数据,提取了起终点(OD)流量的时间变化规律,并将轨迹数据中的距离特征纳入预测模型,以时空的角度描述了各个出行区域之间的相互影响,建立基于 LSTM 的租赁自行车短时需求预测模型[35]。Xu 等构建了基于 LSTM 的互联网租赁自行车短时需求预测模型。该模型充分利用天气数据、空气质量数据和土地利用数据,分别预测了不同时间间隔下各交通小区的互联网租赁自行车借车量与还车量[36]。Ai 等将研究区域划分为规则的方格,提出了同时考虑时间依赖性与空间依赖性的混合卷积长短时记忆神经网络(CNN-LSTM),精准地预测了互联网租赁自行车的出行需求量[37]。Xu 等通过整合注意力机制(attention mechanism,AM)、门控递归神经网络(GRU-Net)与卷积神经网络(CNN),构建了引入注意力机制的递归卷积神经网络(AMCNNGRU-Net)短时需求预测模型,综合考虑天气数据、土地利用等外部因素,从时间和空间尺度上准确地预测交通小区内互联网租赁自行车的出行需求[38]。Westland 等通过整合天气数据、空气质量数据、站点的空间位置等信息,分别构建了离散小波变换模型与 CNN 模型,结果发现 CNN 的预测效果更好[39]。Liu 等利用相关主成分分析法从城市兴趣点(POI)数据、路网数据和夜间灯光数据中提取特征,构建了引入注意力机制的卷积神经网络模型，预测了基于网格的互联网租赁自行车的借车需求与还车需求[40]。

1.2.3 租赁自行车投放优化

1. 城市交通承载力研究

城市承载力的评估是国内外的研究热点之一。城市承载力被定义为在不造成城市退化或者其他不可逆破坏的基础上，能够使城市可持续发展的土地利用物质发展、人口增长和人类活动[41]。作为城市承载力的一部分，现有的城市交通承载力相关研究主要体现在道路网络及交通环境承载力两方面。

针对道路网络承载力，Iida 构建了基于简单增长分配技术的道路网络容量计算方法，是最早将均衡配流方法应用于道路网络承载力的研究[42]。饭田恭敬提出了一种基于交通分配的道路网络容量的测算方法[43]。Asakura 和 Kashiwadani 通过建立平衡路网容量模型，对东京道路承载力进行了仿真分配计算[44]。Knaap 从土地承载力的角度，探究了交通供需关系，对城市现状和未来土地量分别进行了测算和预测，探究土地对交通需求的承载情况[45]。Akamatsu 和 Miyawaki 提出了道路网络承载力单层数学模型，并采用饱和流和网络图法以探究弹性需求下的用户均衡问题[46]。对于城市道路网络容量模型的研究能够从供给侧的角度，预测道路网络的饱和容量和限制容量，为道路网络的服务水平判定提供可靠的依据[47]。时空消耗法是道路网络承载力的主要方法。周溪召等引入时空消耗法，对城市道路高峰时段的时空资源和交通容量进行了测算[48]。陈春妹[49]、杨筱娟[50]、谢辉等[51]则分别考虑道路网络流通特性、道路网络重要节点和道路网络服务水平以测算道路网络容量。

针对交通环境承载力，Margiotta 以环境承载力作为目标，考虑机动车的排放量，建立基于机动车车速的数学模型[52]。Feng 等提出了基于环境承载力的机动性最大化优化模型，并对不同的政策场景的相互作用和有效性进行评价。所构建的模型以小汽车保有量及私人和公共交通出行量最大为目标，以环境承载力作为约束条件，其中环境承载力为系统最大效用下的边界排放[53]。侯德劭在系统性地对交通发展阈值分析的基础上，将交通承载力看作一个整体的概念，认为其包括交通设施承载力和环境承载力，对交通承载力的广度和深度进行了拓展，并分别提出了相应的测算方法，构建了城市交通承载力的评价方法和体系，并对城市交通承载力提出了相应的预警机制和改进建议[54]。杨日辉和王首绪探讨了公路网络交通量的预测中交通环境承载力的研究和应用，建立了考虑大气污染的公路网络交通量的预测模型，模型中引入了环境对污染物的排放和吸收的能力[55]。

2. 租赁自行车设施配置研究

目前针对租赁自行车配置问题的研究较多，主要从定性角度展开，通过租赁自行车的需求分布进行配置，且涉及租赁自行车系统的平衡设计及再分配。

较多研究从定性的角度展开租赁自行车配置问题的研究。耿雪等建立了公共自行车出行需求和自行车租赁点数据及自行车规模之间的关系，提出了影响公共自行车租赁站点需求量的主要因素和不同位置下公共自行车租赁站点的布设形式及布设原则[56]。李黎辉等以武汉市的公共自行车系统为切入点，提出"总量控制，分类分块，平衡规模，灵活调整"的租赁自行车布局的总体思路[57]。石晓凤则从公共自行车设施使用的角度，研究了公共自行车的设施建设、运行机制和运行使用，并且提出了"规模等级化"和"布点密度统一化"的公共自行车系统的建设理念[10]。

一些研究通过分析公共自行车或共享单车的需求分布，来进行租赁自行车系统设施配置[58,59]。García-Palomares 等运用基于地理信息系统（GIS）的方法获取公共自行车潜在的空间分布需求，利用位置分配模型进行公共自行车站点选址和站点容量计算[60]。Vogel 将数学优化和智能数据分析相结合，以协助公共自行车的网络优化。基于时间依赖的 OD 矩阵，Vogel 开发了一个信息模型以展现公共自行车的时空需求，据此利用数学模型优化站点的使用量，同时最小化站点重新选址的成本[61]。索源提出基于层次凝聚聚类方法的共享单车出行需求研究方法，考虑共享单车出行需求波动，并建立共享单车停放点选址规模模型[62]。Frade 和 Ribeiro 以交通分区为单位，以公共自行车出行需求被满足比例最大为目标，以最大投入预算为约束，构建最优化属性模型，利用 Xpress 软件求解公共自行车的最优投放量和调度量[63]。周传钰针对共享单车接驳城市轨道交通的行为，建立了考虑接驳行为可达性的共享单车精细化投放量测算方法，并在此基础上构建城市轨道交通车站接驳区域内共享单车的调度模型[64]。

自行车共享系统的平衡设计和再分配是至关重要的问题。Nair 和 Miller-Hooks 提出了一种平衡网络设计模型，以确定华盛顿市公共自行车系统的最优配置，并使用具有非凸可行域的双级混合整数规划，开发了一种求解该问题的元启发式求解方案[65]。Preisler 等构建了一个用户激励方案以鼓励用户进行公共自行车自组织及再分配，并提出了分散协调框架来加以实现[66]。秦孝敏建立了多目标优化模型，以计算公共自行车站点的容量及系统全天分时段的配置量，模型考虑了用户成本、车辆购置成本、租赁点建设成本、车辆购置成本和调度工作成本等因素，并采用基于模糊隶属函数的优化算法对模型进行求解[67]。Chen 等将出行推断看作不适定问题的逆问题，并基于公共自行车站点供给量构建了一种稀疏和加权正则化方法来推断公共自行车出行模式，研究结果可以帮助处理公共自行车的即时平衡和车站管理问题[68]。

1.2.4 租赁自行车调度优化

租赁自行车的静态调度通常在夜间或平峰时段执行,默认在调度期间站点的借还车需求变化可以忽略不计。根据考虑的目标函数不同,租赁自行车的静态调度模型可分为只考虑调度成本或用户需求的静态调度模型和同时考虑调度成本和用户需求的静态调度模型。

1. 只考虑调度成本或用户需求的租赁自行车静态调度模型

一些学者从运营商效益的角度出发,以调度成本最小化作为优化目标构建租赁自行车静态调度模型,调度成本包括调度车辆的总行驶距离、调度任务的总执行时间、调配的公共自行车总数量等。Liu 和 Xu 建立了调度总距离最小的静态调度模型并设计相应算法进行求解[69]。Du 等[70]及 Pal 和 Zhang[71]提出多车辆、多次访问的互联网租赁自行车静态调度模型,分别建立贪婪遗传算法和变邻域搜索的嵌套邻域搜索算法对模型进行求解。王嘉薇等在站点调度需求得到满足的前提下,提出了以调度成本最低为优化目标的租赁自行车静态调度模型[72]。在考虑调度总距离的基础上,部分研究在构建目标函数时加入了固定的调度车辆使用费用。李三超采用半开放式多车场的形式,构建了带模糊时间窗的租赁自行车静态调度模型,并设计禁忌搜索算法对其求解[73];贾永基和吴琴将电子围栏作为单车停放站点,调整各电子围栏内的自行车数量实现供需平衡,构建了互联网租赁自行车再平衡的混合整数规划模型[74];除此之外,蒋塬锐等引入调度池的概念,提出互联网租赁自行车四级调度结构,构建了以总成本最小为目标函数的共享单车静态调度模型并设计单亲遗传算法进行求解[75];Chang 等提出考虑故障车辆的互联网租赁自行车静态调度优化方法,构建了总回收成本最小化的调度优化模型[76]。

此外,一些学者从最大程度满足用户需求的角度出发,对租赁自行车的静态调度问题进行了优化。周传钰以轨道交通站点为中心,构建了以高峰时段内实际调度总量最大化为优化目标的多时段调度模型,并采用改进的蚁群算法对调度方案进行求解[64]。鄢章华和刘蕾从需求被满足概率的角度确定互联网租赁自行车系统各投放点的单车需求量,并基于需求量的约束与单车流转规律,构建不同调度方案下的静态调度优化模型。结果表明,投放车辆数与运营调度频率呈负相关,调度频率越高,所需要投入的单车数量越少,并从理论上给出了单车投放数量的上限和下限[77]。Barabonkov 等将未满足的用车需求最小化作为目标函数,构建了互联网租赁自行车静态调度模型。结果表明,增加调度卡车数量并不一定改善系统的总需求损失[78]。

2. 同时考虑调度成本和用户需求的租赁自行车静态调度模型

一些学者综合考虑实际情况，以调度成本最小化和用户需求最大化为优化目标，建立多目标优化模型，兼顾运营者成本和用户效用两方面对调度问题进行优化。赵婷和廖成林[79]、张行[80]、Usama 等[81]和 Teng 等[82]以运输费用最小化和调度量最大化为目标函数构建租赁自行车静态调度模型。赵曼考虑运营成本、调度车容量、调度车行驶时间等因素的限制，构建了基于通行费用和效益的整数线性规划模型，并设计列生成算法对模型进行求解[83]；Z. Zhang 和 X. Zhang 将一天的时间分为四个静态不变的小周期，充分考虑用户出行路径和出行时间的不确定性和站点容量限制变化，建立了互联网租赁自行车静态调度模型[84]。Liu 等将站点分为便利访问站点和非便利访问站点，以最小化未满足的用户总数、用户获取自行车的不便程度和调度车辆的总运行时间的加权总和最小化为优化目标，构建了租赁自行车静态调度模型，并设计了改进的化学反应优化算法对模型进行求解[85]。

此外，一些研究通过设置时间窗和用户满意度函数来计算惩罚成本，构建了同时考虑调度成本和用户满意度函数的租赁自行车静态调度模型。同时考虑调度成本和用户满意度，戴群构建了互联网租赁自行车静态调度模型，并通过改进遗传算法的变异算子有效提高局部搜索能力[86]；王冲运用小波多尺度变换理论计算了各调度站点的时间窗，发现不同类型站点的调度时间具有互补性[87]。马腾腾提出"广义费用"的概念，实现运营商调度成本与用户等待时间成本的量度统一。综合考虑用户的时间成本，包括用户无车可用时被迫步行所耗费的成本，以及未满足用户需求产生的惩罚时间成本，构建了基于广义费用的互联网租赁自行车静态调度模型，并采用遗传算法对模型进行求解[88]。兼顾企业调度成本和用户满意度的研究中，一些研究考虑到故障共享单车的调度优化问题[89]。薛咏梅综合考虑最短回收路径和最大用户满意度，构建了考虑故障共享单车的运输成本、搬运成本、回收车辆启用成本及用户满意度损失成本最小化的共享单车回收模型，通过对求解路径模型的启发式算法对比分析，最终设计混合遗传算法即将遗传算法和模拟退火算法相结合的方法对模型进行求解[90]。徐国勋等以最小化运营企业总成本为优化目标，构建了混合整数线性规划模型，其中总成本包括运输成本、偏离可用自行车期望需求带来的惩罚成本及未能回收损坏自行车的惩罚成本，并提出混合禁忌搜索算法[91]。

区别于静态调度问题，租赁自行车的动态调度主要集中在日间。用户频繁借还车行为导致的部分站点的需求变化，对系统再平衡带来的干扰已经无法忽略，因此一些学者根据用户需求和站点库存信息变化制定动态的调度方案。相关的研究可以分为不考虑站点重要度的动态调度优化模型和考虑站点重要度的动态优化调度模型。

3. 不考虑站点重要度的租赁自行车动态优化调度模型

卢琰构建了混合轴辐式网络结构,对带有直达线路的轴辐式网络的优化问题进行了分析,以网络运输成本最低为目标,根据互联网租赁自行车不同的调度时段所显示的特点,建立了含时间窗和不含时间窗的两种优化模型[92]。徐国勋等将调度时间分为若干段,假定每个时段各个站点的用户需求是静态的,解决了考虑多类型车辆替代性的互联网租赁自行车动态调度问题[93]。董红召等在模糊时间窗约束下,构建了最大化节点满意度的公共自行车系统动态调度模型,采用滚动时域法求解获得最优动态调度方案[94]。秦冰芳采用滚动时域法将动态再平衡转化成一系列的静态再平衡,以再平衡总成本最小及用户满意度最高为目标,建立了带软时间窗的互联网租赁自行车动态调度模型,运用带有自适应子结构的混合算法求解[95]。冯佩雨考虑天气变化、道路堵塞等不确定因素对调度车辆车速的影响,将公共自行车调度路径优化问题描述为非匀速带时间窗的调度路径优化问题,构建了以调度距离最短、调度费用最少的多目标公共自行车动态调度优化模型[96]。刘冬旭采用滚动时域法,将动态的公共自行车调度问题转化为一系列静态调度问题,将整个调度周期划分为若干子调度周期并求解模型[97]。靳迎新构建了调度车辆的启动成本和行驶成本最小化、用户满意度最大化的公共自行车动态调度模型。模型中引入调度关键点,当调度方案变化时,正在接受调度和即将被调度的站点的服务顺序保持不变,作为新调度路径的起点[98]。赵敬洋针对公共自行车系统调度过程中外界信息实时变化的特征,构建了公共自行车动态调度模型,采用滚动时域法进行求解[99]。曹雪柠综合考虑调度车辆行驶成本最小化和用户满意度最大化,构建多目标调度路径优化模型。结合滚动时域法,在调度过程中实时调整调度计划,提高调度的效率与准确度[100]。王恺将动态调度问题转化为多个连续静态调度问题,求解时先求得初始静态优化解,随后不断插入新的调度需求并优化调度路线,直至调度任务结束[101]。秦茜综合考虑运营成本和服务质量两方面因素,设置滚动时域以更新不断变化的调度需求,设计遗传算法和禁忌搜索算法求解,解决了需求不断变化的公共自行车调度问题[102]。于文超构建了以最大化站点服务能力和最小化调度费用为目标的非线性整数双目标规划模型,基于需求预测模型和调度规划模型,提出了迭代反馈双层模型实现动态调度[103]。Li 等提出了多周期动态互联网租赁自行车调度方案,在整个方案中最大限度地提高运营企业的利润,同时满足用户需求,最大限度地减少站点车辆溢出的现象[104]。Nishi 等以调度车辆运行时间和费用最小化为目标函数,构建车队规模可变的互联网租赁自行车动态调度模型,运用嵌套再平衡优化算法分级优化车辆调度和路线[105]。Liu 和 Ren 提出了一种基于改进遗传算法的自行车共享动态调度模型,该调度模型可根据实际情况和城市环境进行调整,以减少路线数量,提高系统整体效率[106]。Zhang 等提出一种综合考虑公共自行车库存水平预测、用户需求预测、车辆调度路径优化的公共自行车动态调度方案[107]。Ghosh 等以调度需求最大化为目标函数，构建了考虑需求不确定性的公共自行车动态调度模型[108]。Shui 和 Szeto 以最小化公共自行车系统未满足的总需求和调度车辆在运行期间二氧化碳排放成本为优化目标，采用滚动时域法将公共自行车动态调度问题分解为一系列静态的公共自行车调度子问题，并采用改进的人工蜂群算法和路径截断启发式算法共同优化各阶段的调度路径[109]。

4. 考虑站点重要度的租赁自行车动态优化调度模型

实际调度过程中调度时间和调度资源是有限的，因此有必要引入站点重要度的概念，综合考虑站点的调度需求和站点间距等信息，对站点重要度较高的站点进行优先调度，以实现在调度资源有限的情况下服务更多的用户，提高系统的服务水平。乔晓提出了虚拟任务点和时间轴的概念，结合"初始优化+实时优化"的调度策略，构建了以调度成本和时间延误成本最小化为目标的动态优化调度模型。在动态调度路径优化过程中，优先考虑虚拟任务点和关键点的调度[110]。黄志宏综合考虑调度时间间隔设置、站点状态和站点借还需求，构建公共自行车动态调度模型。在调度过程中，优先调度需求量大的站点，对剩余需要调度的站点根据其所处地理位置的远近进行选择，不断更新调度路径，直到所有站点调度结束[111]。陆凯韬以调度成本最低、调度车协作最合理且区域服务指数增益最大为目标构建了多车辆租赁自行车动态调度模型，并根据站点的租还总量与租还量分布，将站点分为优先保障站点、次级保障站点和调度辅助站点。在同等调度需求量的条件下，优先调度部分站点[112]。吴满金等根据公共自行车站点自行车数量与锁桩数量的比值，将服务点分为优先调度的站点、准备调度的站点、尚未有调度需求的站点和已经接受过调度的站点，建立了综合考虑用户满意度与企业调度成本的公共自行车系统动态调度多目标优化模型，设计禁忌遗传混合算法进行求解[113]。彭宇杰等研究了调度过程中站点需求的动态特性及其模糊时间窗的约束，以最大化服务点满意度为目标建立了公共自行车调度模型，按照期望时间的紧急性对站点设置优先级，优先调度紧急性高的站点，更好地提高公共自行车用户的满意度[114]。尹丹丹以用户满意度最大化为目标，构建了带时间窗的单车场多车辆的公共自行车动态调度模型。为使调度车能够优先访问距调度中心较近的有调入需求的站点，调度过程中为调度车设置初始装载量，从而减少调度车的行驶距离，增加调度的灵活性[115]。Federico 等以最小化未满足用户需求的时间为优化目标，构建了考虑复杂时变需求的动态调度模型。该模型可以推算出每个站点的自行车到达率和离开率及站点的平衡服务时间，据此判定站点的调度的紧急程度，优先调度平衡服务时间短的站点，以提升调度效率[116]。Benjamin 以最小化不满意用户的到达率为优化目标构建了公共自行车动态调度模型。该模型无须事先确定站点间的调度路线,采用马尔可夫决策过程模拟了路径选择过程,决定了下一个需要调度的站点和调度需求量[117]。Xu 等以调度成本最小化和用户满意度最大化为目标,构建公共自行车动态调度模型。在调度过程中,以用户需求量的大小为判断依据,赋予了站点不同的优先级,最后采用改进的遗传算法对模型进行了求解[118]。

1.2.5 租赁自行车换乘优化

国内外学者在轨道交通-自行车一体化出行领域的研究中,可以从多模式公交系统中复合交通网络构建和一体化出行路径优化研究两个方面进行回顾。

1. 复合交通网络构建

诸多研究结果表明,可达性和公交乘客量之间存在显著的相关性[119-122]。复合交通网络(也称多模式交通网络),是指将多种交通方式融合到同一个交通网络中,通过改善公交系统的可达性来提高公交乘客量。目前关于复合交通网络方面的研究主要集中在构建以公共交通为主导的多层次交通网络,将公交网络与道路网络进行匹配,分析复合交通网络的结构与功能特性、网络设计与优化方法。复合交通网络特性的分析主要围绕交通系统类型、运输能力和运输距离等因素展开[123-125]。基于此,多层次的交通网络可分为大运量长距离的公交骨架网、中等运量的公交主干网、小运量的公交和慢行交通接驳线路以及小汽车交通子网络[126, 127]。关于复合交通网络设计与优化方法的研究主要是基于图论和复杂网络理论的方法对多模式网络的连通度、复杂度、网络密度、接入密度、服务范围等特征进行分析[128-133],具体涉及的方法包括客流仿真法、理想网络法以及数学规划方法,通过挖掘复合交通网络中换乘衔接的重要节点和连边,完成各层次交通网络的匹配[134]。例如,徐勇、贾欣和王哲[135]通过构造公交与轨道交通网络的标号模型及映射网络模型,以适当倍数缩小轨道交通线路上站点之间的权值,构建了公交与轨道交通一体化网络模型。I. Kim、H. C. Kim、D. J. Seo 等[136]根据短途步行可达原则将公交站点与轨道交通站点聚合为虚拟节点,通过引入转移虚拟链路的概念,将相邻虚拟公交车站节点和轨道交通站节点连接,建立了一个具有代表性节点的抽象复合交通网络。然而,上述这些研究没有涉及自行车网络构建。

随着租赁自行车交通的发展,国内外许多研究证实有效结合自行车和公共交通可以同时增加两者的比例[137-140]。诸多国家,如美国、荷兰、德国、英国及中国将租赁自行车作为公共交通的有效补充模式。在纽约,靠近轨道站点布置的租赁自行车站点,尤其是在那些客流较大的站点可以发现更高的自行车使用率[141]。一般来说，交通站点的换乘服务范围主要受换乘方式类型、出行方式类型及部分出行距离等出行特征的影响[142]。Martens[143]通过对三个欧洲国家的问卷调查得到大多数的组合出行用户愿意骑行 2～5km 的距离去公共交通站点。Mohanty 和 Blanchard[144]通过陈述偏好（SP）调查指出在美国居住在轨道交通站周围 3.2km 内的居民更愿意使用轨道交通-自行车组合方式出行。不同于上述方法，Lei 等[145]基于出行者的 GPS 信息对南加利福尼亚的换乘距离进行研究，发现自行车换乘轨道交通的距离是步行的 1.7～2.3 倍。同时他们还发现，在城市郊区的轨道站点周边，仅有 27.14%的人口位于站点步行可达范围内，而采用自行车换乘可以使得总人数增长到 50.96%。一项针对韩国的研究指出[146]，换乘轨道交通的自行车骑行距离与出行起讫点有关，从家到轨道交通站点和从轨道交通站点到家的自行车骑行距离分别是 1.96km 和 2.13km。针对国内情况，李配配和崔珩[147]以乘客可忍受的骑行时长 15min、骑行时速 12.5km/h 为基础，得到成都市公共自行车换乘轨道交通的距离在车站 720～3000m 范围内。这一研究结果与一项针对上海市的研究结果相似，即自行车与轨道交通的换乘距离为 800～2500m[148]。总的来说，尽管上述研究对共享单车与轨道交通的换乘范围确定有一定的借鉴意义，但是不同国家、不同城市自行车换乘轨道交通的距离分布差异较大，同时私人自行车、公共自行车和共享单车使用特征的不同也会直接影响自行车的换乘范围。

目前，仅有少量研究在构建复合交通网络时考虑了自行车网络。Griffin 和 Sener[149]提出在公共自行车站点的规划阶段，应当充分考虑与其他公共交通方式的联接作用。Masoud 和 Jayakrishnan[150]及 Nam 等[151]针对洛杉矶市设计了一个可以提供多交通方式（包括小汽车合乘、轨道交通、公共自行车系统）的出行替代方案、推荐路线和查询信息的系统，意在通过提出替代方案来解决出行者在高峰时段的出行拥堵问题。他们的研究结果表明复合交通网络能够显著提高公交的覆盖面积，并且小汽车合乘和公共自行车是公交有效的换乘方式。此外，赵德[152]及张翔、何保红和王雨佳等[153]将自行车优势出行距离视为服务半径，将轨道交通站点视为网络节点，构建基于自行车换乘轨道交通的复合交通网络。尽管上述研究的侧重点不同，但是研究结果均表明这种由多种交通方式构建而成的复合交通网络，可以显著提高出行者的可达性。一方面，公共交通可靠且经济实惠，甚至在某些地区比私人小汽车更为便捷；另一方面，自行车可以较低的成本扩大公交覆盖范围，在减少拥堵的同时为出行者提供环保和健康效益[154]。因此，构建轨道交通-租赁自行车复合交通网络是至关重要的。

2. 一体化出行路径优化

随着出行需求的迅速增长，交通网络系统供需之间矛盾激化，导致居民出行服务质量下降。如何缓解交通网络供给与出行需求的时空矛盾,已成为交通领域最重要的问题之一[155]。近年来,在出行即服务(MaaS)理念下,交通规划与管理方对于出行诱导,尤其是对精细化诱导理论与实际工具的迫切需求,使得精细化路径诱导逐渐成为新的研究热点。MaaS 理念最早出现在 2014 年欧盟智能交通系统(Intelligent Transport Systems,ITS)大会上[156,157]。该理念的愿景是实现运输市场的互相合作、互联互通,为用户提供一种无缝出行服务[158]。2016 年,MaaS 联盟的成立为全球 MaaS 理念、方法、技术及应用等的发展奠定了基础[157-159]。其中,轨道交通-租赁自行车一体化出行智能诱导是实现 MaaS 理念的重要一环,已纳入我国 MaaS 发展框架[160]。出行路径诱导的实质是缓解交通网络拥堵状态,进而提高出行服务质量。

目前,大部分学者在交通网络动态流量分配的基础上,识别网络瓶颈以进行出行路径的实时诱导。这类研究多是针对单一交通方式,主要研究模型分为用户最优配流[161]和系统最优配流[162]。用户最优配流从自身利益角度出发,寻找使得个体最优的诱导策略,如刘莎莎、姚恩建和张永生[163]基于不同类别乘客的路径选择行为差异,构建考虑车内拥挤度变化的乘客个性化出行路径动态规划算法,为不同属性乘客在行程中动态寻找广义出行时间最小的路径。Xu 等[164]考虑用户的出行时间和路径偏好,设计满足个体最优的出行诱导策略。梁伟等[165]将用户的出行期望速度阈值引入路网的动态连通性,提出了一种在途动态路径诱导方法,为出行者实时更新局部诱导路径。然而系统最优配流以交通网络全体最优目标来选择诱导策略,如 Huang 等[166]在计算网络负载情况后,运用分布式算法(DA)确定备选线路以分担拥挤客流,并在上海地铁线网的实例中提出负载均衡诱导方案。在进一步考虑乘客需求的同时,将负载均衡条件下的路径诱导与初始路径差异降至最低。Fitzgerald 和 Banaei-Kashani[167]在考虑系统最优均衡策略的基础上,提出了一种改进的路径诱导方法。Han 等[168]设计了连续网络状态下的路线诱导模型,该模型满足系统最优条件。赵若愚[169]以广州轨道交通为例,对轨道交通拥堵时空范围、受影响客流,诱导信息下乘客感知情况及诱导信息发布优化方法进行研究,并基于以上理论成果构建基于路网拥堵识别的轨道交通客流诱导系统。

此外,也有学者研究诱导信息下的个体行为,集中于诱导信息下出行者认知与路径选择行为、交通流的动态演化效应、用户诱导激励机制等内容。其中,Martens[170]通过研究丹麦 B+R 模式交通数据,验证了出行者的社会属性、换乘距离、公交服务水平、站点周边土地性质影响出行者对诱导信息的依从性。Chorus 等[171]构建贝叶斯模型发现用户遵从度与不可靠的诱导信息成负相关,与经济激励政策成正相关。深圳市交规设计中心通过对本市轨道交通用户的出行 SP 调查发现乘客在信息引导条件下的候车、换乘和接驳行为特性。L. Yang 等[172]及 R. Yang

和 R. Long[173]均发现完善公共交通的基础设施（自行车道）、服务水平（站点分布、频次等）等政策可以促进居民选择绿色组合方式出行。耿纪超[174]结合我国国情，从经济、行政、技术、宣传政策的角度提出了轨道交通-租赁自行车出行激励策略。近期，有少量学者开始关注组合出行模式的接驳策略和组合出行路径规划方面的研究，如何少辰[175]考虑到实际的自行车道条件，提出了一种基于蚁群优化的城市居民自行车出行路径优化方法，可用于组合出行的路径规划过程。张鹏鹏[176]研究了弹性需求下 B+R 组合出行的流量分配模型，并基于配流方案对全局路径进行规划。赵凯旋[177]在研究网约车接驳地铁问题中提出了路径优化方案。然而，上述研究没有涉及组合出行路径优化问题。

1.2.6 租赁自行车低碳评估

当前租赁自行车低碳效应的相关研究主要集中于低碳效应的机理解析与评估优化，这两方面均可从生命周期的角度研究，租赁自行车生产投放、出行使用、调度运维、回收利用等会影响租赁自行车系统的减排潜力和可持续性。共享单车和共享电单车作为绿色、低碳的出行方式，改变了出行者原有的交通方式。在低碳效应机理解析方面，陈安和陈晶睿提出对共享单车的生产、使用、回收等全生命周期环节进行碳排放核算以确定城市的单车投放数量，并认为当共享单车使用者放弃私家汽车、摩托车和出租车这 3 种代步工具而选择骑行共享单车时，才被算作碳减排行为[178]。Li 等基于美国亚利桑那州图森市的有桩自行车共享系统数据，评估了共享单车不同替代小汽车出行的比例下的节省燃油情况，并且通过优化站点布局和调度路线来平衡卡车调度消耗的燃料与共享单车出行节省的燃料，以此最大限度发挥共享单车低碳节能的潜力[179]。Zheng 等利用问卷调查了解共享单车引入后出行方式的变化，在此基础上，采用 Gabi 软件对共享单车出行行为的变化和全生命周期的环境影响进行建模，并通过敏感性分析发现，老龄化、租金上涨和共享单车数量的增加对共享单车的环境效益会产生负面影响[180]。Luo 等利用 Ecoinvent 数据库获取材料投入、能源消耗和排放产出等过程数据，结合以往的自行车共享项目报告等数据，按照生命周期评价（LCA）标准的程序评估了不同交通方式替代结构下有桩自行车共享系统和无桩自行车共享系统对环境的影响，对于无桩自行车共享系统来说，自行车生产和再平衡工作是环境影响的两大主要因素[181]。

在低碳效应评估优化方面，Chen 等考虑自行车的生产、运营和回收阶段，假设不同的回收方式，计算了共享单车产业的减排阈值；根据北京市的共享单车总量，一辆共享单车需至少 686 天才能达到净排放值平衡点[182]。Cao 和 Shen 利用摩拜单车实际运行数据，从定性和定量两个方面分析了共享单车及其使用对环境造成的影响，从定性分析出发，构建了以共享单车注册率、骑行距离、使用率为显著变量的碳减排对社会的贡献模型，并通过响应面法和 Minitab 评估各变量的影响程度及其相互作用[183]。Bonilla-Alicea 等考虑自行车共享系统技术的发展，使用全生命周期法评估了自行车共享系统技术（智能车桩、智能车辆）的使用对其净环境效益的影响，研究了技术之间的平衡点和折中[184]。目前的研究大多以共享单车的系统优化和环境效益为主，较少涉及共享电单车，Hollingsworth 等使用蒙特卡罗分析法，发现延长共享电单车的使用寿命、减小调度距离、使用更高效的调度车辆以及减少充电频率可以显著减少不利的环境影响[185]。McQueen 等则根据北美地区电动自行车拥有者的调查数据，对模式替代模型进行调整和扩展，估算了区域电动自行车对温室气体排放的影响[186]。Yang 等从系统层面研究无桩共享单车三大基本方面（环境、社会和经济）可持续性发展的重要影响因素，采用系统动力学方法探讨了动态反馈系统的非线性行为和隐含复杂性，从政府和企业的角度分别提出系统优化建议[187]。Zhang 等提出一种基于几何概率模型的粒子群优化算法，用于从手机 GPS 轨迹中提取人的出行方式；并考虑需求的不确定性，提出多场景整数线性规划模型来优化再平衡过程，以确定所需的详细设计规模信息；通过对自行车共享系统进行布局优化以重新评估共享自行车系统的减排潜力[188]。Luo 等针对共享单车的碳排放效益，从投放调度二者间的权衡角度构建集成模型以优化资源配置使系统碳减排最大化[189]。

1.2.7 现状研究存在的不足

综上所述，国内外学者对租赁自行车接驳换乘轨道交通、共享出行需求预测、单车投放、智能调度和低碳效益评估优化等方面的研究已经取得了丰富的成果，为本书的开展提供了良好的理论基础和借鉴作用。但结合我国租赁自行车系统发展现状及未来发展趋势，在以下几个方面仍有待进一步深入研究：

（1）租赁自行车接驳轨道交通的组合出行路径特征分析有待深化。现有轨道交通与租赁自行车组合出行方面的研究多采用问卷调查数据，调查过程不仅费时费力、代价昂贵，而且无法获取精度高、时间跨度长的出行信息，难以反映使用者的真实出行行为，进而影响组合出行路径特征分析。现代海量多源异构大数据蕴含大量可用于获取轨道交通-租赁自行车全过程出行链的有效信息，可为轨道交通-租赁自行车出行路径重构提供良好的数据基础，但如何有效匹配轨道交通刷卡数据与租赁自行车轨迹数据，识别出轨道交通-租赁自行车出行链，如何利用这些信息构建轨道交通-租赁自行车出行路径重构模型是亟须解决的基础性科学问题。

（2）在租赁自行车短时需求预测方面，大多数的研究使用时间序列预测模型、机器学习模型和单一的深度学习模型，难以有效地捕捉租赁自行车需求变化的时间动态性和空间相关性。少数研究从时间维度和空间维度出发，结合了 CNN/图卷积神经网络（GCN）和 LSTM/GRU 对租赁自行车短时需求进行预测，但均忽略了建成环境数据对预测结果的影响。此外，在深度学习框架下引入注意力机制进行租赁自行车短时需求预测的文献成果十分有限，对不同深度学习短时需求预测模型进行比较的研究更加缺乏。

（3）在租赁自行车投放优化方面，现有城市交通承载力的研究主要从机动车出行的道路网络和环境容量两方面入手，较少针对互联网租赁自行车系统，从交通分区的角度进行租赁自行车交通设施承载力测度；现有对于租赁自行车投放量测算的研究主要针对公共自行车的站点选址和配置展开，较少基于交通分区，结合租赁自行车借还需求和交通设施承载力，建立租赁自行车最优投放量测算模型。

（4）在租赁自行车智能调度方面，首先是静态调度模型，目前很多学者在构建目标函数时同时考虑调度成本和用户需求，但在调度成本中只考虑了车辆调度过程中的行驶成本和启动成本，忽略了调度时车辆投放和收集过程中的人工成本，少数研究在考虑人工成本时只是简单地设置了统一的装卸车辆时间，这与实际调度情况不符。此外，大多数互联网租赁自行车调度模型中未设定合理的虚拟站点容量上限，忽视了单车数量超出站点库存能力后对市容和用户造成的负面影响。因此在确定站点调度需求量时需考虑虚拟站点的容量限制，使得模型更贴近实际运营情况。其次在动态调度优化模型方面，现有研究主要侧重于综合考虑调度成本与用户满意度构建模型并进行求解，以得到随需求变化实时调整的动态调度方案，但在量化用户满意度时，现有研究多考虑双侧时间窗，与实际情况略有不符。此外，在实际调度方案的设计与实施中，一些研究依据站点的空间位置或借还需求量对租赁点调度优先级进行划分，缺少综合考虑时空指标和调度量的站点重要度科学评价方法，如何在模型构建和设计算法时考虑站点重要度还有待深入研究。

（5）在租赁自行车接驳换乘优化方面，目前关于出行路径优化方法的研究多是针对单一交通方式，且大多数研究集中在道路交通出行上，通过智能信息板布设或者交通管控等手段，以实现小汽车用户的出行路径优化。然而，这些方法并不适用于轨道交通-租赁自行车的组合出行路径优化。尽管存在少数针对公共交通出行路径优化的研究，但是这些研究仅从出行者的角度考虑，缺乏考虑复合交通网络的系统负载问题，容易导致整个系统出现过载情况。因此，需再根据交通网络负载状态的动态变化，建立面向网络负载均衡的组合出行路径实时优化方案，使得轨道交通-租赁自行车一体化系统的用户总出行效用最大化。

（6）在租赁自行车低碳效应评估优化方面，目前租赁自行车低碳效应方面的研究大多从出行需求或资源配置等单一角度考虑,虽然在骑行使用阶段租赁自行车被公认为一种绿色、低碳、零排放的出行方式,但租赁自行车的生产投放、运维调度和回收利用等过程均会产生碳排放,因此,如何从全生命周期角度进行租赁自行车系统低碳效应评估仍有待进一步研究。而且在评估过程中,还需充分考虑用户、企业、政府管理者等多方参与者行为的不确定性、动态性和异质性对系统低碳效应的影响,从用户骑行、企业运维、政府管理等不同角度研究租赁自行车低碳交通系统激励机制和实现路径。

1.3 主要研究内容

针对本领域已有相关研究的不足与缺陷,本书依托互联网租赁自行车出行数据、天气数据、土地利用与建成环境数据等多源数据,提出互联网租赁自行车虚拟站点的生成方法,解析互联网租赁自行车需求的时空演变规律,构建引入注意力机制的时空图卷积神经网络模型精准预测虚拟站点的短时借还需求,分别提出以用户为主体的价格激励调度优化策略和以企业为主体的静态与动态调度优化模型,为互联网租赁自行车系统的规划与优化管理决策提供科学依据和技术支持。

1. 互联网租赁自行车出行特征分析

获取互联网租赁自行车历史骑行数据、天气数据、土地利用与建成环境数据等多源数据,对多源数据中的无效数据、冗余数据、系统错误数据进行甄别与剔除;运用 GIS 平台将互联网租赁自行车骑行数据、城市兴趣点数据和路网与公共交通站点数据进行匹配,以实现多源数据空间属性的融合;以互联网租赁自行车历史骑行数据集为输入,运用空间聚类算法获取互联网租赁自行车虚拟站点质心位置,基于虚拟站点质心位置创建泰森多边形,确定互联网租赁自行车的虚拟站点;采用数据挖掘方法与空间分析工具,从时间维度和空间维度揭示互联网租赁自行车的时空出行特征及演变规律。

2. 互联网租赁自行车接驳换乘行为特征分析

基于租赁自行车出行数据与轨道交通站点线路数据,对数据进行预处理,通过轨道交通站点各出入口辐射范围和租赁自行车接驳时空阈值等确定站点接驳缓冲区,从租赁自行车出行数据中提取出接驳轨道交通的出行人群,对租赁自行车接驳出行进行时空特性分析;提出基于多源数据的轨道交通-租赁自行车换乘行为识别方法,并验证识别结果的有效性;在此基础上,提取组合出行用户在复合交通网络中的全覆盖全过程组合出行链,利用可视化方法,从用户属性、换乘频率、换乘时刻、换乘时空分布多个维度,全方位解析轨道交通-租赁自行车组合出行用户的换乘行为特征,并依托复合交通网络拓扑结构,分别对用户组合出行路径中的轨道交通路径、租赁自行车骑行路径及组合出行路径特征进行分析,为后续组合出行路径选择机理的研究提供依据。

3. 互联网租赁自行车共享出行需求预测

使用自适应的邻接矩阵学习互联网租赁自行车虚拟站点间的拓扑图结构,搭建图卷积神经网络提取虚拟站点借还需求的空间交互关系;分析虚拟站点借还需求的时间演化规律,利用长短时记忆网络捕捉虚拟站点借还需求的时间特征;引入图注意力机制对站点空间关系进行权重划分,进而接入长短时记忆网络对其隐藏层状态进行重计算,使用软注意力机制对长短时记忆网络输出特征进行加权聚合;采用 Boruta 算法提取影响互联网租赁自行车短时需求的特征变量,利用互联网租赁自行车的真实数据对搭建的模型进行训练,并与其他基准模型进行对比验证。

4. 互联网租赁自行车投放量优化

对城市交通设施承载力进行深入剖析,从道路网络设施和停车设施两方面对租赁自行车交通设施承载力进行研究。根据城市道路网络设施和租赁自行车历史数据,分别构建租赁自行车的道路网络和停车设施承载力测度模型。以交通分区为单位,实例测度租赁自行车交通设施承载力。结合需求预测结果及交通设施承载力测度结果,分析租赁自行车交通设施承载负荷。对租赁自行车投放量的影响因素进行总结和分析。结合投放量影响因素,在满足租赁自行车借还需求量和优化的租赁自行车交通设施承载力的基础上,以租赁自行车用户和企业综合成本最小为目标,构建基于交通分区的租赁自行车最优投放量数学模型。最后,以南京市为例,对租赁自行车投放量测算模型进行求解。

5. 互联网租赁自行车智能调度优化

首先是静态调度优化方法,综合考虑虚拟站点的容量限制与用户需求,构建互联网租赁自行车的静态调度需求量确定模型;基于虚拟站点间的空间关系与调度需求量,构造虚拟站点之间的相似度矩阵,利用社团发现算法划分调度子区,并借助模块度、调度需求不平衡度等指标评价调度子区划分效果;基于调度子区划分结果,以调度成本、实际调度量与调度目标值的偏离量最小化为优化目标,构建互联网租赁自行车的静态调度路径优化模型;在传统的遗传算法中引入免疫算法的选择记忆机制,设计免疫遗传算法对模型进行求解,最后通过算例对模型进行验证。

其次是动态调度优化方法,根据虚拟站点的借还车速率差和调度服务安全阈值,提出动态调度需求量的确定方法;引入站点重要度的概念,从站点调度时间紧急程度、站点空间位置和调度需求量三个角度衡量站点重要度,基于 TOPSIS (technique for order preference by similarity to ideal solution,逼近理想解排序,或称优劣解距离)模型计算站点重要度;将站点重要度引入动态调度路径优化模型中,构建调度成本最小化、实际调度量与调度目标值的偏离量惩罚成本最小化,以及用户满意度最大化的动态调度初始阶段优化模型,采用基于滚动时域的调度策略,动态调整调配计划和调度路径;设计考虑站点重要度的人工蜂群算法对模型进行求解,最后通过算例对模型进行验证。

6. 互联网租赁自行车接驳换乘出行优化

在轨道交通-租赁自行车组合出行路径选择机理研究的基础上,结合复合交通网络实时承载状态,从供需均衡的角度研究组合出行路径的优化方法。通过以出行者的"换乘节点"为优化对象,以用户总出行效用、用户路径优化成本和系统调度成本加权组合效用最大为目标函数,构建面向网络负载均衡的组合出行路径的优化模型,以南京复合交通系统的实际数据作为实例,研究优化目标函数中权重的不同取值组合,提出基于用户的组合出行路径优化方案,并探讨考虑群体异质性的组合出行路径优化策略,通过提高用户在复合交通网络总体出行效用,实现改善组合出行用户的一体化出行体验的优化目标。

7. 互联网租赁自行车低碳效益评估优化

从全生命周期的角度出发,利用 openLCA 软件及全生命周期数据库等,建立互联网租赁自行车全生命周期低碳效益模型,对互联网租赁自行车系统生产阶段、使用阶段、运维阶段和回收阶段的碳排放足迹进行量化;并根据模式转换的辨识结果,量化互联网租赁自行车与其他交通方式相互作用时产生的环境效益;在此基础上,分析互联网租赁自行车环境效益的各影响因素及其结果。

1.4 研究技术路线

本书的技术路线如图 1-1 所示。

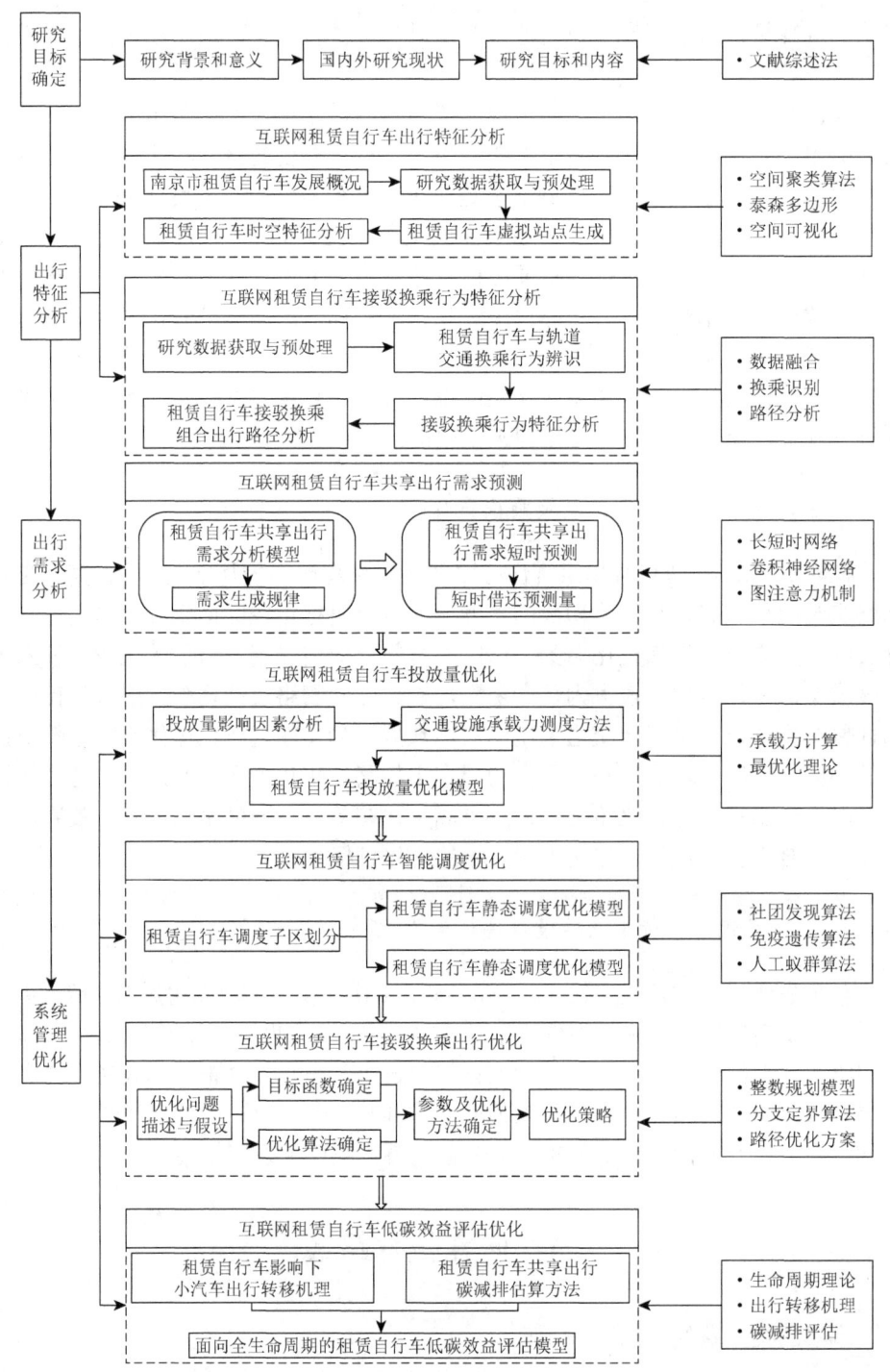

图 1-1 技术路线

参 考 文 献

[1] Demaio P. Bike-sharing: History, impacts, models of provision, and future[J]. Journal of Public Transportation, 2009, 12 (4): 41-56.

[2] 李美羽. 城市无桩共享单车系统运营管理优化模型与机制研究[D]. 北京: 北京交通大学, 2019.

[3] Pinaud A, Canals M S, Janneau T. Copenhagen: How Bicycles Can Become an Efficient Means of Public Transportation[M]. Denmark: Roskilde University, 2006.

[4] Shaheen S, Guzman S. Worldwide-Bikesharing[J]. Access, 2011, (3): 22-27.

[5] Castillo-Manzano J I, Castro-Nuño M, López-Valpuesta L. Analyzing the transition from a public bicycle system to bicycle ownership: a complex relationship[J]. Transportation Research Part D: Transport & Environment, 2015, 38: 15-26.

[6] Bernatchez A C, Gauvin L, Fuller D, et al. Knowing about a public bicycle share program in Montreal, Canada: Are diffusion of innovation and proximity enough for equitable awareness? [J]. Journal of Transport & Health, 2015, 2 (3): 360-368.

[7] Shaheen S A, Zhang H, Martin E, et al. China's Hangzhou Public Bicycle: Understanding Early Adoption and Behavioral Response to Bikesharing[C]. Proceedings of 91st Annual Meeting of the Transportation Research Board, 2012, 33-41.

[8] Bachand-Marleau J, Lee B H Y, El-Geneidy A M. Towards a better understanding of the factors influencing the likelihood of using shared bicycle systems and frequency of use[C]. Proceedings of 91st Annual Meeting of the Transportation Research Board, 2012.

[9] Flamm B J, Sutula K M, Meenar M R. Changes in Access to Public Transportation for Cycle-Transit Users in Response to Service Reductions[C]. Proceedings of 92nd Annual Meeting of the Transportation Research Board, 2013.

[10] 石晓凤. 基于杭州经验的集约型城市公共自行车系统规划发展思路[D]. 杭州: 浙江大学, 2011.

[11] 牛伟伟, 叶霞飞, 蔡逍天. 基于城市轨道交通的公共自行车交通特征[J]. 城市轨道交通研究, 2012, 15 (3): 10-13.

[12] Bian Y, Wu D D, Shu S N, et al. Study on Travel Characteristics of Public Bicycles in Beijing [C]. 14th COTA International Conference of Transportation Professionals, 2014: 3331-3343.

[13] Vogel P, Greiser T, Mattfeld D C. Understanding bike-sharing systems using data mining: exploring activity patterns [J]. Procedia Social and Behavioral Sciences, 2014, 20: 514-523.

[14] 黄莉, 刘丁酉. 利用 MySQL 研究公共自行车服务系统[J]. 湖北民族学院学报（自然科学版）, 2014, 32 (1): 78-80.

[15] Almannaa M, Elhenawy M, Rakha H. Predicting Bike Availability in Bikesharing Systems Using Dynamic Linear Models[C]. Transportation Research Board 97th Annual Meeting, Washington, 2018.

[16] Shen S, Wei Z, Sun L, et al. A hybrid dispatch strategy based on the demand prediction of shared bicycles[J]. Applied Sciences, 2020, 10 (8): 2778.

[17] 刘畅. 共享单车需求预测及调度研究[D]. 武汉: 武汉理工大学, 2018.

[18] 赵明明. 数据驱动下的共享单车调度优化研究[D]. 大连: 大连理工大学, 2020.

[19] 李源庆臻. 共享单车需求预测与静态调度方法研究[D]. 长沙: 长沙理工大学, 2019.

[20] 陈绵, 陈龙, 彭翔. 区域共享单车停放量短期预测方法研究[C]. 2019 年中国城市交通规划年会, 成都, 2019.

[21] 徐铖铖,季钧一,刘攀. 基于ARIMA模型的共享单车吸引量和发生量预测方法[P]. CN201710952071.5, 2017.
[22] 孔静. 无桩式共享单车站点需求预测及调度路径优化研究[D]. 西安：长安大学, 2018.
[23] 金含笑. 基于摩拜出行数据的共享单车调度研究[D]. 北京：北京交通大学, 2019.
[24] 侯宁. 基于出行数据的互联网租赁自行车车辆调度研究[D]. 北京：北京交通大学, 2019.
[25] 李博峰. 城市无桩共享单车需求预测及调度问题研究[D]. 西安：西安建筑科技大学, 2019.
[26] 杨军, 赵继新, 易安军, 等. 基于BP神经网络算法的共享单车需求预测[J]. 西部交通科技, 2019, (2): 155-158.
[27] 宋鹏, 黄同愿, 刘渝桥. 基于SVM的共享单车需求预测[J]. 重庆理工大学学报, 2019, 33 (7): 187-194.
[28] 史越. 共享单车需求预测及调度方法研究[D]. 北京：北京交通大学, 2019.
[29] 王敬. 共享单车配送调度优化算法研究[D]. 石家庄：河北科技大学, 2019.
[30] 苏影. 基于数据分析的共享单车动态调配优化研究[D]. 北京：北京交通大学, 2019.
[31] 甘维德. 基于数据挖掘的城市共享单车出行分析及区域需求量预测[D]. 广州：广东工业大学, 2019.
[32] 王立. 基于机器学习的共享单车需求量预测模型研究[D]. 西安：长安大学, 2019.
[33] Caggiani L, Camporeal E R, Ottomanelli M, et al. A modeling framework for the dynamic management of free-floating bike-sharing systems[J]. Transportation Research Part C: Emerging Technologies, 2018, 87: 159-182.
[34] 马勇. 基于共享单车轨迹数据的需求预测及智能调度方法研究[D]. 北京：北方工业大学, 2019.
[35] 李颖宏, 马勇. 基于LSTM的共享单车需求预测[J]. 智能城市, 2019, (5): 1-4.
[36] Xu C, Wang Y, Wang C, et al. Investigation of Contributing Factors to Travel Demand of Free-floating Bike Sharing: A Geographically Weighted Regression Approach[C]. Transportation Research Board 98th Annual Meeting, Washington, 2019.
[37] Ai Y, Li Z, Gan M, et al. A deep learning approach on short-term spatiotemporal distribution forecasting of dockless bike-sharing system[J]. Neural Computing & Applications, 2018, 31 (5): 1665-1677.
[38] Xu M, Liu H, Yang H. A deep learning based multi-block hybrid model for bike-sharing supply-demand prediction[J]. IEEE Access, 2020, 99: 1.
[39] Westland J C, Mou J, Yin D. Demand cycles and market segmentation in bicycle sharing[J]. Information Processing & Management, 2018, 56 (4): 1592-1604.
[40] Liu C, Xu Y, Zhu Y. ALCNN: Attention-based Model for Fine-grained Demand Inference of Dock-less Shared Bike in New Cities[Z]. arcXiv preprint arXiv: 1909.11760. 2019.
[41] Oh K, Jeong Y, Lee D, et al. An integrated framework for the assessment of urban carrying capacity[J]. Journal of Korea Planning Association, 2002, 37 (5): 7-26.
[42] Iida Y. Studies on methodology for maximum capacity of road network[J]. Proceedings of the Japan Society of Civil Engineers, 1972, (205): 121-129.
[43] 饭田恭敬. 交通工程学[M]. 邵春福等, 译. 北京：人民交通出版社, 1992.
[44] Asakura Y, Kashiwadani M. Estimation model of maximum road network capacity with parking constraints and its application[J]. Infrastructure Planning Review, 1993, 1 (11): 129-136.
[45] Knaap G J. Toward model statutes for the land-use element: an assessment of current requirements and practice[J]. Modernizing State Planning Statutes, PAS Report, 1998, 480: 81.
[46] Akamatsu T, Miyawaki O. Maximum network capacity problem under the transportation equilibrium assignment[J]. Infrastructure Planning Review, 1995, 1 (12): 719-729.
[47] 单福磊. 基于土地利用的城市道路网交通容量模型研究[D]. 昆明：昆明理工大学, 2014.
[48] 周溪召, 刘灿齐, 杨佩昆. 高峰时段城市道路网时空资源和交通空间容量[J]. 同济大学学报, 1996, 24 (4):

392-397.

[49] 陈春妹. 路网容量研究[D]. 北京：北京工业大学，2002.

[50] 杨筱娟. 基于重要节点的路网容量研究[D]. 北京：北京邮电大学，2011.

[51] 谢辉，于晓桦，晏克非. 城市道路交通网络系统容量评估模型[J]. 中国公路学报，2012，25（3）：129-134.

[52] Margiotta R A. Improved Vehicle Speed Estimation Procedures for Air Quality and Planning Application[D]. Knoxville：The University of Tennessee，1996.

[53] Feng T，Zhang J，Fujiwara A，et al. An integrated model system and policy evaluation tool for maximizing mobility under environmental capacity constraints：a case study in Dalian City，China[J]. Transportation Research Part D：Transport and Environment，2010，15（5）：263-274.

[54] 侯德劭. 城市交通承载力研究[D]. 上海：同济大学，2008.

[55] 杨日辉，王首绪. 基于交通环境承载力的公路网交通量预测[J]. 公路，2006，(4)：182-185.

[56] 耿雪，田凯，张宇，等. 巴黎公共自行车租赁点规划设计[J]. 城市交通，2009，7（4）：21-29.

[57] 李黎辉，陈华，孙小丽. 武汉市公共自行车租赁点布局规划[J]. 城市交通，2009，7（4）：39-44.

[58] Rybarczyk G，Wu C. Bicycle facility planning using GIS and multi-criteria decision analysis[J]. Applied Geography，2010，30（2）：282-293.

[59] Larsen J，Patterson Z，El-Geneidy A. Build it. But where? The use of geographic information systems in identifying locations for new cycling infrastructure[J]. International Journal of Sustainable Transportation，2013，7（4）：299-317.

[60] García-Palomares J C，Gutiérrez J，Latorre M. Optimizing the location of stations in bike-sharing programs：a GIS approach[J]. Applied Geography，2012，35（1-2）：235-246.

[61] Vogel P. Service Network Design of Bike Sharing Systems[M]. Switzerland：Springer International Publishing，2016.

[62] 索源. 基于出行需求波动的共享单车停放点选址规划研究[D]. 北京：北京交通大学，2018.

[63] Frade I，Ribeiro A. Bike-sharing stations：A maximal covering location approach[J]. Transportation Research Part A：Policy and Practice，2015，82（1）：216-227.

[64] 周传钰. 共享单车投放量测算和调度方法研究[D]. 北京：北京交通大学，2018.

[65] Nair R，Miller-Hooks E. Equilibrium design of bicycle sharing systems：the case of Washington D. C. [J]. EURO Journal on Transportation & Logistics，2016，5（3）：321-344.

[66] Preisler T，Dethlefs T，Renz W. Self-organizing redistribution of bicycles in a bike-sharing system based on decentralized control[C]. Proceedings of the Federated Conference on Computer Science and Information Systems，2016，1471-1480.

[67] 秦孝敏. 城市公共自行车租赁点布局及配置优化研究[D]. 成都：西南交通大学，2015.

[68] Chen L，Ma X J，Nguyen T M T，et al. Understanding bike trip patterns leveraging bike sharing system open data[J]. Frontiers of Computer Science Selected Publications from Chinese Universities，2017，11（1）：38-48.

[69] Liu M，Xu X. A Data-Driven Optimization Method for Reallocating the Free-Floating Bikes[C]. International Conference on Service-Oriented Computing，2018.

[70] Du M，Cheng L，Li X，et al. Static rebalancing optimization with considering the collection of malfunctioning bikes in free-floating bike sharing system[J]. Transportation Research Part E：Logs & Transportation Review，2020，141：102012.

[71] Pal A，Zhang Y. Free-floating bike sharing：solving real-life large-scale static rebalancing problems[J]. Transportation Research Part C：Emerging Technologies，2017，80：92-116.

[72] 王嘉薇，朱家明，祁浩宇，等. 基于 VRP 模型城市共享单车的优化调配研究[J]. 沈阳理工大学学报，2018，1（37）：81-86.

[73] 李三超. 城市无桩共享单车调度方案研究[D]. 西安：长安大学，2018.

[74] 贾永基，吴琴. 基于电子围栏的无桩式共享单车重平衡问题研究[J]. 工业工程与管理，2019，25（1）：79-86.

[75] 蒋塬锐，贾顺平，李军. 基于调度池的共享单车调度研究[J]. 交通信息与安全，2019，37（5）：124-132.

[76] Chang S，Song R，He S，et al. Innovative bike-sharing in China: solving faulty bike-sharing recycling problem[J]. Journal of Advanced Transportation，2018，2018（1）：1-10.

[77] 鄢章华，刘蕾. 考虑服务水平与动态转移规律的共享单车投放策略研究[J]. 中国管理科学，2019，27（9）：196-204.

[78] Barabonkov D，D'Alonzo S，Pierre J，et al. Simulating and Evaluating Rebalancing Strategies for Dockless Bike-Sharing Systems[Z]. arXin preprint arcXiv：2004.11565，2020.

[79] 赵婷，廖成林. 基于市场需求的共享单车优化调度研究[J]. 合作经济与科技，2020，5（9）：123-126.

[80] 张行. 共享单车运输车辆调度问题研究[D]. 长春：吉林大学，2019.

[81] Usama M，Zahoor O，Bao Q，et al. Dockless Bike-Sharing Rebalancing Problem with Simultaneous Faulty Bike Recycling[C]. 19th COTA International Conference of Transportation Professionals，2019.

[82] Teng Y，Zhang H，Li X，et al. Optimization model and algorithm for dockless bike-sharing systems considering unusable bikes in China[J]. IEEE Access，2020，8（99）：42948-42959.

[83] 赵曼. 共享单车网络分析及其优化调度研究[D]. 青岛：山东科技大学，2017.

[84] Zhang Z，Zhang X. Shared bikes scheduling under users' travel uncertainty[J]. IEEE Access，2020，8：3123-3143.

[85] Liu Y，Szeto W Y，Ho S C. A static free-floating bike repositioning problem with multiple heterogeneous vehicles, multiple depots, and multiple visits[J]. Transportation Research Part C：Emerging Technologies，2018，92：208-242.

[86] 戴群. 共享单车调度和回收路径优化问题研究[D]. 大连：大连海事大学，2019.

[87] 王冲. 接驳公共交通的共享单车特性及调度研究[D]. 济南：山东建筑大学，2019.

[88] 马腾腾. 城市轨道交通车站共享单车接驳优化研究[D]. 北京：北京建筑大学，2018.

[89] 褚宏帆. 城市故障共享单车回收问题优化研究[D]. 西安：长安大学，2019.

[90] 薛咏梅. 基于逆向物流的故障共享单车回收问题研究[D]. 西安：长安大学，2019.

[91] 徐国勋，李妍峰，向婷，等. 考虑损坏自行车回收的共享单车调度问题[J]. 系统工程，2019，37：92-99.

[92] 卢琰. 共享单车车辆调度问题研究[D]. 成都：西南交通大学，2018.

[93] 徐国勋，张伟亮，李妍峰. 共享单车调配路线优化问题研究[J]. 工业工程与管理，2019，24（1）：80-86.

[94] 董红召，赵敬洋，郭海锋，等. 公共慢行系统的动态调度建模与滚动时域调度算法研究[J]. 公路工程，2010，6（34）：69-75.

[95] 秦冰芳. 共享单车再平衡问题研究[D]. 成都：西南交通大学，2019.

[96] 冯佩雨. 公共自行车系统调度管理优化方法研究[D]. 南京：东南大学，2018.

[97] 刘冬旭. 公共自行车系统时空划分方法及进化分形调度研究[D]. 杭州：浙江工业大学，2019.

[98] 靳迎新. 城市公共自行车系统调度优化研究[D]. 兰州：兰州交通大学，2018.

[99] 赵敬洋. 公共慢行系统的动态调度建模与滚动时域调度算法研究[D]. 杭州：浙江工业大学，2010.

[100] 曹雪柠. 基于IC卡数据的公共自行车使用特性与动态调度优化研究[D]. 南京：东南大学，2016.

[101] 王恺. 公共自行车调度优化研究[D]. 成都：西南交通大学，2013.

[102] 秦茜. 公共自行车租赁系统调度问题研究[D]. 北京：北京交通大学，2013.

[103] 于文超. 城市公共自行车系统智能调度优化算法研究[D]. 上海：上海交通大学，2015.

[104] Li M，Wang X，Zhang X，et al. A multiperiodic optimization formulation for the operation planning of free-floating

shared bike in China[J]. Mathematical Problems in Engineering, 2018, 2018: 1-11.

[105] Nishi T, Koide S, Otaki K, et al. NERO: Nested Rebalancing Optimization for Mobility on Demand[R]. Nagakute: Toyota Central R & D Labs., Inc., 2019.

[106] Liu Z, Ren L. A Sharing Bike Scheduling Optimization Algorithm Based on Two-Dimensional Dynamic Model and Improved Genetic Algorithm[C]. 2018 IEEE Confs on Internet of Things, Green Computing and Communications, Cyber, Physical and Social Computing, Smart Data, Blockchain, Computer and Information Technology, Congress on Cybermatics, 2018.

[107] Zhang D, Yu C, Desai J, et al. A time-space network flow approach to dynamic repositioning in bicycle sharing systems[J]. Transportation Research Part B: Methodological, 2017, 103: 188-207.

[108] Ghosh S, Jing Y K, Jaillet P. Improving Customer Satisfaction in Bike Sharing Systems through Dynamic Repositioning[C]. International Joint Conference on Artificial Intelligence, 2019.

[109] Shui C S, Szeto W Y. Dynamic green bike repositioning problem—A hybrid rolling horizon artificial bee colony algorithm approach[J]. Transportation Research Part D: Transport & Environment, 2018, 60: 119-136.

[110] 乔晓. 城市公共自行车多车场车辆调度问题研究[D]. 西安: 长安大学, 2017.

[111] 黄志宏. 基于NB-IoT的城市公共自行车系统调度预测研究[D]. 淮南: 安徽理工大学, 2018.

[112] 陆凯韬. GIS支持下公共自行车系统的多车辆实时协同调度研究[D]. 杭州: 浙江工业大学, 2017.

[113] 吴满金, 董红召, 刘冬旭, 等. 公共自行车多目标动态调度建模与算法研究[J]. 机电工程, 2015, 32 (7): 1006-1010.

[114] 彭宇杰, 赵俊晨, 史可, 等. 基于需求分类和用户满意度的公共自行车优化调度研究[J]. 城市建设理论研究 (电子版), 2013, (21): 1-7.

[115] 尹丹丹. 城市公共自行车系统调度路径优化研究[D]. 大连: 大连海事大学, 2017.

[116] Federico C, Chiara P, Andrea Z, et al. A dynamic approach to rebalancing bike-sharing systems[J]. Sensors, 2018, 18 (2): 512.

[117] Benjamin L. Dynamic repositioning strategy in a bike-sharing system: how to prioritize and how to rebalance a bike station[J]. European Journal of Operational Research, 2018, 272 (2): 740-753.

[118] Xu H, Duan F, Pu P. Dynamic bicycle scheduling problem based on short-term demand prediction[J]. Applied Intelligence, 2018, 49 (1): 1968-1981.

[119] Brons M, Givoni M, Rietveld P. Access to railway stations and its potential in increasing rail use[J]. Transportation Research Part A: Policy and Practice, 2009, 43 (2): 136-149.

[120] Cheng Y H, Liu K C. Evaluating bicycle-transit users' perceptions of intermodal inconvenience[J]. Transportation Research Part A: Policy and Practice, 2012, 46 (10): 1690-1706.

[121] Moniruzzaman M, Páez A. Accessibility to transit, by transit, and mode share: application of a logistic model with spatial filters[J]. Journal of Transport Geography, 2012, 24: 198-205.

[122] Zhao J, Deng W, Song Y. Ridership and effectiveness of bikesharing: the effects of urban features and system characteristics on daily use and turnover rate of public bikes in China[J]. Transport Policy, 2014, 35: 253-264.

[123] Carrese S, Gori S. An Urban Bus Network Design Procedure[M]//Patriksson M, Labbé M. Transportation Planning. Boston: Springer, 2002, 177-195.

[124] 张辉. 城市公交网络结构分析及公交网络设计研究[D]. 北京: 北京交通大学, 2016.

[125] 龚小林. 多模式公交网络建模与设计方法研究[D]. 南京: 东南大学, 2018.

[126] Cipriani E, Gori S, Petrelli M. Transit network design: a procedure and an application to a large urban area[J]. Transportation Research Part C: Emerging Technologies, 2012, 20 (1): 3-14.

[127] 王炜. 坚持公交优先 打造畅通城市——东南大学交通学院院长王炜谈如何缓解城市交通拥堵[J]. 道路交通管理, 2012, 3: 40-50.

[128] Gattuso D, Miriello E. Compared analysis of metro networks supported by graph theory[J]. Networks and Spatial Economics, 2005, 5 (4): 395-414.

[129] Derrible S, Kennedy C. Applications of graph theory and network science to transit network design[J]. Transport Reviews, 2011, 31 (4): 495-519.

[130] Derrible S, Kennedy C. The complexity and robustness of metro networks[J]. Physica A: Statistical Mechanics and its Applications, 2010, 389 (17): 3678-3691.

[131] Nourbakhsh S M, Ouyang Y. A structured flexible transit system for low demand areas[J]. Transportation Research Part B: Methodological, 2012, 46 (1): 204-216.

[132] Badia H, Estrada M, Robusté F. Competitive transit network design in cities with radial street patterns[J]. Transportation Research Part B: Methodological, 2014, 59: 161-181.

[133] 王振报, 陈艳艳. 方格型城市多模式公交线网关键设计参数优化[J]. 交通运输系统工程与信息, 2014, 14 (6): 176-181.

[134] 彭景新. 南京市区公交、地铁加权复合网络建模与实证分析[D]. 南京: 南京邮电大学, 2017.

[135] 徐勇, 贾欣, 王哲, 等. 公交地铁一体化下的网络模型与最优路选择算法[J]. 智能系统学报, 2015, 10 (3): 482-487.

[136] Kim I, Kim H C, Seo D J, et al. Calibration of a transit route choice model using revealed population data of smartcard in a multimodal transit network[J]. Transportation, 2020, 47: 2179-2020.

[137] Ma T, Liu C, Erdoğan S. Bicycle sharing and public transit: does capital bikeshare affect metrorail ridership in Washington, D. C. [J]. Transportation Research Record Journal of the Transportation Research Board, 2015, 2534: 1-9.

[138] Kager R, Bertolini L, Te Brömmelstroet M. Characterisation of and reflections on the synergy of bicycles and public transport[J]. Transportation Research Part A: Policy and Practice, 2016, 85: 208-219.

[139] Geurs K T, la Paix L, van Weperen S. A multi-modal network approach to model public transport accessibility impacts of bicycle-train integration policies[J]. European Transport Research Review, 2016, 8 (4): 1-15.

[140] Jäppinen S, Toivonen T, Salonen M. Modelling the potential effect of shared bicycles on public transport travel times in Greater Helsinki: an open data approach[J]. Applied Geography, 2013, 43: 13-24.

[141] Noland R B, Smart M J, Guo Z. Bikeshare trip generation in New York city[J]. Transportation Research Part A: Policy and Practice, 2016, 94: 164-181.

[142] Shelat S, Huisman R, van Oort N. Analysing the trip and user characteristics of the combined bicycle and transit mode[J]. Research in Transportation Economics, 2018, 69: 68-76.

[143] Martens K. The bicycle as a feedering mode: experiences from three European countries[J]. Transportation Research Part D: Transport and Environment, 2004, 9 (4): 281-294.

[144] Mohanty S, Blanchard S. Complete Transit: Evaluating Walking and Biking to Transit Using a Mixed Logit Mode Choice Model[C]. Proceedings of the 95th Transportation Research Board Annual Meeting, Washington, 2016, 10-14.

[145] Lei T L, Chen Y, Goulias K G. Opportunity-based dynamic transit accessibility in Southern California: measurement, findings, and comparison with automobile accessibility[J]. Transportation Research Record, 2012, 2276 (1): 26-37.

[146] Lee J, Choi K, Leem Y. Bicycle-based transit-oriented development as an alternative to overcome the criticisms of

the conventional transit-oriented development[J]. International Journal of Sustainable Transportation，2016，10（10）：975-984.

[147] 李配配，崔珩. 公共自行车与轨道交通的接驳与换乘研究[J]. 交通科技，2013，(1)：154-157.

[148] Pan H，Shen Q，Xue S. Intermodal transfer between bicycles and rail transit in Shanghai，China[J]. Transportation Research Record，2010，2144（1）：181-188.

[149] Griffin G P，Sener I N. Planning for bike share connectivity to rail transit[J]. Journal of Public Transportation，2016，19（2）：1-22.

[150] Masoud N，Jayakrishnan R. A decomposition algorithm to solve the multi-hop peer-to-peer ride-matching problem[J]. Transportation Research Part B：Methodological，2017，99：1-29.

[151] Nam D，Yang D，An S，et al. Designing a transit-feeder system using multiple sustainable modes：peer-to-peer (P2P) ridesharing，bike sharing，and walking[J]. Transportation Research Record，2018，2672（8）：754-763.

[152] 赵德. 多方式公共交通资源耦合效能评价[D]. 南京：东南大学，2016.

[153] 张翔，何保红，王雨佳，等. 基于自行车换乘地铁的网络时空可达性[J]. 交通科学与工程，34（3）：101-108.

[154] Krizek K J，Stonebraker E W. Bicycling and transit：a marriage unrealized[J]. Transportation Research Record：Journal of the Transportation Research Board，2010，2144（1）：161-167.

[155] Bell M G，Kurauchi F，Perera S，et al. Investigating transport network vulnerability by capacity weighted spectral analysis[J]. Transportation Research Part B：Methodological，2017，99：251-266.

[156] Franco P，Johnston R，Mccormick E. Demand responsive transport：generation of activity patterns from mobile phone network data to support the operation of new mobility services[J]. Transportation Research Part A：Policy and Practice，2020，131：244-266.

[157] Kamargianni M，Li W，Matyas M，et al. A critical review of new mobility services for urban transport[J]. Transportation Research Procedia，2016，14：3294-3303.

[158] Streeting M，Edgar E. Mobility as a service—The next transport disruption[R]. LEK Special Report，2017.

[159] Becker H，Balac M，Ciari F，et al. Assessing the welfare impacts of Shared Mobility and Mobility as a Service（MaaS）[J]. Transportation Research Part A：Policy and Practice，2020，131：228-243.

[160] 刘向龙，刘好德，李香静，等. 中国出行即服务（MaaS）体系框架与发展路径研究[J]. 交通运输研究，2019，5（3）：1-9.

[161] Zhang P，Yue H，Wang P，et al. Modeling the enveloping macroscopic fundamental diagram based on the traffic assignment with deterministic user equilibrium[J]. IEEE Acess，2019，7：69776-69794.

[162] Rambha T，Boyles S D，Unnikrishnan A，et al. Marginal cost pricing for system optimal traffic assignment with recourse under supply-side uncertainty[J]. Transportation Research Part B：Methodological，2018，110：104-121.

[163] 刘莎莎，姚恩建，张永生. 轨道交通乘客个性化出行路径规划算法[J]. 交通运输系统工程与信息，2014，(5)：100-104，132.

[164] Xu Y，Yu H，Su B，et al. Traffic flow distribution models based on time and path preference and inducement strategy[J]. Systems Engineering-Theory & Practice，2012，32（10）：2306-2314.

[165] 梁伟，张毅，胡坚明. 基于局部连通性的在途动态路径诱导方法[J]. 交通运输系统工程与信息，2018，18（1）：59-65.

[166] Huang Z，Xu R，Fan W，et al. Service-oriented load balancing approach to alleviating peak-hour congestion in a metro network based on multi-path accessibility[J]. Sustainability，2019，11（5）：1293.

[167] Fitzgerald R J，Banaei-Kashani F. Toward System-Optimal Route Guidance[C]. 2019 20th IEEE International Conference on Mobile Data Management（MDM），2019，91-99.

[168] Han L, Sun H, Wang D Z, et al. The combination of continuous network design and route guidance[J]. Computers & Operations Research, 2016, 73: 92-103.

[169] 赵若愚. 拥堵条件下城市轨道交通客流诱导方法与系统研究[D]. 北京: 北京交通大学, 2019.

[170] Martens K. Promoting bike-and-ride: the Dutch experience[J]. Transportation Research Part A: Policy and Practice, 2007, 41 (4): 326-338.

[171] Chorus C G, Arentze T A, Timmermans H J P. Traveler compliance with advice: a Bayesian utilitarian perspective[J]. Transportation Research Part E: Logistics and Transportation Review, 2009, 45 (3): 486-500.

[172] Yang L, Zheng G, Zhu X. Cross-nested logit model for the joint choice of residential location, travel mode, and departure time[J]. Habitat International, 2013, 38: 157-166.

[173] Yang R, Long R. Analysis of the influencing factors of the public willingness to participate in public bicycle projects and intervention strategies—A case study of Jiangsu Province, China[J]. Sustainability, 2016, 8 (4): 349.

[174] 耿纪超. 多元动机视角下城市居民出行方式选择及其引导政策研究[D]. 徐州: 中国矿业大学, 2017.

[175] 何少辰. 城市居民自行车出行行为路径导向优化[J]. 计算机仿真, 2018, 35 (7): 422-425.

[176] 张鹏鹏. 自行车与公共交通联合出行系统的配置方法研究[D]. 扬州: 扬州大学, 2018.

[177] 赵凯旋. MaaS背景下网约车接驳轨道交通的路径优化研究[D]. 武汉: 华中科技大学, 2019.

[178] 陈安, 陈晶睿. 基于全生命周期的共享产品管理[J]. 科技导报, 2018, 36 (16): 100-106.

[179] Li X, Cottam A, Wu Y J, et al. Can a bikesharing system reduce fuel consumption? Case study in Tucson, Arizona[J]. Transportation Research Part D: Transport and Environment, 2020, 89: 102604.

[180] Zheng F, Gu F, Zhang W, et al. Is bicycle sharing an environmental practice? Evidence from a life cycle assessment based on behavioral surveys[J]. Sustainability, 2019, 11 (6): 1550.

[181] Luo H, Kou Z, Zhao F, et al. Comparative life cycle assessment of station-based and dock-less bike sharing systems[J]. Resources, Conservation and Recycling, 2019, 146: 180-189.

[182] Chen J, Zhou D, Zhao Y, et al. Life cycle carbon dioxide emissions of bike sharing in China: production, operation, and recycling[J]. Resources, Conservation and Recycling, 2020, 162: 105011.

[183] Cao Y, Shen D. Contribution of shared bikes to carbon dioxide emission reduction and the economy in Beijing[J]. Sustainable Cities and Society, 2019, 51: 101749.

[184] Bonilla-Alicea R J, Watson B C, Shen Z, et al. Life cycle assessment to quantify the impact of technology improvements in bike-sharing systems[J]. Journal of Industrial Ecology, 2019, 24 (1): 138-148.

[185] Hollingsworth J, Copeland B, Johnson J X. Are e-scooters polluters? The environmental impacts of shared dockless electric scooters[J]. Environmental Research Letters, 2019, 14 (8): 084031.

[186] McQueen M, MacArthur J, Cherry C. The E-bike potential: estimating regional e-bike impacts on greenhouse gas emissions[J]. Transportation Research Part D: Transport and Environment, 2020, 87: 102482.

[187] Yang T, Li Y, Zhou S, et al. Dynamic feedback analysis of influencing factors and challenges of dockless bike-sharing sustainability in China[J]. Sustainability, 2019, 11 (17): 4674.

[188] Zhang H, Song X, Long Y, et al. Mobile phone GPS data in urban bicycle-sharing: layout optimization and emissions reduction analysis[J]. Applied Energy, 2019, 242: 138-147.

[189] Luo H, Zhao F, Chen W Q, et al. Optimizing bike sharing systems from the life cycle greenhouse gas emissions perspective[J]. Transportation Research Part C: Emerging Technologies, 2020, 117: 102705.

第 2 章　互联网租赁自行车出行特征分析

本章首先介绍了南京市互联网租赁自行车发展概况、研究区域、研究数据来源及数据预处理；然后，以租赁自行车历史骑行数据集为输入数据，运用 K 均值（K-means）、K 中心点（K-medoids）和均值偏移（Mean Shift）等多种聚类算法进行聚类分析，得到合理的互联网租赁自行车虚拟站点质心数量和位置；以质心为控制点创建泰森多边形，将泰森多边形作为互联网租赁自行车的虚拟站点；最后，从骑行时长、骑行距离、时空分布等多角度解析租赁自行车出行特征。

2.1　南京市租赁自行车发展概况

南京市是江苏省的省会，地处长江三角洲中部区域，是国务院批复确定的我国东部地区重要的中心城市。截至 2018 年，南京市总面积达 $6587km^2$，建成区面积占 $971.6km^2$，下辖 11 个区，常住人口约 843.6 万人，其中城镇人口约 696 万人，城镇化率达到 82.50%。常规公交、地铁、有轨电车等多种公共交通方式快速发展，逐渐形成了当前的多模式公交系统，并于 2017 年 12 月获得首批"国家公交都市示范城市"的称号。

为优化城市交通出行结构，有效地解决"最后一公里"问题，促进居民从小汽车出行向"公交+自行车"出行的转移，南京市自 2013 年起大力发展租赁自行车服务。截至 2018 年底，市各辖区累计建成公共自行车服务站点近 2800 个，投放公共自行车近 10 万辆[1]。互联网租赁自行车于 2017 年 1 月进驻南京，凭借其没有固定桩点、借还车方便、骑行轻便等优势，投放量不断增多，在南京市主城区快速扩张，吸引了大量用户使用。互联网租赁自行车的快速发展对其他交通方式也产生了显著的影响。在一次总样本量为 30401 的调查中发现 74.79%的受访者认为互联网租赁自行车可以有效改善公交、地铁出行的接驳问题；68.97%的受访者认为互联网租赁自行车可以有效减少私家小汽车的使用；此外，互联网租赁自行车进驻南京之后的 8 个月内，公共自行车租赁量迅速缩减，由 518 万人次降至 287 万人次，降低了 44.59%[2]；2017 年 4 月，为抢占市场份额、吸引广大用户、提升行业竞争力，各大互联网租赁自行车企业在运营前期相继推出了"免费骑行"和"红包车"等优惠政策；2017 年 8 月，南京市首次划出互联网租赁自行车规范停放点及禁停区,其目的是改善互联网租赁自行车乱停乱放、道路资源被严重占用等问题,政府部门明令禁止各单车企业再新增投放车辆,同时出台相关文件以保障用户的合法权益;2018 年 2 月,随着市场逐渐趋于稳定,互联网租赁自行车企业相继推出了"骑行月卡"的定价策略;2019 年 4 月,随着租赁自行车进入 2.0 时代,互联网租赁自行车与公共自行车公司签订运维合作协议,由公共自行车公司承担互联网租赁自行车系统的线下运维工作,充分发挥公共自行车站点分布广、运营人员多、调度力量全的优势,进行线下精细化管理,力求与城市的慢行系统更好融合,推动互联网租赁自行车行业的可持续发展。南京市互联网租赁自行车发展历程如图 2-1 所示。

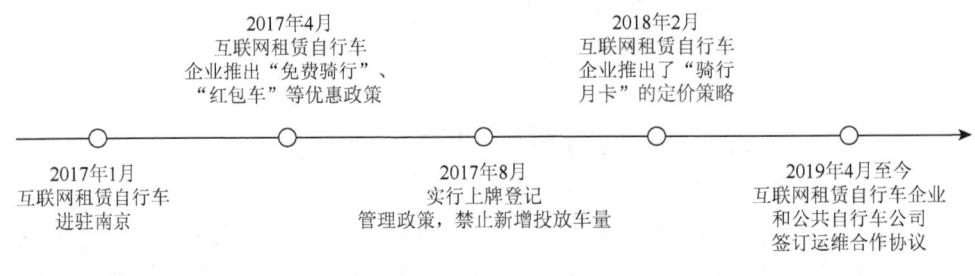

图 2-1 南京市互联网租赁自行车发展历程图

南京市作为全国规模较大的租赁自行车运营城市之一,无论其实践与理论研究均走在国际前列,为国内外租赁自行车研究积累了一定成果经验与素材[3-7]。现有研究表明,南京市互联网租赁自行车客流热点主要分布在新街口为中心的中心城区,该区域人口密度大,车辆投放量和聚集程度高,车辆停放秩序和车辆调度问题严重,需要着重考虑[5,7-9]。因此,以内环线为分界线,可将南京市主城区分为两个区域:内环线以内的区域为中心城区,内环线以外的为近郊。研究范围为南京市中心城区,如图 2-2 所示。

2.2 研究数据获取与预处理

为深入探讨城市建成环境、天气因素等外界条件对互联网租赁自行车出行需求的影响,除互联网租赁自行车历史骑行数据外,还涉及城市关键点数据、路网数据、公共交通站点数据和天气数据。

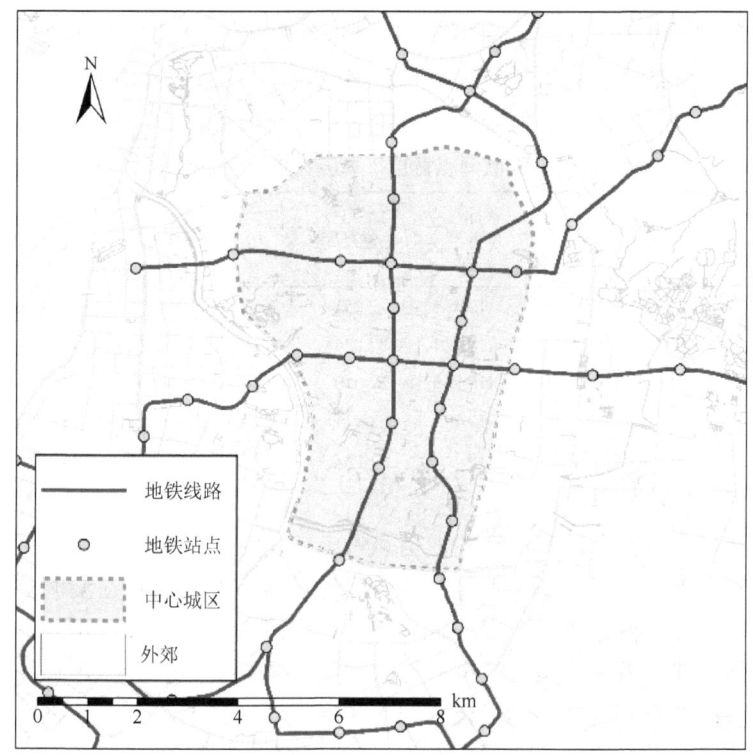

图 2-2 研究范围示意图

2.2.1 互联网租赁自行车骑行数据

截至 2017 年底,南京市互联网租赁自行车投放量共计约 45 万辆,单车注册用户约 1213 万,日使用量约 130 万人次。排名前三的单车企业分别为摩拜单车、小蓝单车和 ofo 单车,其投放量分别为 4 万辆、1.2 万辆和 1 万辆。可以看出,南京市引入的互联网租赁自行车品牌较多,其中,摩拜单车的车辆投放规模最大,因此,摩拜单车的用车行为一定程度上能够较好地代表互联网租赁自行车的使用特性,具备理论上的科学性和普适性。需要说明的是,所提出的相关模型与方法不仅适用于摩拜单车,也可以作为其他单车运营企业决策时的参考依据。

所用的互联网租赁自行车历史骑行数据由北京摩拜科技有限公司提供,涵盖了南京市 2017 年 9 月 18~24 日一周的历史骑行数据,在连续的一周内,租赁自行车的运营服务从未中断。获取的互联网租赁自行车骑行数据格式如表 2-1 所示,一条完整的出行数据记录包括车辆 ID 号、骑行起点位置经度、骑行起点位置纬度、骑行开始时刻、骑行终点位置经度、骑行终点位置纬度、骑行结束时刻 7 个字段，即包含了一次出行记录的借还车时间和起终点位置坐标。

表 2-1　互联网租赁自行车历史骑行数据格式

车辆 ID 号	骑行开始时刻	骑行起点位置经度/(°)	骑行起点位置纬度/(°)	骑行结束时刻	骑行终点位置经度/(°)	骑行终点位置纬度/(°)
990a9***	2017/9/19 19:25:55	119.734	32.151	2017/9/19 19:32:20	119.726	32.149
39e3fc***	2017/9/19 19:25:39	119.754	32.074	2017/9/19 19:31:19	119.754	32.073
113a64***	2017/9/19 19:25:31	119.969	32.010	2017/9/19 19:49:07	119.966	32.011
5602e1***	2017/9/19 19:25:50	119.799	31.911	2017/9/19 19:33:23	119.790	31.916
022799***	2017/9/19 19:25:19	119.757	31.962	2017/9/19 19:32:56	119.752	31.967

互联网租赁自行车历史出行数据信息量庞大，由于车辆使用过程中，智能锁、数据通信模块等智能设备在车辆定位和信息通信等方面可能存在漏洞，同时用户使用车辆可能存在操作不当或者车辆自身存在问题等现象，导致所获取的原始数据中包含信息缺失数据、错误数据和冗余数据，需要对研究数据进行清洗。具体清洗方法为：首先，筛选并删除出行记录中字段不全的历史骑行数据；其次将骑行数据中的起终点位置坐标数据导入 ArcGIS 软件中，剔除起点或终点不在南京市中心城区范围内的骑行数据；最后，根据数据记录中的借还车时间差和借还车经纬度坐标，逐条计算每一次出行的骑行时长和骑行距离，保留骑行时长在 30s 到 2h 之内和骑行距离在 100～5000m 的出行记录[5]，对骑行时长和骑行距离范围之外的骑行记录进行剔除处理。

2.2.2　城市兴趣点数据

兴趣点（point of interest，POI）数据记录了城市居民在某地点的活动类型（包括学习、工作、就餐、购物或休闲娱乐等）。每条 POI 数据中包含地点名称、POI 类型、具体地址、经度、纬度等信息，可以用来表征城市结构等空间特征。地图服务商（如百度地图、高德地图等）获取城市的 POI 数据并将该数据在地图上发布，开放应用程序编程接口（application programming interface，API）方便开发者与使用者接入。采用 Python 语言，利用高德地图提供的 Place API 接口获取南京市的 POI 数据。POI 数据的标签基本涵盖了所有的设施类型，使用的 POI 数据包含 14 个大类，具体包括餐饮服务、购物服务、科教文化服务、风景名胜、公共设施、公司企业、交通设施服务、金融保险服务、商务住宅、生活服务、体育休闲服务、医疗保健服务、政府机构和社会团体、住宿服务。为了便于分析研究区域的城市功能与互联网租赁自行车使用特性的关系，对 14 大类 POI 数据进行二次分类，根据已有的文献和研究，将获取到的 POI 数据进行重新归类，分为五大类：文化型 POI、住宅型 POI、政府型 POI、娱乐型 POI、商业型 POI[5]。POI 类型数据分类情况如表 2-2 所示。

表 2-2　POI 数据分类列表

POI 类型	服务功能	包括场所
文化型 POI	科教文化服务	博物馆、图书馆、展览馆、艺术馆等
	媒体服务	电视台、报社等
住宅型 POI	住宅	公寓、社区等
	租赁住宿服务	酒店、青年旅舍等
政府型 POI	政府服务	政府机关、税务局等
娱乐型 POI	运动休闲服务	体育馆、游乐场、电影院等
	购物餐饮服务	餐厅、便利店、超市等
商业型 POI	公司企业	矿业企业、制造企业、商贸企业、小型服务企业等
	金融服务	证券公司、保险公司、银行等
	工业	冶金化工生产工厂、机电生产工厂等

2.2.3　路网与公共交通站点数据

使用的路网数据获取自 OpenStreetMap（https://www.openhistoricalmap.org/）。道路交通系统具体类型包含城市快速路、高速、国道、省道、铁路、县道、乡镇村道、行人道路等。由于研究对象为互联网租赁自行车，故只选取行人道路、县道、乡镇村道作为研究中使用的路网[10]。研究区域内的地铁站点与常规公交站点位置数据由高德地图 Wed 服务 API 接口获取，公共自行车站点位置数据由南京市公共自行车公司提供。经统计，研究区域内共有 16 个地铁站点、269 个常规公交站点和 167 个公共自行车站点。

2.2.4　天气数据

使用的南京市的天气数据获取自 Weather Underground（https://www.wunderground.com）。天气数据包括 2017 年 9 月 18~24 日为期一周每小时的温度、湿度、风速、天气状况，数据格式如表 2-3 所示。

表 2-3 天气数据格式

时间	温度/℃	湿度/%	风速/(m/s)	天气状况
2017/9/18 0:00	20.0	94	0.89	晴天
2017/9/18 1:00	20.0	94	0.89	晴天
2017/9/18 2:00	18.9	100	0.89	晴天
2017/9/18 3:00	18.9	100	0.00	晴天
2017/9/18 4:00	17.8	94	0.89	晴天
2017/9/18 5:00	17.8	100	0.00	晴天
2017/9/18 6:00	18.9	94	0.89	晴天
2017/9/18 7:00	20.0	100	0.89	晴天
⋮	⋮	⋮	⋮	⋮

2.3 互联网租赁自行车虚拟站点生成

区别于传统的有桩公共自行车,互联网租赁自行车未设置固定的站点及桩位。在实际应用中,租赁自行车的调度问题往往精确到自行车各个站点,且调度模型中的多个步骤需要基于站点进行,包括基于站点的短时需求预测、调度子区划分及调度路径的优化等。因此,互联网租赁自行车虚拟站点的生成是该系统进行需求预测和调度优化的基础。

目前生成租赁自行车虚拟站点的方法主要有以下几种:①将交通小区作为互联网租赁自行车的虚拟站点[11];②将研究区域按照一定的距离划分为正方形或长方形网格并将此作为互联网租赁自行车体系的最小统计单位[12];③运用 Geo Hash 生成互联网租赁自行车的虚拟站点[13];④对互联网租赁自行车历史骑行数据进行聚类分析,生成的类心作为虚拟站点的质心位置[9]。其中,前三种只是简单地对地理位置进行了划分,未能考虑租赁自行车骑行记录之间的空间位置关系。本节以研究区域内互联网租赁自行车历史骑行数据中的经纬度数据为输入,使用 K-means、K-medoids 和树冠-K 均值算法(Canopy-K-means)算法等多种空间聚类算法对出行记录中的经纬度数据进行聚类分析,获取虚拟站点的质心位置,最后基于虚拟站点质心位置创建泰森多边形,生成互联网租赁自行车的虚拟站点。

2.3.1 评价指标

采用四个聚类评价指标对聚类算法的结果进行评价,评价指标包括虚拟站点服务半径、轮廓系数(silhouette coefficient,SC)、CH 指数(Calinski-Harabasz index,CHI)及 DB 指数(Davies-Bouldin index,DBI)。

1. 虚拟站点服务半径

虚拟站点的空间大小应与用户愿意步行找车的距离相互匹配,以保证当用户在某一虚拟站点无法借到车辆时,可步行至相邻的虚拟站点用车。虚拟站点服务半径不宜过大,当步行找车距离过长时,用户可能会放弃使用互联网租赁自行车,改为采用步行或其他交通方式,同时虚拟站点服务半径也不能过小,否则企业的运营成本会显著增加[9]。选取 500m 作为用户可接受的最大步行距离[14],因此聚类分析结果的平均半径应尽可能接近 250m。

2. 轮廓系数

SC 是评价类密集与分散程度的指标,随着类的规模增大,SC 也随之增大,其取值范围为-1~1,数值越大则聚类效果越好[15]。数据集合的 SC 是通过所有样本计算得出,第 i 个样本的 SC 计算公式如下:

$$\mathrm{SC}_i = \frac{b_i - a_i}{\max\{a_i, b_i\}} \tag{2-1}$$

式中,a_i 表示第 i 个样本与其所在簇内其他样本的平均距离;b_i 表示第 i 个样本与其距离最近不同类别中样本的平均距离。SC_i 接近 1 说明第 i 个样本的聚类结果合理;SC_i 接近-1,则说明第 i 个样本更应该分类到另一个类别;若 SC_i 近似为 0,则说明第 i 个样本在上述两个类别的边界上。

3. CH 指数

CHI 通过协方差矩阵描述聚类紧密程度,其数值越大则聚类效果越好[16]。CHI 的计算公式如下:

$$\mathrm{CHI} = \frac{\mathrm{tr}(\boldsymbol{B}_K)}{\mathrm{tr}(\boldsymbol{W}_K)} \cdot \frac{n - K}{K - 1} \tag{2-2}$$

式中,n 为训练集样本数;K 为聚类类别数;$\boldsymbol{B}_K$ 为聚类类别之间的协方差矩阵;$\boldsymbol{W}_K$ 为类内部样本的协方差矩阵;tr 为矩阵的迹。类别之内样本的协方差越小,类别之间的协方差越大,CHI 越高,组与组之间界限越明显,聚类效果越好。

4. DB 指数

DBI 是一种聚类算法的评估指标[17],以类间的离散程度和类内数据对象的密集程度作为聚类结果评估的度量标准,其计算公式如下:

$$\text{DBI} = \frac{1}{n}\sum_{i=1}^{n}\max_{j\neq i}\left(\frac{d_i + d_j}{p_{ij}}\right) \qquad (2\text{-}3)$$

式中，d_i、d_j 为类内距离；p_{ij} 为类之间重心的距离；n 为聚类的数目。DBI 越小代表聚类内部数据对象越紧密，并且类之间的差异越大，相应的聚类结果越好。

2.3.2 生成方法

不同的聚类算法在不同的数据样本结构下，聚类效果有所差异。为得到研究范围内合理有效的虚拟站点数量和位置，以互联网租赁自行车历史骑行数据集为输入，选取了 K-means[9]、Canopy-K-means[18]、K-medoids[13] 和 Mean Shift[19] 四种聚类算法进行聚类分析。

1. K-means 算法

K-means 算法是一种无监督机器学习聚类算法，该算法从 m 维欧几里得空间出发，把 n 个样本数据划分为 K 类。通过计算样本间的欧氏距离，判断不同样本间的相似度，根据相似度情况，把相似样本归为一类。K-means 算法必须提前设置聚类数量 K，根据设置的聚类数量任意选取 K 个样本，定义为初始聚类中心。接着迭代计算各个样本和各聚类中心间的欧氏距离，同时把样本划分至最近聚类簇，根据每个聚类中的样本不断更新聚类中心位置，直至目标函数不再变化。K-means 算法流程如下：

步骤1 在数据集 D 中随机选择 K 个样本作为初始聚类中心 $c_1, c_2, \cdots, c_K$。

步骤2 计算数据集 D 中所有样本到 K 个聚类中心距离，并将其分到距离最近的簇中。

步骤3 对每个聚类簇 C_i，重新计算其聚类中心 c_i，即属于该聚类簇所有样本的质心。

步骤4 重复操作步骤2至步骤3，直到各样本与所在聚类中心的误差平方和最小或达到最大迭代次数时，终止迭代。

其中需要设置的参数为 K，K 的取值范围为 100～1000，步长为 100。不同参数取值下 K-means 算法聚类结果及评价指标如表 2-4 所示。

表 2-4 K-means 算法聚类结果及评价指标

虚拟站点质心个数	SC	CHI	DBI	服务半径/m
100	0.41	572813	0.78	442
200	0.42	629393	0.75	313

续表

虚拟站点质心个数	SC	CHI	DBI	服务半径/m
300	0.43	679578	0.73	260
400	0.44	716748	0.71	227
500	0.44	747043	0.71	202
600	0.45	774450	0.72	187
700	0.45	791514	0.72	173
800	0.45	808483	0.71	163
900	0.45	832219	0.72	154
1000	0.45	839548	0.71	146

2. Canopy-K-means 算法

为弥补 K-means 算法无法选取聚类中心的缺陷，对数据集执行 K-means 算法运算之前可使用 Canopy-K-means 算法预处理数据得到聚类数目及初始中心点，随后再使用 K-means 算法对数据进行聚类。Canopy-K-means 算法流程如下：

步骤 1 在数据集 D 中通过交叉验证调参设定初始距离阈值 T_1、T_2，满足 $T_1 > T_2$。

步骤 2 从数据集 D 中随机选取样本 p 作为聚类中心，将样本 p 从数据集 D 中删除。

步骤 3 从数据集 D 中随机选取一个样本 q，计算 q 到所有聚类中心的距离，考察其中最小的距离 d：如果 $d \leqslant T_1$，则给 q 一个弱标记，表示样本 q 属于该聚类簇，并将 q 加入其中，但不将样本 q 从数据集 D 中删除；如果 $d \leqslant T_2$，则给 q 一个强标记，表示样本 q 属于该聚类簇，并将样本 q 从数据集 D 中删除；如果 $d > T_1$，则样本 q 作为一个新的聚类中心，形成新的聚类簇，并将样本 q 从数据集 D 中删除。

步骤 4 重复步骤 3 直到数据集 D 元素个数为零。

步骤 5 利用 Canopy-K-means 算法得到聚类中心后，运用 K-means 算法得到不同参数组合下的聚类结果。

算法中需要设置的参数为 T_1、T_2，T_1 分别取 200m、250m 和 300m，T_2 分别取 100m、150m、200m 和 250m，同时保证 $T_1 > T_2$。将 Canopy-K-means 计算得到的聚类簇的数量作为 K-means 的 K 值，各聚类簇的中心点作为 K-means 的初始中心点，尝试不同组合下 Canopy-K-means 作为 K-means 初始值的聚类结果。不同参数取值下 Canopy-K-means 算法聚类结果及评价指标如表 2-5 所示。

表 2-5　Canopy-K-means 算法聚类结果及评价指标

T_1, T_2 参数/m	虚拟站点质心个数	SC	CHI	DBI	服务半径/m
(300, 250)	265	0.41	104394	0.76	273
(300, 200)	390	0.43	108207	0.74	230
(300, 150)	660	0.44	123559	0.72	180
(300, 100)	1390	0.44	144847	0.71	126
(250, 200)	392	0.43	114074	0.73	228
(250, 150)	666	0.44	126007	0.72	177
(250, 100)	1406	0.44	144725	0.71	125
(200, 150)	670	0.44	127518	0.72	178
(200, 100)	1373	0.44	144301	0.71	127

3. K-medoids 算法

作为对 K-means 算法的改进和优化，K-medoids 算法更新聚类中心时不选用平均值，而采用聚类簇中位置最中心的对象，即以中心点（medoids）作为参照点。在算法执行的过程中，每轮迭代计算的都是每个站点到聚类中心点之间的距离。K-medoids 的优点是当存在噪声和孤立点时，K-medoids 能够得到比 K-means 更优的结果。算法流程如下：

步骤 1　在数据集 D 中随机选择 K 个样本作为初始聚类中心 $c_1, c_2, \cdots, c_K$。

步骤 2　计算数据集 D 中所有样本到 K 个聚类中心的距离并将其分到与其距离最短的聚类中心所对应的聚类簇中。

步骤 3　在每一个聚类簇中，计算每个样本与其他所有样本距离之和，选取距离之和最小时对应的样本作为该聚类簇的新聚类中心。

步骤 4　重复操作步骤 2 至步骤 3，直到聚类结果不再变化。

算法中需要设置的参数为 K，K 的取值范围为 100～1000，步长为 100。不同参数取值下 K-medoids 算法聚类结果及评价指标如表 2-6 所示。

表 2-6　K-medoids 算法聚类结果及评价指标

虚拟站点质心个数	SC	CHI	DBI	服务半径/m
100	0.38	83851	0.82	448
200	0.38	91846	0.82	326
300	0.38	89048	0.83	264
400	0.39	94481	0.80	231
500	0.39	93890	0.82	211
600	0.39	95170	0.81	192

续表

虚拟站点质心个数	SC	CHI	DBI	服务半径/m
700	0.40	99490	0.80	178
800	0.38	101579	0.82	169
900	0.39	100607	0.83	159
1000	0.38	96950	0.84	152

4. Mean Shift 算法

Mean Shift 算法又称均值漂移算法[19]，是一种基于无参数的向量空间聚类算法。该算法无须提前确定数据分布特性，且不需要事先指定聚类的数目，可以自动定位到密度最高的区域将数据进行聚类。算法流程如下：

步骤 1　在数据集 D 中随机选择一个未标记的样本 p 作为聚类中心 c，并对样本 p 进行标记。

步骤 2　计算数据集 D 中所有样本到聚类中心 c 的距离，将所有与聚类中心 c 的距离小于距离阈值的样本划分至聚类中心 c 所对应的聚类簇 C 中。同时，将这些样本属于聚类簇 C 的概率加 1。

步骤 3　以聚类中心 c 为中心点，计算聚类中心 c 到聚类簇 C 中每个样本的向量，将这些向量相加得到平移向量 s。

步骤 4　将聚类中心 c 沿着平移向量 s 的方向移动，移动距离为 $\|s\|$。

步骤 5　重复步骤 2 至步骤 4，直到迭代收敛，记录此时的聚类中心 c。在迭代过程中所涵盖的所有样本都归类至聚类簇 C 中，同时，将这些样本属于聚类簇 C 的概率加 1。

步骤 6　若收敛时，当前聚类簇 C 的聚类中心 c 与另一聚类簇 C_i 的聚类中心 c_i 之间的距离小于距离阈值，则将聚类簇 C 与聚类簇 C_i 进行合并，且将两个聚类簇中样本的概率合并，否则将聚类簇 C 作为新的聚类簇。

步骤 7　重复步骤 1 到步骤 6 直到所有的样本都被标记。

步骤 8　遍历数据集 D 中所有样本，将每个样本划分至所属概率最大的簇中，得到最终聚类结果。不同参数取值下 Mean Shift 算法聚类结果及评价指标如表 2-7 所示。

表 2-7　Mean Shift 算法聚类结果及评价指标

邻域距离阈值/m	虚拟站点质心个数	SC	CHI	DBI	服务半径/m
10	22820	0.38	221639	0.47	33
20	8183	0.39	129441	0.62	55

续表

邻域距离阈值/m	虚拟站点质心个数	SC	CHI	DBI	服务半径/m
30	4060	0.41	113096	0.67	76
40	2418	0.42	104454	0.70	97
50	1645	0.43	98664	0.71	119
100	420	0.41	88572	0.75	234
150	209	0.39	81288	0.77	334
200	114	0.38	75253	0.80	454
250	67	0.37	73921	0.84	603
300	52	0.37	78694	0.78	689

2.3.3 生成结果

为生成互联网租赁自行车的虚拟站点，运用了上述四种聚类算法，在不同参数选取下获取虚拟站点的质心个数，结果如表 2-8 所示。在比对各算法聚类结果时，优先选择服务半径最接近 250m 的聚类结果，随后比较对应的 SC、CHI 和 DBI。如表 2-8 所示，K-means 聚类得到的服务半径为 260m，最为接近 250m，且其 SC 和 CHI 均高于其余算法，DBI 低于其他算法，因此选用 K-means 算法生成虚拟站点的质心个数与位置。

表 2-8 不同聚类算法的结果及评价指标

聚类算法	虚拟站点质心个数	SC	CHI	DBI	服务半径/m
K-means	300	0.43	679578	0.73	260
Canopy-K-means	390	0.43	108207	0.74	230
K-medoids	300	0.38	89048	0.83	264
Mean Shift	420	0.41	88572	0.75	234

在确定虚拟站点质心位置后，通过创建泰森多边形生成租赁自行车的虚拟站点[20]。泰森多边形是由一组连接两相邻点线段中垂线组成的连续多边形，其特点为每个多边形内仅包含一个控制点，多边形内任意一点到控制点的距离均小于其到其他多边形控制点的距离。通过泰森多边形生成的研究区域内互联网租赁自行车虚拟站点如图 2-3 所示。

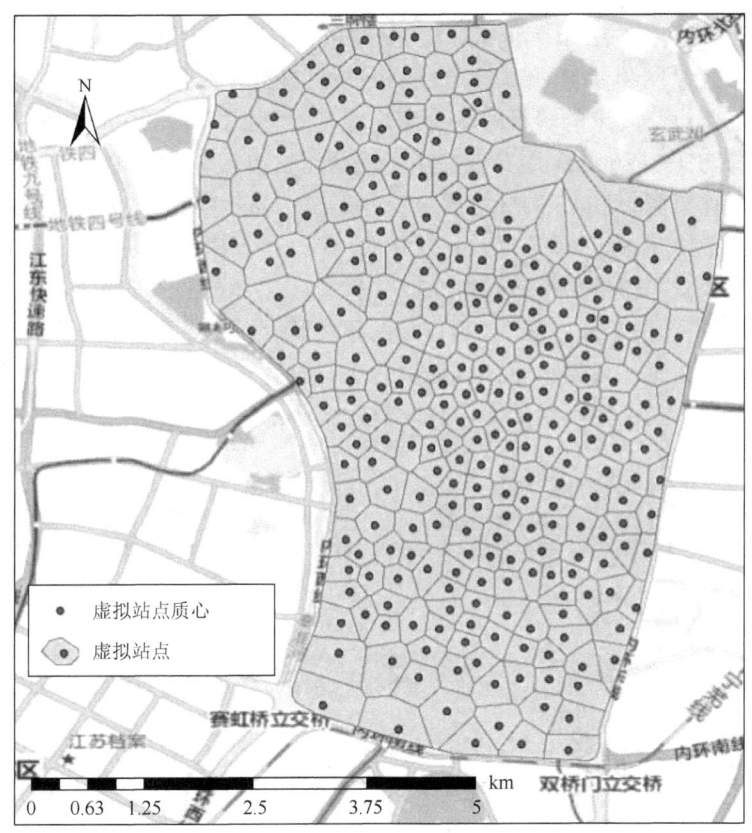

图 2-3 虚拟站点示意图

2.4 互联网租赁自行车时空特征分析

掌握互联网租赁自行车的出行特征是对其进行短时需求预测和调度的重要前提。通过挖掘互联网租赁自行车历史骑行数据，从时间维度和空间维度深入探讨互联网租赁自行车的出行特征。

2.4.1 时间特征分析

根据互联网租赁自行车数据中的起终点时间信息和位置数据，统计出行记录的骑行时长和骑行时刻分布，分析租赁自行车的时间特征规律。

1. 骑行时长分布

根据互联网租赁自行车历史骑行数据中的借车时间和还车时间，计算出每次出行的骑行时长。以 3min 为间隔,将骑行时长划分为不同的时间范围,统计了工作日和周末互联网租赁自行车骑行时长百分比与累计百分比分布情况。由图 2-4 中可知,工作日与周末的骑行时长分布规律基本一致,均呈现先增后减趋势,骑行时长高峰均在 3~6min。用户在使用互联网租赁自行车出行时以短时出行居多,86.53%的工作日骑行和 83.91%的周末骑行都在 15min 内完成,98.24%的工作日骑行和 97.67%的周末骑行都在 30min 内完成,该分布规律与互联网租赁自行车企业以 30min 为计费单位的价格政策相关[21]。此外,工作日的平均骑行时长为 9min,周末的平均骑行时长为 9.75min,工作日的整体骑行时长要稍微小于周末的骑行时长,原因可能是工作日用车目的以通勤为主,时间较为紧张;而周末用车目的更加多样,包括购物、休闲娱乐等,时间较为宽裕。

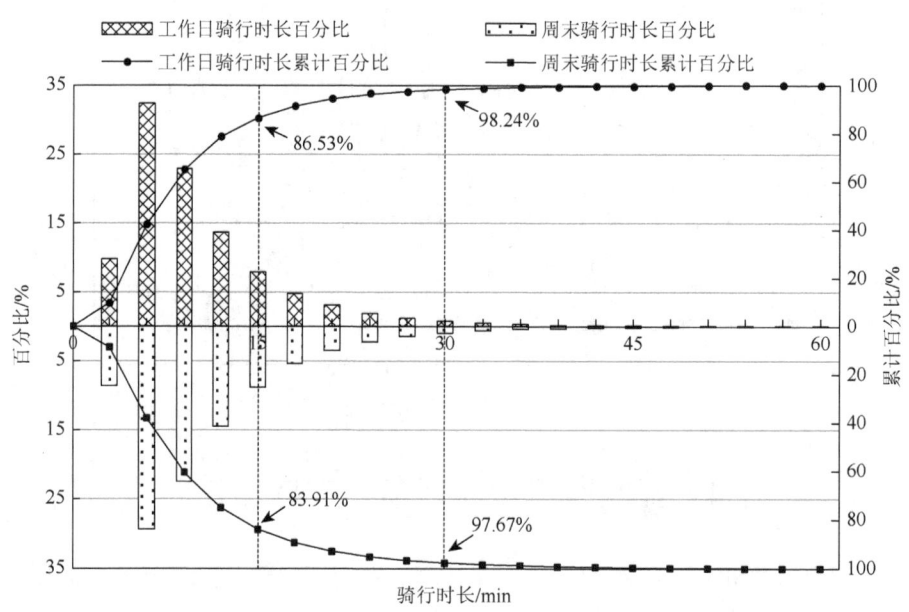

图 2-4　互联网租赁自行车骑行时长百分比与累计百分比分布图

2. 骑行时段分布

互联网租赁自行车借还需求量在工作日和周末呈现不同的分布特征。即使是同一天内,不同时段的分布也不相同。为深入分析工作日和周末不同时段的单车使用出行特征,以每小时为时间间隔统计了租赁自行车在工作日和周末的借还出行量,并分析其出行规律。图 2-5(a)和(b)揭示了工作日不同时段的租赁自行车借还量分布规律。可以看出,工作日深夜至凌晨期间(00:00~06:00),由于大部分人处于休息状态,几乎没有出行需求,租赁自行车借还量极少。06:00~24:00 时

第 2 章　互联网租赁自行车出行特征分析 ·45·

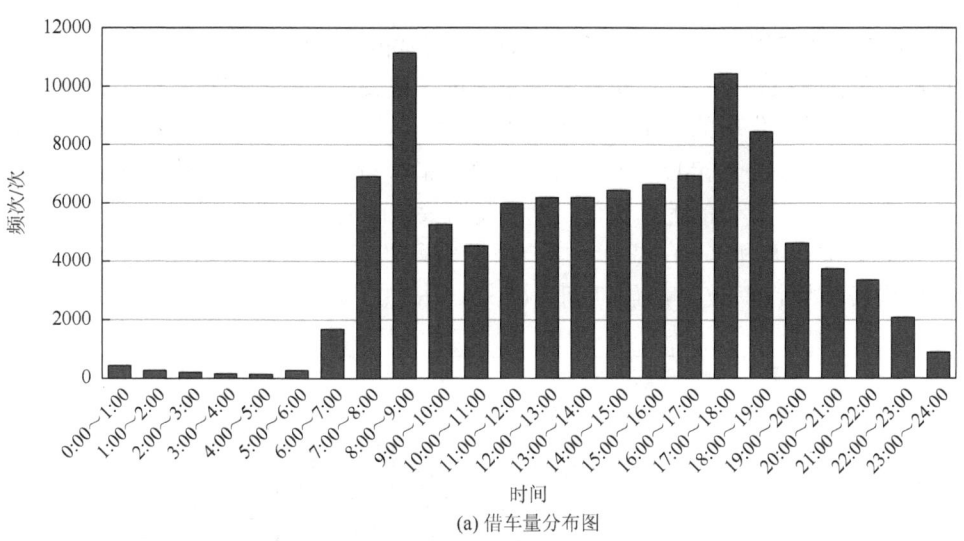

(a) 借车量分布图

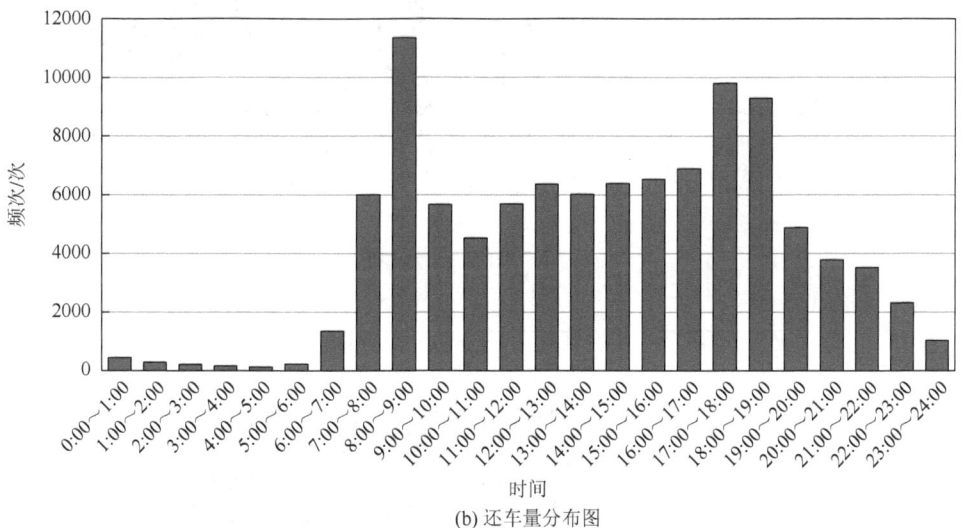

(b) 还车量分布图

图 2-5　互联网租赁自行车工作日每小时使用量分布图

段是租赁自行车使用的活跃时段。工作日租赁自行车的借还量均具有明显的早晚高峰特性：7:00～9:00 时段为用车早高峰，其中，8:00～9:00 时段内的出行量达到全天最高峰。早高峰时段借车量占全天的 17.54%，还车量占 16.88%；17:00～19:00 时段为出行晚高峰，晚高峰时段借车量占全天的 18.34%，还车量占 18.56%。19:00～24:00 时段借还量都呈现下降趋势，该下降趋势主要是因为用户外出需求减少，且路段照明设施不完善，夜间骑行未安装车灯的租赁自行车存在安全隐患。

此外，早高峰的第一个小时（7:00～8:00）和晚高峰的第一个小时（17:00～18:00）期间，互联网租赁自行车借车量高于还车量，这表明高峰刚刚开始时，大量用户处于前往各站点借车的状态；而早高峰的第二个小时（8:00～9:00）和晚高峰的第二个小时（18:00～19:00）期间，还车量高于借车量，这是由于高峰前期借车的用户相继到达其出行目的地，致使后期呈现出大量的还车需求。

图 2-6（a）和（b）揭示了周末不同时段的租赁自行车借还量分布规律。与工作日相似，深夜至凌晨期间（00:00～6:00）借还需求量依然较少。借还

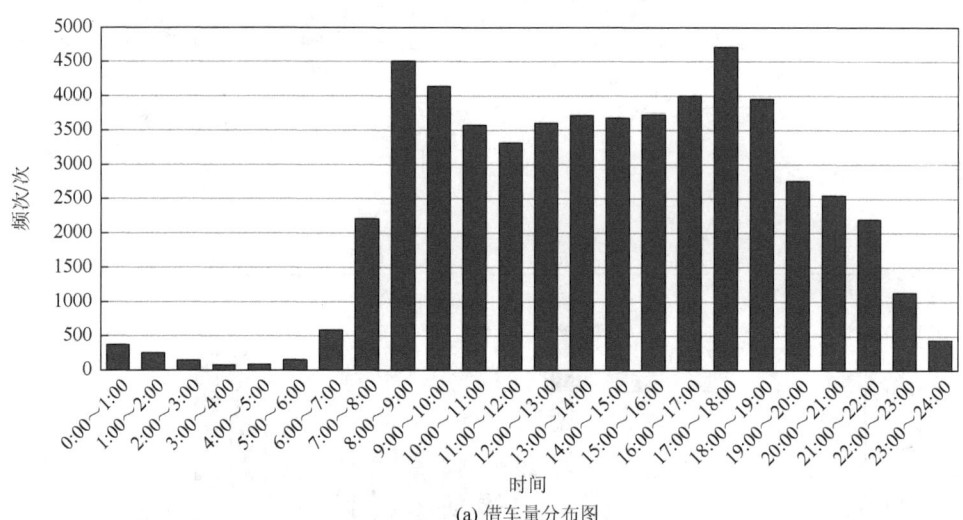

(a) 借车量分布图

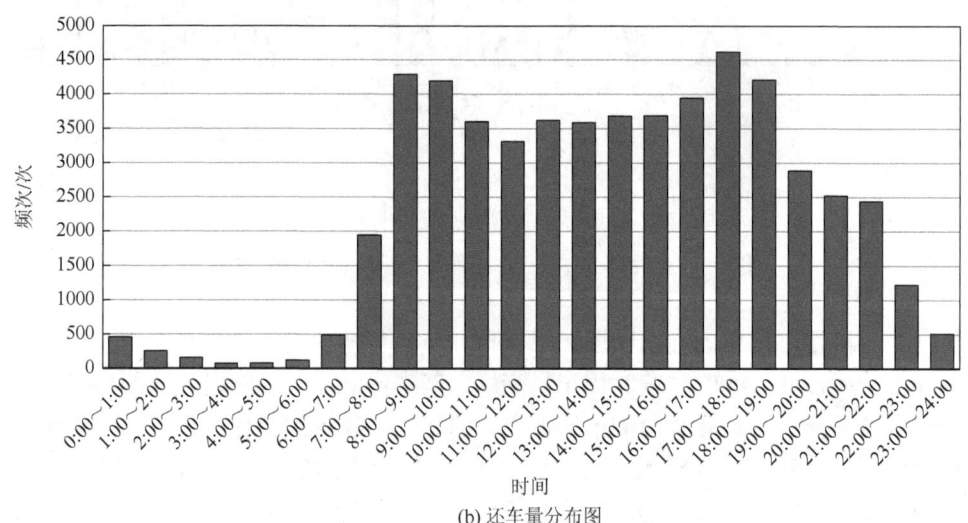

(b) 还车量分布图

图 2-6 互联网租赁自行车周末每小时使用量分布图

需求量从 6:00 开始增加，但借还量和增长幅度均低于工作日。8:00～19:00 期间借还量稳定维持在相对较高水平，且分布较为均衡，未出现明显的早晚用车高峰现象，7:00～9:00 期间借还车量分别占比仅为 12.03%、11.15%，17:00～19:00 期间借还车量占比为 15.52%、15.78%，由此可推测出用户在周末的出行目的主要为购物、休闲娱乐[10]。

2.4.2 空间特征分析

根据互联网租赁自行车数据中的位置数据，应用地理信息系统分析软件 ArcGIS 对工作日和周末不同出行时段租赁自行车的借还需求可视化处理，分析其空间分布演变规律。

1. 骑行距离分布

半正矢公式是一种根据两点的经度和纬度来确定大圆上两点之间距离的计算方法，该计算方法已经被 Google Map 等地图所采用[22]。依据互联网租赁自行车数据中的起终点坐标，采用半正矢公式计算互联网租赁自行车的骑行距离[23]，计算公式如下：

$$D_{o,d} = 2r \cdot \arcsin\left(\sqrt{\sin^2\left(\frac{\varphi_2 - \varphi_1}{2}\right) + \cos(\varphi_1)\cos(\varphi_2)\sin^2\left(\frac{\lambda_2 - \lambda_1}{2}\right)}\right) \quad (2\text{-}4)$$

式中，$D_{o,d}$ 表示租赁自行车起、终点之间的距离；r 表示地球平均半径（6378.137km）；φ_1、φ_2 分别为起点 o 与终点 d 的纬度，以弧度制度量；λ_1、λ_2 分别为起点 o 与终点 d 的经度，以弧度制度量。

互联网租赁自行车骑行距离百分比与累计百分比分布图如图 2-7 所示，图中以 250m 为间隔，将用户的骑行距离划分成不同分段。由图可知，互联网租赁自行车在工作日和周末的骑行距离分布规律基本一致：随着骑行距离的增大，骑行距离对应的出行量呈现出先增加后减少的特征，骑行距离对应的最大出行量均分布在 250～500m，说明该距离段是用户倾向使用互联网租赁自行车作为代步工具的最优考虑区间。在工作日和周末，超过 98.00%的用户的骑行距离小于 3000m，该特征充分体现出互联网租赁自行车在解决中短距离出行需求的优势。93.74%的工作日骑行距离小于 2000m，比周末高出 0.18 个百分点。70.73%的工作日骑行距离和 70.32%的周末骑行距离在 1000m 范围内，反映出互联网租赁自行车在解决"最后一公里"问题中发挥的重要作用。

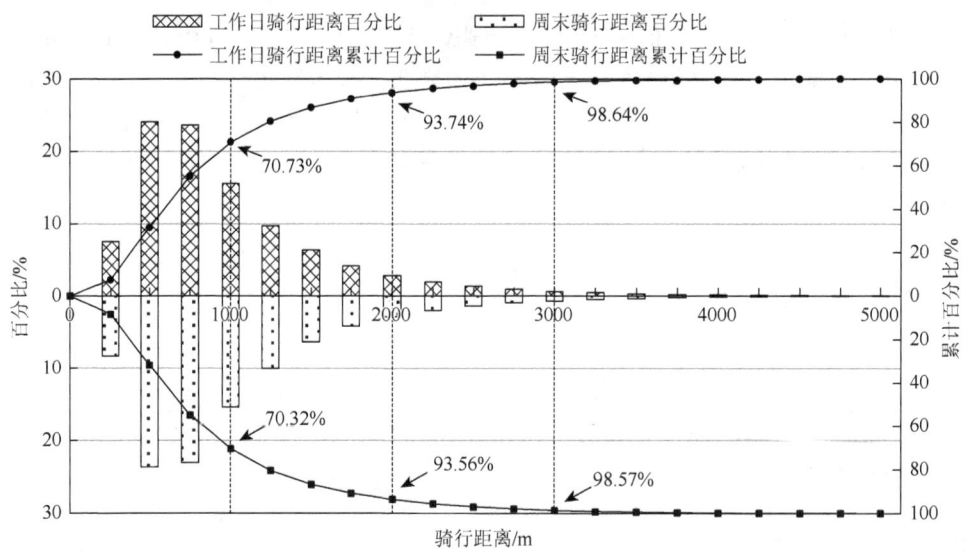

图 2-7 互联网租赁自行车骑行距离百分比与累计百分比分布图

2. 借还密度特征分析

通过分析不同时段的互联网租赁自行车借还量,可以看出工作日和周末不同时段的借还车规律以及出行特征差异。下面主要从 7:00～9:00、9:00～17:00、17:00～19:00 和 19:00～24:00 四个时段对工作和周末的居民出行热门区域进行分析。定义单位面积内虚拟站点的借还车数量为借还密度。借还密度越大,说明虚拟站点的借还热度越高,借还需求越大。通过可视化处理工作日、周末在不同的时段各虚拟站点的借还密度分析互联网租赁自行车热点区域随时间变化的规律。

图 2-8 和图 2-9 分别对比分析了工作日、周末在不同的时段各虚拟站点的借还密度变化,可以看出互联网租赁自行车热点区域在不同时段分布有所改变,呈现出一定的时空特征。空间分布图中颜色越深表示借还密度越大,即互联网租赁自行车借还需求越大。总体来看,租赁自行车在工作日和周末各时段的借车与还车热点区域分布较为一致,借还车热点区域均为地铁站点所在区域,且工作日整体借还车密度明显大于周末借还车密度。

如图 2-8（a）和图 2-9（a）所示,工作日早高峰 7:00～9:00 时段互联网租赁自行车借还车行为多集中于地铁站点,并逐渐向外扩散,这一结果与早高峰互联网租赁自行车主要用于接驳轨道交通站点"最后一公里"的功能定位相印证,说明工作日早高峰大量通勤者选择互联网租赁自行车的换乘接驳方式[24]。相比于早高峰,图 2-8（b）和图 2-9（b）中工作时间段 9:00～17:00 热点区域分布减少,各区域站点出行量明显下降,然而地铁站点附近借还密度依旧相对较高。图 2-8(c)和图 2-9(c)分别为工作日晚高峰借车密度和还车密度的分布,晚高峰是全天借还车密度热点区域分布最为集中的时段。图 2-8(c)中可知,借车行为由在地铁1 号线和地铁 2 号线交汇站点(市中心新街口站)向外扩散,说明工作日晚高峰中心商务区产生较多通勤借车需求。由图 2-9(c)可知,工作日晚高峰地铁 1 号线和地铁 3 号线沿线地铁站点产生较多通勤还车需求。由图 2-8(d)和图 2-9(d)可以看出工作日夜间借还车密度普遍较低,这与夜间互联网租赁自行车的出行需求较少有关。

由图 2-8(e)~(h)和图 2-9(e)~(h)可知,周末的虚拟站点借车密度和还车密度明显小于工作日。从 7:00~9:00 时段至 17:00~19:00 时段,高借车密

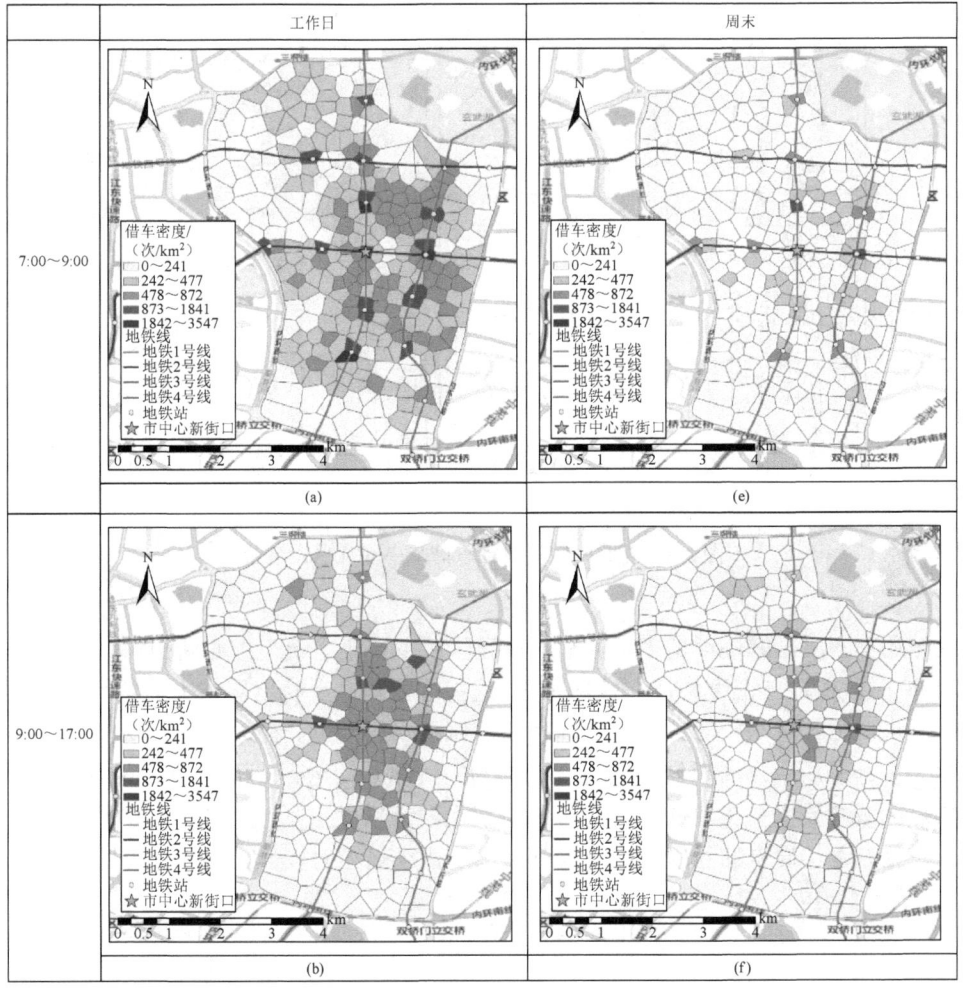

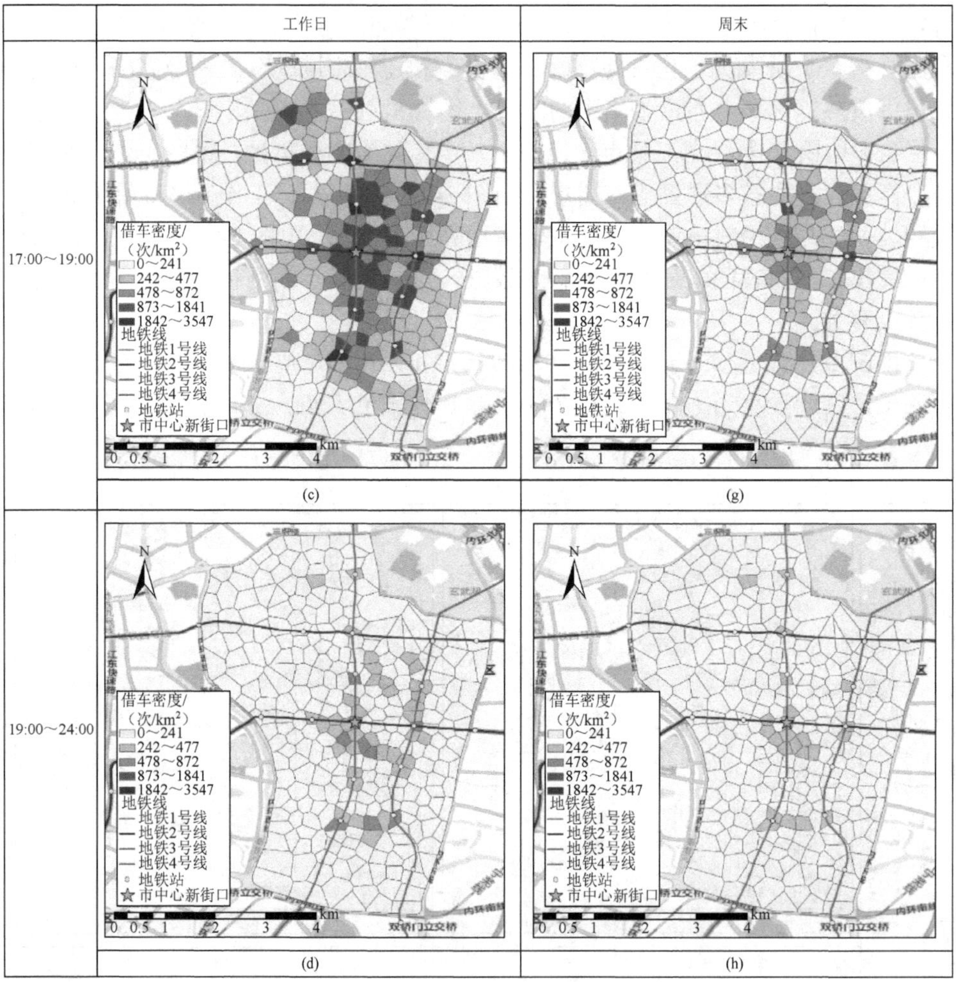

图 2-8　互联网租赁自行车借车密度时空分布图

度与还车密度区域逐渐增多,且密度较高区域主要集中于市中心新街口,19:00~24:00 时段借还车密度维持在较低水平,这些现象再次反映出周末大多数用户无通勤需求,出行时间相对自由,出行目的以休闲娱乐为主。此外,如图 2-8(g)和图 2-9(g)所示,周末借还车密度在 17:00~19:00 均达到一天中的最高水平,且热点区域主要集中在地铁 1 号线和 3 号线沿线地铁站点附近,该区域的休闲、娱乐设施完善,周末的互联网租赁自行车借还需求量相对较大。

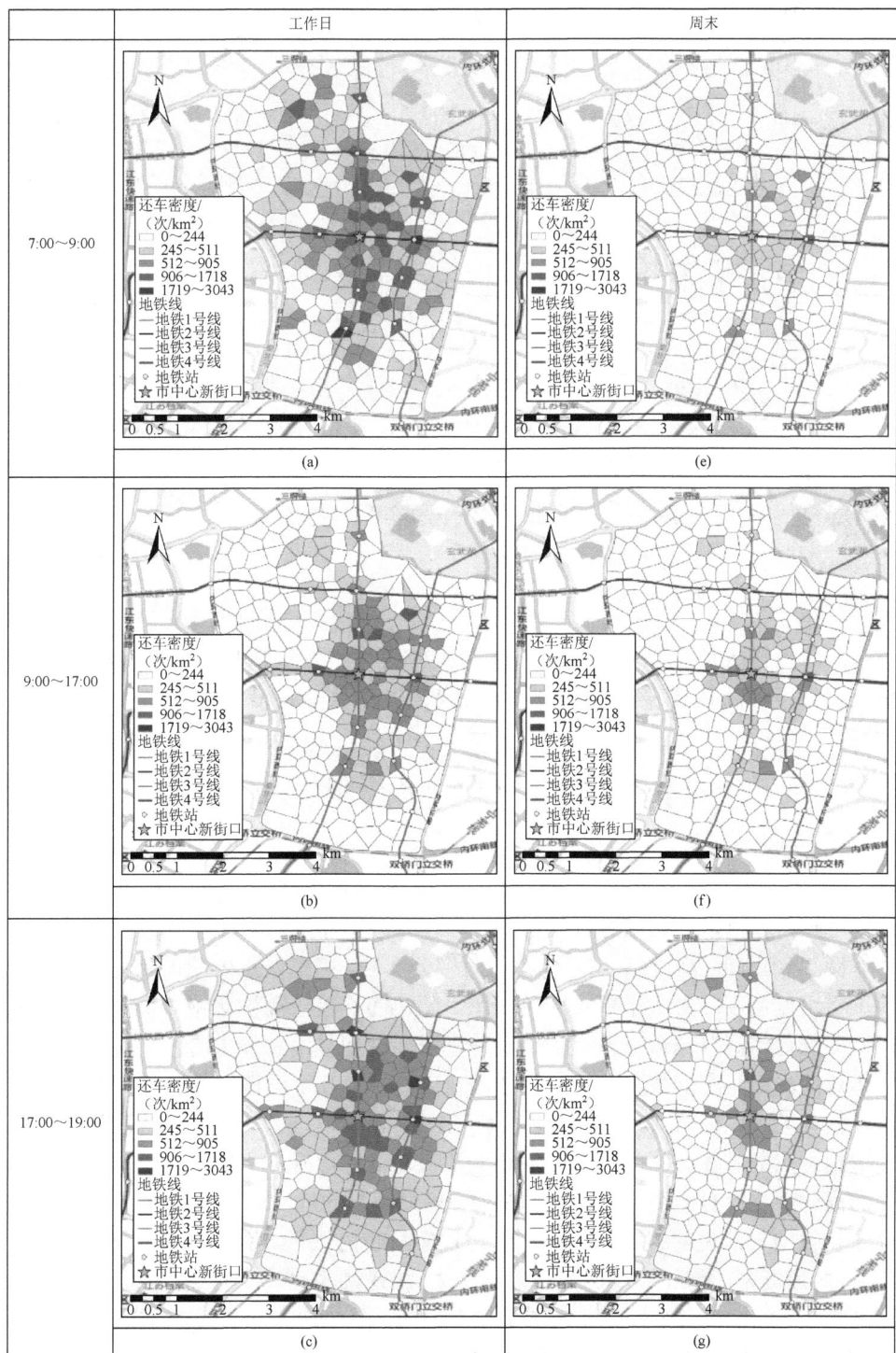

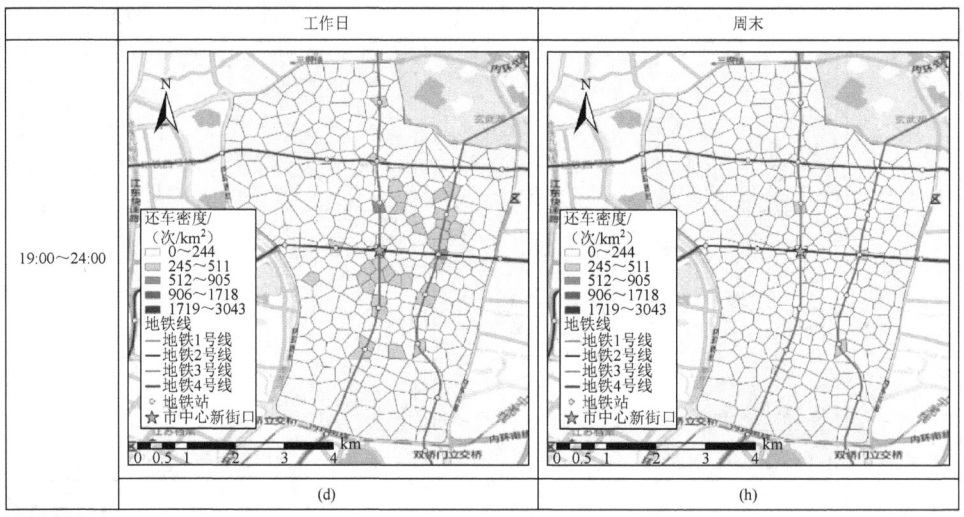

图 2-9 互联网租赁自行车还车密度时空分布图

3. 租还潮汐比特征分析

为深入探究虚拟站点租赁自行车的潮汐特性,定义虚拟站点在某时间段内租赁自行车借还量之差占该时间段借还量之和的比值为借还潮汐比[25],计算公式如下:

$$R = \frac{(Q_1 - Q_2)}{(Q_1 + Q_2)}, \quad R \in [-1, 1] \quad (2\text{-}5)$$

式中,R 为虚拟站点在某时段内的借还潮汐比;Q_1 为虚拟站点在某时段内借车量;Q_2 为虚拟站点在某时段内还车量。$R = 1$ 时,虚拟站点在该时段仅出现借车行为,$R = -1$ 时,虚拟站点在该时段仅出现还车行为。

图 2-10 为租赁自行车借还潮汐比时空分布图,虚拟站点内的借还潮汐比小于等于零用蓝色表示,大于零用红色表示,颜色随着借还潮汐比绝对值的增大而加深,即颜色越深意味着站点的"潮汐现象"越明显。总体上看,工作日和周末的借还潮汐比时空演变分布特征相似。在工作日早高峰时段和周末的 7:00~9:00 时段借还潮汐比分布尤为不均衡,如图 2-10(a)和(e)所示,借还潮汐比较高的虚拟站点分布在区域外围,而借还潮汐比较低的虚拟站点集中在以新街口为中心的商业中心。对比图 2-10(b)和(f)可发现,9:00~17:00 时段的借还潮汐比分布相对均匀,说明该时段的借车量与还车量较为接近。与工作日相比,9:00~17:00 时段周末的借还潮汐比分布差异稍大,借还潮汐比较高的虚拟站点分布在区域外围,区域中心借车行为普遍多于还车行为。图 2-10(c)和(g)显示,17:00~19:00 时段的借还潮汐比分布情况与 7:00~9:00 时段正好相反,商业中心集中出现

借还潮汐比较高的虚拟站点，区域外围散布着更多借还潮汐比较低的虚拟站点。由此可分析区域外围居住区附近的租赁自行车借还特性表现为"早借晚还"，而区域中心的商务就业区的租赁自行车借还特性表现为"早还晚借"，通勤高峰时段存在明显的"潮汐现象"，即早高峰时段通勤者从住宅出发前往办公地点，大量租赁自行车从区域外围汇聚于区域中心；晚高峰时段通勤者从办公地点出发返回住宅，租赁自行车的整体流向为"由内到外"，从区域中心发散到区域外围。由图 2-10 (d) 和 (h) 可知，工作日和周末 19:00~24:00 时段仍存在一些借还潮汐比绝对值较大的站点。相比于工作日，在周末更多借还潮汐比高的站点集中在区域中心，这可能与用户在该区域进行娱乐活动有关。

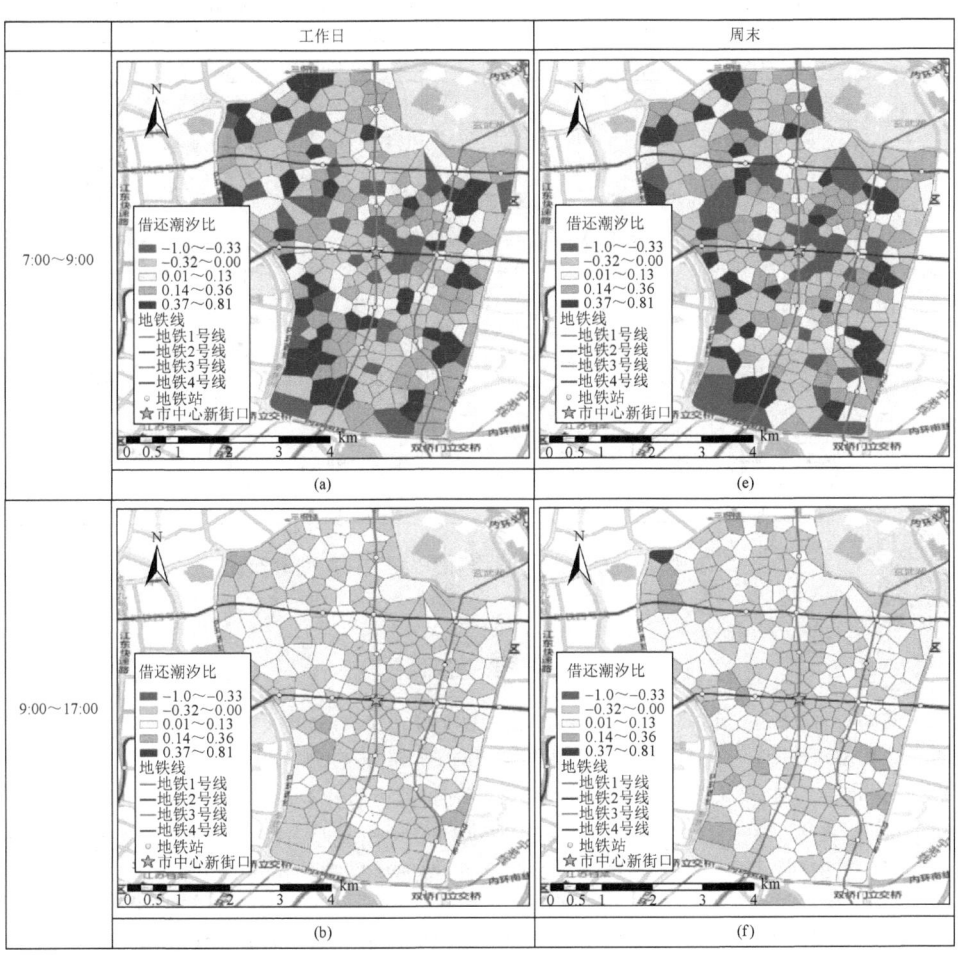

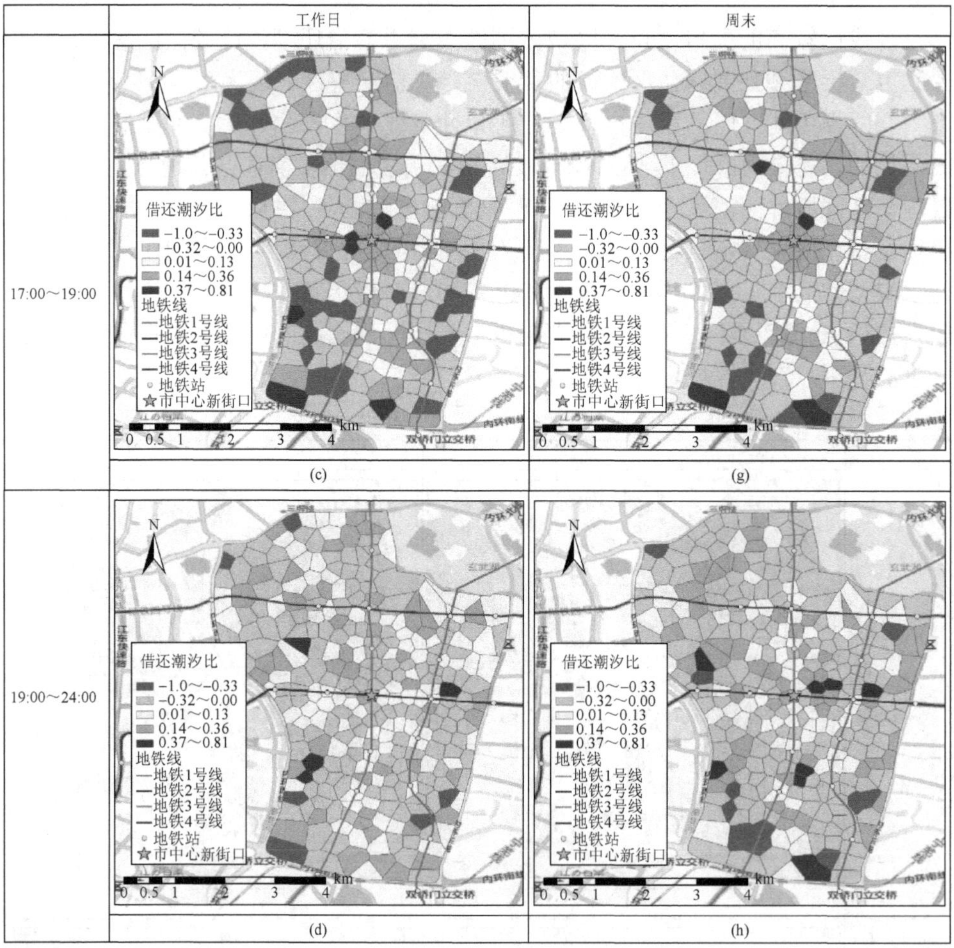

图 2-10 互联网租赁自行车借还潮汐比时空分布图

参 考 文 献

[1] 陈文栋. 城市轨道交通站点共享自行车停放设施配置研究[D]. 南京：东南大学，2019.
[2] 程龙. 城市公共自行车租赁点选址及调度模型研究[D]. 南京：东南大学，2019.
[3] 杜明洋. 城市共享单车服务模式分析与调度优化研究[D]. 南京：东南大学，2018.
[4] Li X，Zhang Y，Du M，et al. Social factors influencing the choice of bicycle：difference analysis among private bike，public bike sharing and free-floating bike sharing in Kunming，China[J]. KSCE Journal of Civil Engineering，2019，23（5）：2339-2348.
[5] Ma X，Ji Y，Yuan Y，et al. A comparison in travel patterns and determinants of user demand between docked and dockless bike-sharing systems using multi-sourced data[J]. Transportation Research Part A：Policy and Practice，2020，139：148-173.
[6] Tian Z，Zhou J，Szeto W Y，et al. The rebalancing of bike-sharing system under flow-type task window[J].

Transportation Research Part C: Emerging Technologies, 2020, 112: 1-27.

[7] Xu C, Ji J, Liu P. The station-free sharing bike demand forecasting with a deep learning approach and large-scale datasets[J]. Transportation Research Part C: Emerging Technologies, 2018, 95: 47-60.

[8] 刘梦吉. 基于数据融合的南京地铁通勤模式识别及形成机理研究[D]. 南京：东南大学, 2018.

[9] 华明壮. 基于订单数据挖掘的共享单车调度需求分析方法研究[D]. 南京：东南大学, 2018.

[10] 黄梦雪. 共享单车骑行特征分析及布局优化研究——以北京市为例[D]. 南京：南京师范大学, 2019.

[11] 李博峰. 城市无桩共享单车需求预测及调度问题研究[D]. 西安：西安建筑科技大学, 2019.

[12] 王怀著. 基于库存再平衡的共享单车配送路径优化研究[D]. 大连：大连海事大学, 2019.

[13] 姜剑. 共享自行车调度需求预测与用户分流关键技术研究[D]. 杭州：杭州电子科技大学, 2017.

[14] 薛聪聪. 动态需求背景下的公共自行车系统站点选址问题研究[D]. 呼和浩特：内蒙古大学, 2019.

[15] Zhu L J, Ma B, Zhao X. Clustering validity analysis based on silhouette coefficient[J]. Journal of Computer Applications, 2010, 30 (2): 139-141.

[16] Calinski T, Harabasz J. A dendrite method for cluster analysis[J]. Communications in Statistics, 1974, 3 (1): 1-27.

[17] Xiao J, Lu J, Li X. Davies Bouldin index based hierarchical initialization K-means[J]. Intelligent Data Analysis, 2017, 21 (6): 1327-1338.

[18] 王凯. 基于数据挖掘的共享单车平衡预测研究——以太原市摩拜单车为例[D]. 太原：中北大学, 2019.

[19] 戴群. 共享单车调度和回收路径优化问题研究[D]. 大连：大连海事大学, 2019.

[20] Mckenzie G. Spatiotemporal comparative analysis of scooter-share and bike-share usage patterns in Washington, D. C. [J]. Journal of Transport Geography, 2019, 78: 19-28.

[21] 索源. 基于出行需求波动的共享单车停放点选址规划研究[D]. 北京：北京交通大学, 2018.

[22] 赵德. 多方式公共交通资源耦合效能评价[D]. 南京：东南大学, 2016.

[23] 王亚歌. 基于共享单车数据的出行热点区域挖掘与分析[D]. 昆明：云南大学, 2019.

[24] 侯宁. 基于出行数据的互联网租赁自行车车辆调度研究[D]. 北京：北京交通大学, 2019.

[25] 梅思雨, 乔观民, 邵黎霞, 等. 基于数据挖掘的宁波市公共自行车使用特征[J]. 测绘通报, 2019, (9): 55-61.

第3章 互联网租赁自行车接驳换乘行为特征分析

互联网租赁自行车作为一种有效的末端接驳方式，与轨道交通的相互协调配合能够满足居民的多元化出行需求，提高居民出行效率，同时，相比于采用步行接驳轨道交通，自行车的接驳范围更广，改善了轨道交通站点的可达性。研究互联网租赁自行车在轨道交通站点附近的接驳换乘行为特征，可以促进互联网租赁自行车停放区域的科学布局，对于提高居民接驳换乘的便利性和出行质量具有重要意义。

因此，本章基于南京市摩拜单车出行数据与轨道交通站点线路数据，借助ArcGIS平台，绘制多环圆形缓冲区，据此确定轨道交通站点的接驳缓冲区，提取共享单车接驳出行数据。在此基础上，从接驳出行量、骑行时长分布、停车周转率、空间分布、骑行距离分布等多角度对共享单车接驳轨道交通进行时空特性分析。

3.1 研究数据获取与预处理

为了分析互联网租赁自行车接驳换乘行为的特征，所需的主要研究数据包括共享单车骑行数据、轨道交通站点和线路数据、南京市电子地图等。同时，本节按照一定规则对原始数据进行了处理，并对异常数据进行排除。

3.1.1 共享单车骑行数据

共享单车出行数据具有订单量大和信息量大的特点，要从海量的出行数据中获取所需的相关信息，应先了解共享单车出行数据的数据结构。本章利用的南京市共享单车骑行数据由北京摩拜科技有限公司提供，涵盖了南京市2017年9月18~23日（周一到周六）共六天的骑行数据。摩拜单车作为南京市共享单车市场中的主要品牌，其投放量和用户使用量巨大，研究南京市摩拜单车的骑行行为对于掌握南京市共享单车的分布规律及探究规范化停车策略具有重要意义。获取的摩拜单车出行数据格式如图3-1所示，一条完整的出行数据记录包括订单ID号、用户ID号、车辆ID号、骑行起点位置经度、骑行起点位置纬度、骑行开始日期、骑行开始时刻、骑行终点位置经度、骑行终点位置纬度、骑行结束日期和骑行结束时刻 11 个字段，即包含了摩拜单车一次出行的借还车时间和起讫点位置坐标。

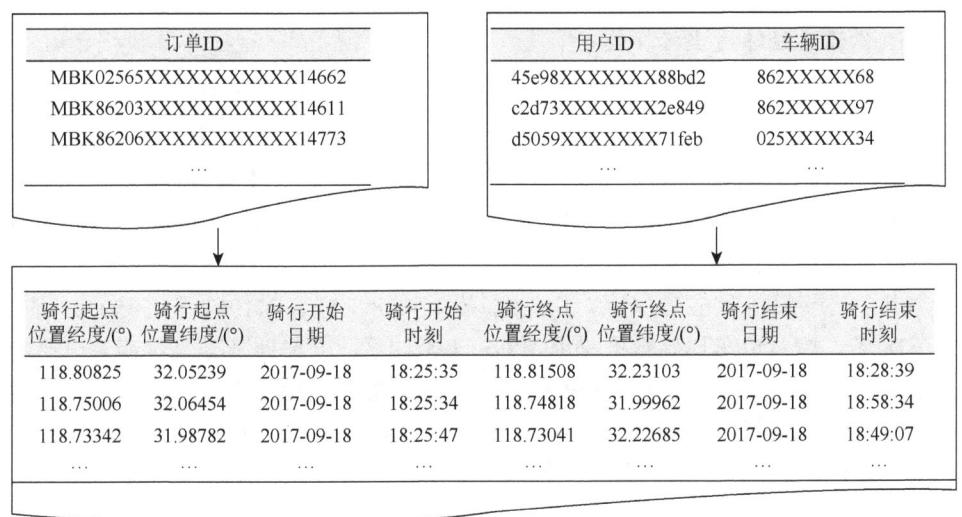

图 3-1 摩拜单车出行数据格式

3.1.2 轨道交通站点和线路数据

本章使用的轨道交通站点和线路数据主要是通过拾取轨道交通站点及出入口坐标导入 ArcGIS 中，进行空间分析和数据融合，其数据格式见表 3-1（以汉中门地铁站为例），包括南京市截至 2017 年 9 月所有运营开通的轨道交通线路、对应站点名称、站点经度、站点纬度、出入口名称、各出入口经度和各出入口纬度 7 个字段。同时，本章也使用了南京市规划网站的南京市地图底图，其 shapefile 文件中所包含的地理数据库文件含南京市道路网数据、南京市区县图、南京市自然环境现状图等，对应经纬度坐标采用 WGS84 坐标系。

表 3-1 轨道交通站点和线路数据格式

出入口编号	出入口名称	出入口经度/(°)	出入口纬度/(°)	对应线路	对应站点名称	站点经度/(°)	站点纬度/(°)
91	汉中门-1 口	118.76254	32.04518	2 号线	汉中门站	118.76190	32.04467
92	汉中门-2 口	118.76105	32.04506	2 号线	汉中门站	118.76190	32.04467
93	汉中门-3 口	118.76133	32.04422	2 号线	汉中门站	118.76190	32.04467
94	汉中门-4 口	118.76243	32.04473	2 号线	汉中门站	118.76190	32.04467

3.1.3 研究数据预处理

1. 借还车经纬度坐标转换

由摩拜科技有限公司提供的南京市摩拜单车出行数据格式为"txt"文本格式，六日的骑行记录均存储在一个文本书件中，订单信息量巨大，原始出行数据包含 3490511 条数据。考虑 Excel 文件对数据容量的限制，采用 LogViewer 软件对出行数据按照日期进行划分，并利用借还车时间差作为是否为同一天的出行检验，将原始数据分为 2017 年 9 月 18~23 日 6 个"txt"文本书件，6 天的原始数据分别包含出行记录条数为 625314 条、613211 条、500808 条、541061 条、652499 条、557618 条。摩拜单车原始数据采用 WGS84 坐标系，并在此基础上对逐条记录的借还车经纬度进行加密，其经纬度坐标形成一定偏移，本章利用 Python 语言对借还车经纬度坐标进行转换，最终转换为 WGS84 坐标系，并在 ArcGIS 软件中对研究数据空间坐标属性进行定义，地理坐标系选择 WGS84 坐标系，投影坐标选择 WGS84 Web Mercator 坐标系。

2. 研究数据清洗

共享单车原始出行数据信息量庞大，由于共享单车使用时，智能锁、数据通信模块等智能设备在车辆定位和信息通信等方面可能存在漏洞，同时用户使用车辆可能存在操作不当或者车辆自身存在问题等现象，导致所获取的原始数据中包含信息缺失数据、错误数据和冗余数据，需要对研究数据进行清洗。

首先，对信息缺失的数据和重复的冗余数据进行剔除处理。信息缺失数据是指出行记录不完整，没有包含 11 个记录字段或记录字段中存在空值"null"值的数据；冗余数据是指所有字段完全重复的数据，对这两类数据进行删除。

其次，剔除不在南京市域范围内和骑行时长或骑行距离不满足条件的数据。将转换后的坐标数据导入 ArcGIS 软件中，剔除南京市域外的出行数据记录。根据数据记录中的借还车时间差和借还车经纬度坐标，针对逐条记录计算共享单车一次出行的骑行时长和骑行距离，保留骑行时长在 30s~2h 之内的出行距离[1]，保留骑行距离在 100m~5km 之内的出行记录[2]，对超出骑行时长和骑行距离范围的出行记录进行剔除处理。

其中，用车时长的计算方法为：根据借车日期和还车日期，进行出行同一日检验，检验指标为结束日期减去开始日期。再将借车时间与还车时间相减，并与换算成统一时间单位的同一日检验指标相加，得到用车时长数据。

用车距离的计算方法为：根据借车和还车经纬度坐标，采用欧氏距离计算用车距离。

最后，经过数据清洗后，可用的摩拜单车出行有效数据包含 2971312 条记录，占原始数据的 85.13%，6 天的可用有效数据记录条数分别为 534324 条、525791 条、422140 条、458496 条、561778 条和 468783 条，有效数据比例分别为 85.45%、85.74%、84.29%、84.74%、86.10%和 84.07%。

3.2 互联网租赁自行车与轨道交通换乘行为辨识

换乘行为是互联网租赁自行车与轨道交通组合出行的关键组成部分。用户对换乘过程的体验不仅会直接影响其对出行方式的选择，还会对组合出行路径的选择产生影响。换乘行为由两个换乘过程构成，即互联网租赁自行车换乘轨道交通过程和轨道交通换乘互联网租赁自行车过程。用户完成任意一种换乘或两个换乘过程均属于换乘行为（两个换乘过程不可同时进行）。互联网租赁自行车与轨道交通换乘过程如图 3-2 所示。

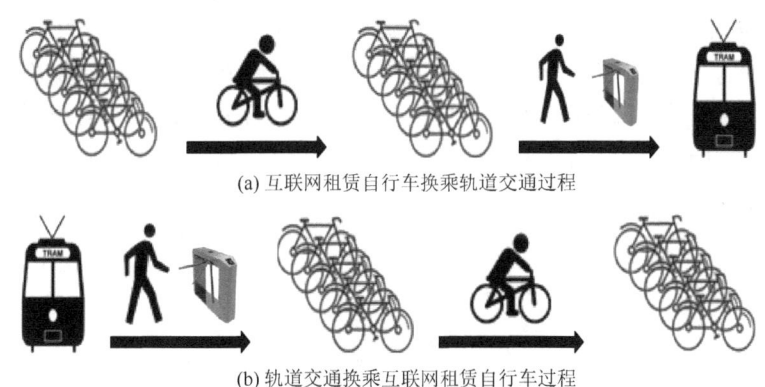

(a) 互联网租赁自行车换乘轨道交通过程

(b) 轨道交通换乘互联网租赁自行车过程

图 3-2 互联网租赁自行车与轨道交通换乘过程示意图

3.2.1 轨道交通站点接驳缓冲区

为探究共享单车与轨道交通的接驳出行行为，首先需要从共享单车出行数据中提取用于接驳出行的数据记录。共享单车不同于有固定桩位的公共自行车，其借还车空间分布较为随机，其中轨道交通站点周边是共享单车的一个主要停放点，对于特大城市来说，共享单车与常规公交和轨道交通接驳的出行量一般占共享单车总出行量的 20%。根据南京市中心城区互联网租赁自行车发展规模研究报告，南京市中心城区用于轨道交通接驳的共享单车用户占比高达 49.2%[3]。目前对于基于共享单车接驳的轨道交通站点的接驳缓冲区范围还没有统一的确定范围，由于数据中缺乏用户个人身份信息,无法精准地判断出共享单车与轨道交通接驳的人群,已有研究一般假设轨道交通站点 300m 缓冲区范围内的共享单车出行均可以作为接驳出行[4]。目前我国大城市由于土地利用开发的多样性和建成环境要素的复杂性,以站点 300m 半径的缓冲区划定接驳范围提取接驳数据准确性并不高,提取结果中将存在一定数量的非接驳数据。在 O'Neil 和 Caulfield 的研究中,对于有固定桩点的公共自行车,将公共交通站点 200m 半径的缓冲区内存在的公共自行车站点发生的借还车出行作为接驳出行[5]。

  由于共享单车借还车不受空间限制,灵活性更强,用户在停车时可将车辆尽可能地停放在距离目的地近的地方,因此也有学者认为基于共享单车接驳的轨道交通站点的接驳缓冲区范围应小于公共自行车的接驳缓冲区范围,即小于 200m,并提取轨道交通站点 150m 缓冲区范围内的共享单车出行作为接驳出行。同时,轨道交通站点 150m 缓冲区范围也基本涵盖了站点对应的所有出入口,因此很多研究选择站点 150m 半径的缓冲区范围作为基于共享单车接驳的轨道交通站点接驳缓冲区[6-8]。然而,对于一些出入口相距较远的轨道交通站点,利用站点为中心的 150m 接驳缓冲区范围提取接驳出行数据,并不能完全覆盖所有出入口的接驳出行;而对于出入口相距较近的轨道交通站点,极易将轨道交通站点周边建筑物附近的用车数据加以统计,扩大提取实际的接驳出行,使得选取的出行数据与实际具有较大的偏差。如图 3-3 所示,以南京市轨道交通 1 号线三山街站为例,以

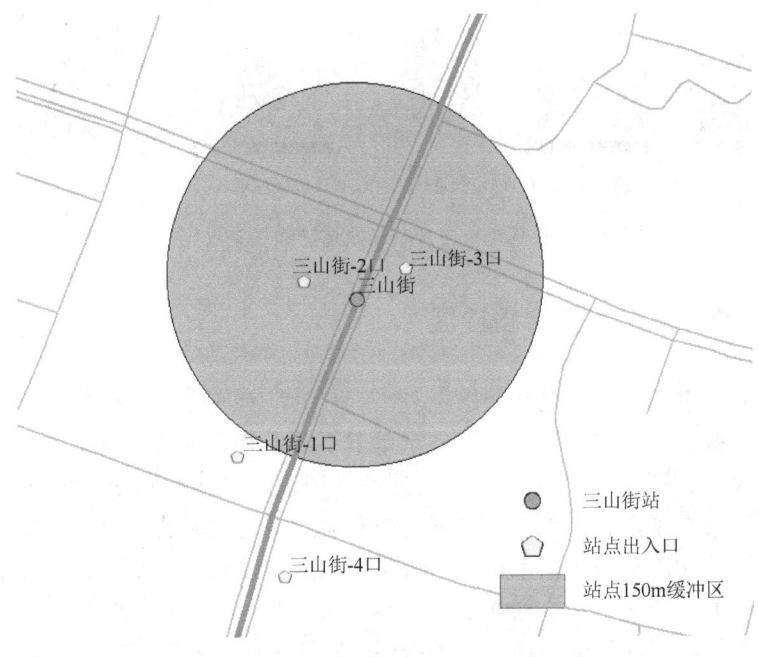

图 3-3 三山街站 150m 接驳缓冲区示意图

站点为中心的 150m 接驳缓冲区范围并未完全覆盖相应的所有出入口，同时也易将非接驳的出行数据加以统计。

因此，本章认为仅从以轨道交通站点为中心的角度确定接驳缓冲区对于个别站点仍不适用，为提高接驳出行数据的提取精度，本章采用以各轨道交通站点出入口为中心构建多环圆形缓冲区的方法确定轨道交通站点的接驳缓冲区。蒋源等以上海市为例，利用一天的共享单车出行数据和上海市轨道交通站点数据探究共享单车接驳轨道交通的服务范围，设定环形范围半径，通过多环圆形缓冲区内提取的出行数据增长率确定轨道交通站点的接驳缓冲区[9]。

3.2.2 共享单车接驳行为辨识

本章借助多环圆形缓冲区的方法，首先将南京市轨道交通站点和对应出入口经纬度坐标转换为 WGS84 坐标系，导入 ArcGIS 软件中，借助"ArcToolbox 工具模块—分析工具—邻域分析—多环缓冲区"功能以各站点出入口为中心，以 5m 作为环形范围半径的增长值，即设定多环圆形的半径分别为 5m、10m、15m，以此类推，设定最大的环形半径为 100m，图 3-4 为三山街站各出入口 100m 多环圆形缓冲区及共享单车骑行端点的空间分布。在 ArcGIS 中分别提取统计分布在各环圆形缓冲区范围内的出行数据，并逐环计算相应缓冲区内骑行频数增加量的增长率，图 3-5 为多环缓冲区范围内出行频数增加数量与增长率变化统计图。可知，出行频数增加量在圆形缓冲区半径 30m 处达到峰值，且出行频数增加量的增长率在此处之前均不小于 1。也即，在各出入口 30m 圆形缓冲区范围内，共享单车借还行为较为集中，30m 范围外共享单车的骑行频数大幅下降，借还车空间分布逐渐分散。因此，本章认为，基于共享单车接驳的轨道交通站点接驳缓冲区为各站点出入口 30m 半径的缓冲区范围，骑行端点（共享单车借车或还车一端）发生在该范围内的出行可近似看成是共享单车接驳轨道交通的出行。

借助"ArcToolbox 工具模块—分析工具—叠加分析—相交"功能，以共享单车出行 shp 文件与站点出入口 30m shp 文件作为输入要素，选取两者相交集作为输出要素，并连接输入要素与输入要素的属性进行数据融合，对骑行端点发生在轨道交通站点出入口 30m 半径的缓冲区范围内的出行数据进行提取，最终从 2971312 条数据中提取得到 460554 条接驳出行数据，2017 年 9 月 18～23 日的接驳出行频数（包括借车与还车）分别为 82820 次、81498 次、65432 次、71067 次、87076 次和 72661 次，接驳出行占比约 15.5%。

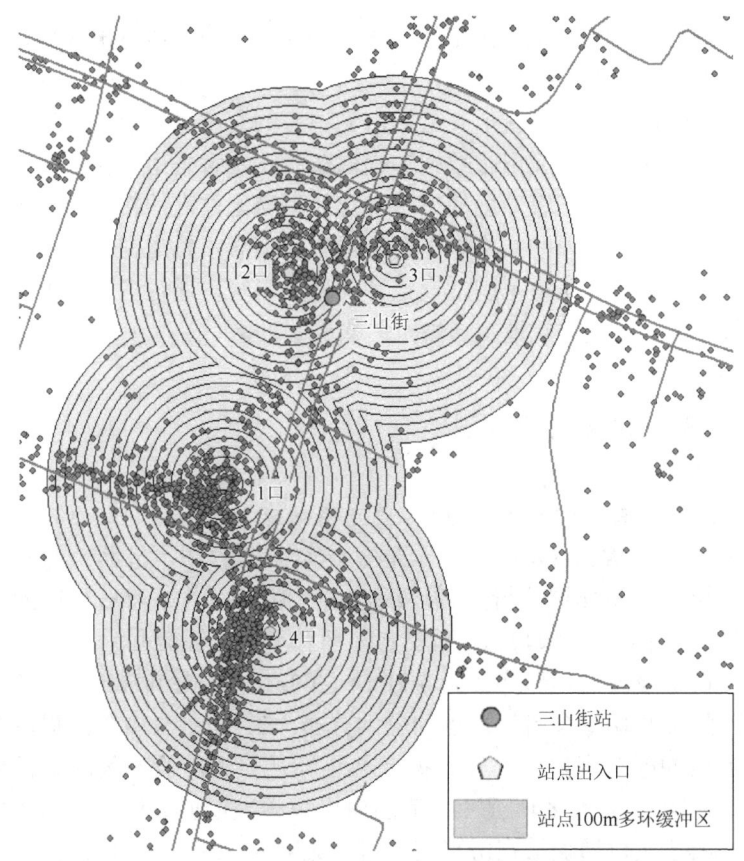

图 3-4 三山街站各出入口 100m 多环圆形缓冲区及共享单车骑行端点的空间分布

每日接驳出行频数趋势图如图 3-6 所示,接驳出行频数最高的是 9 月 22 日(周五),其次是 9 月 18 日(周一)和 9 月 19 日(周二),工作日中 9 月 20 日(周三)、9 月 21 日(周四)和周末中 9 月 23 日(周六)的接驳出行频数较低,考虑其主要原因为这三日天气状况不佳,为阵雨低温天气,已有研究表明自行车出行次数与天气状况息息相关,在恶劣天气条件下的出行频率明显低于良好天气状况下的出行频率[10],故共享单车出行量偏低。本章中主要选取天气条件良好的三个工作日的接驳出行为研究对象,探究共享单车接驳出行时空特性并开展后续的轨道交通站点聚类、可达性测度及停放设施配置等研究。

3.2.3 基于个人的共享单车接驳行为辨识

上述过程虽然初步识别了地铁周边的自行车换乘行为,但是尚未获取建立两种交通方式之间的一一对应关系。为了从个人角度分析轨道交通与共享单车之间

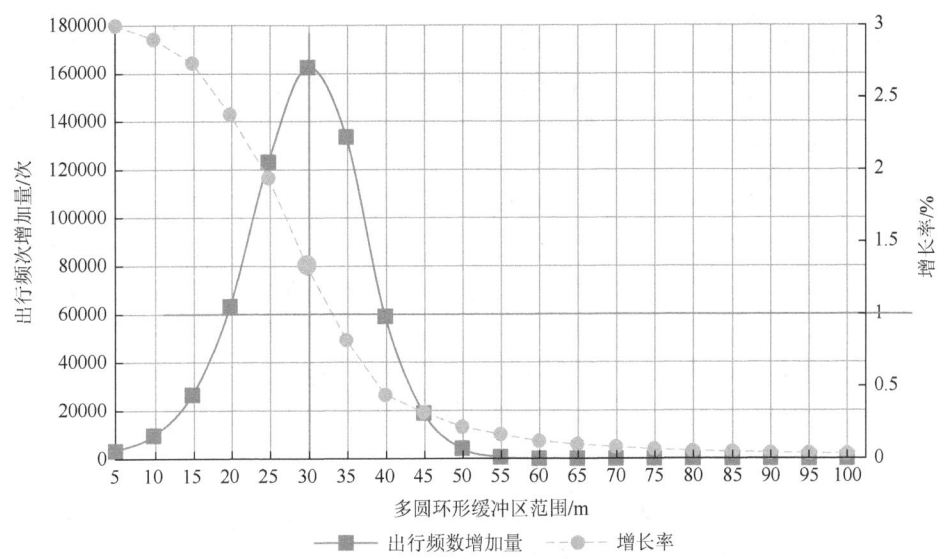

图 3-5　多环缓冲区范围内出行频数增加数量与增长率变化统计图

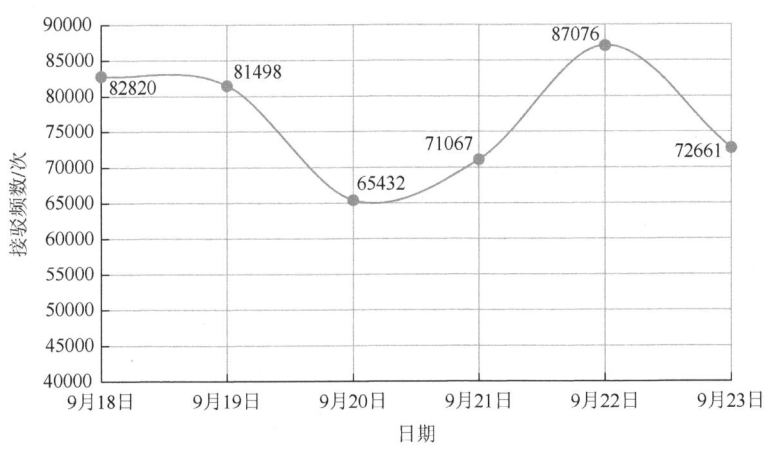

图 3-6　摩拜单车每日接驳出行频数趋势图

的接驳行为,根据两类数据中所能提供的有限信息设置了三个无效数据排除规则,包括出行时间矛盾法、空间矛盾排除法和频次筛选法,拟尝试通过排除法获取一一对应的换乘关系。时间地理学认为,时间和空间是一种有限且不可转移的资源,个体在某个特定时间和地点从事某项活动时,不可能出现在另外一个时间和地点从事另外一项活动。由于在实际换乘过程中,同时满足上述三个矛盾排除规则的非换乘出行是一个较小概率事件,因此,本书认为当建立关联的轨道交通与租赁自行车数据对经这三个无效规则排除后所保留的数据对,即为潜在的轨道交通-

租赁自行车换乘出行。此时，若还存在一对多的卡对关系，则利用频次筛选法来确定最终的换乘对应关系。以下就三个规则进行具体阐述。

1. 出行时间矛盾排除法

由于同一复合交通网络用户在任何时候只可能使用一种交通方式，如使用轨道交通时不可能使用租赁自行车，使用租赁自行车时不可能使用轨道交通。因此，本书认为配对的轨道交通 IC 卡和共享单车订单记录在其他任何非换乘时段都不会同时出现，即出行时间不会发生重叠。当共享单车出行时间与轨道交通出行时间发生重叠时，说明两类数据一定不是一一对应的换乘关系，需要删除。所需的出行时间均可从两类数据中直接获取。出行时间排除公式如下所示：

$$\text{Time}_{\text{Bikeshare}} \cap \text{Time}_{\text{Metro}} \neq \varnothing \qquad (3\text{-}1)$$

式中，$\text{Time}_{\text{Bikeshare}}$ 表示共享单车的出行时间，$\text{Time}_{\text{Metro}}$ 表示地铁的出行时间。

图 3-7 所示的是一条配对后的轨道交通与共享单车组合出行示意图。可以看出，尽管 7:00～8:00 时间段内，轨道交通 IC 卡与共享单车订单记录的匹配关系是正确的，但是在 9:00～10:00 时间段内两个数据在出行时间上出现了重叠段，因此不符合一一对应的换乘关系。

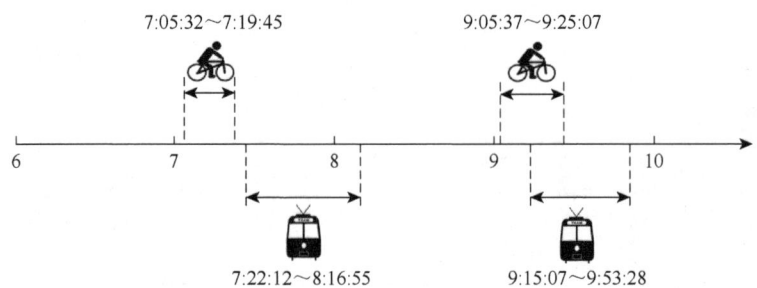

图 3-7　出行时间矛盾示意图

2. 空间矛盾排除法

与出行时间矛盾相似，由于同一组合出行用户在任何时候只可能使用一种交通方式，因此，本书认为配对的轨道交通 IC 卡和共享单车订单记录在其他任何非换乘时段都不会同时出现，即空间不会发生重叠。例如，当 ID 号为 A 的轨道交通 IC 卡和 ID 号为 B 的共享单车订单记录被识别为同一用户使用时，那么同一天内当 A 在任何时间出现时，B 的前一次出现地点和后一次出现地点必须落在 A 与 B 之间的最大可达范围内。本书认为小汽车是最快的地面交通方式，若同一天内 A 与 B 之间的出行速度超过小汽车实际可能达到的通行速度，则认为 A 与 B 出现了空间矛盾。当共享单车出行时间与轨道交通出现空间矛盾时，说明两张卡一定不是一一对应的换乘关系，需要删除。

空间矛盾排除公式如下所示：

$$V_{\text{Transfer}} = \frac{\text{Distance}_{\text{Transfer}}}{\text{Time}_{\text{Transfer}}} < V_{\max} \tag{3-2}$$

式中，$\text{Time}_{\text{Transfer}}$ 和 $\text{Distance}_{\text{Transfer}}$ 分别表示出前一条记录的结束时间和位置与后一条记录的开始时间和位置之间的时间间隔和距离间隔。根据前后两次出行的间隔距离和间隔时间求解得到对应的出行速度 V_{Transfer}，该速度要求小于小汽车的最大行程速度 $V_{\max}$。由于南京市小汽车最高限速为 30~50km/h，本书将最大出行速度设定为 50km/h。

3. 频次筛选法

对未被排除的数据卡对按数据对号统计其出现的频次，若频次大于 1 则说明此卡号依然存在一对多的匹配关系，此时选取频次最高的卡号作为最终的换乘行为识别结果；若存在并列频次最高的卡对号，则认为无法判别其一一对应的匹配关系，需要删除。

3.3 互联网租赁自行车接驳轨道交通换乘行为特征分析

根据接驳数据提取结果，从时间和空间两个维度对共享单车接驳轨道交通的出行特性进行分析，并从轨道交通站点的角度探究各站点周边共享单车的停放时间、停车周转率等特征。

3.3.1 时间维度骑行特性分析

1. 小时平均接驳出行量分布

对研究数据中 9 月 18 日、19 日、22 日三个工作日和 9 月 23 日一天周末的接驳出行数据进行出行特性计算。根据接驳出行数据中借车或还车时间统计共享单车在一天 24h 之内的每小时平均接驳出行量，如图 3-8 所示，可知共享单车用车量在一天之内呈现两个高峰，工作日早高峰时段分布在 7:00~8:00，早高峰时段系数约为 0.171；晚高峰时段分布在 17:00~18:00，晚高峰时段系数约为 0.167，其中早高峰接驳出行量高于晚高峰，峰值超过每小时 1.2 万人次。平峰时段用车量较为平稳，接驳用车量从 5:00 开始逐渐上升，早高峰过后在 12:00~13:00 之间有出现小的起伏波动，晚高峰过后出行量逐渐下降一直持续到 24:00。由于周六的阵雨天气，周末的总接驳出行量较工作日明显降低，但变化趋势与工作日基本相同，早高峰较工作日较为延后，晚高峰较工作日较为提前。值得注意的是，周末早晚高峰的接驳出行量与平峰时段的接驳出行量差异并不十分显著，且早晚高峰间的接驳出行量相比工作日明显增多，这与用户在工作日内的通勤出行和周末内的生活服务出行密切相关。

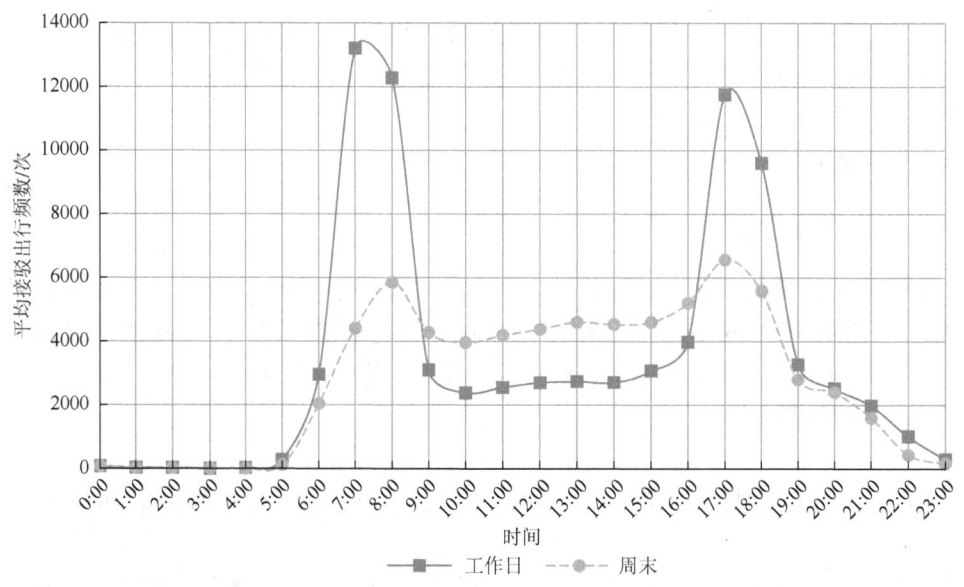

图 3-8　工作日与周末每小时平均接驳出行频数分布图

2. 骑行时长分布

由于降雨天气将影响自行车的出行频数，但一般不会影响其用车时长和距离，为对比工作日和周末的接驳出行用车时长分布，利用借还车时间之差对工作日和周末的接驳骑行时长的累计频率进行统计，图 3-9 和图 3-10 分别为工作日和周末接驳骑行时长的累计频率分布图。骑行时长分布在 6~8min 的出行量最多，工作日约 75% 的出行的骑行时长在 10min 以内，骑行时长在 20min 以内的出行大约占比 96%。周末的骑行时长稍高于工作日，10min 以内的出行约占比 69%，约 95% 的出行的骑行时长在 25min 以内。

3. 轨道交通站点共享单车停放时间与停车周转率

对轨道交通站点接驳缓冲区内摩拜单车的停放时间进行统计，通过每辆单车的相邻两次使用时间之差进行推算，其停放时间分布如图 3-11 所示。可知各站点

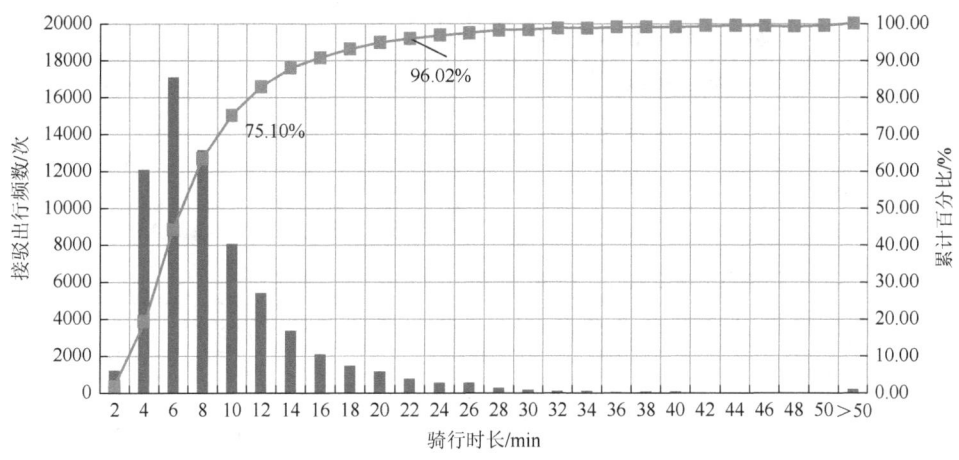

图 3-9 工作日接驳骑行时长的累计频率分布图

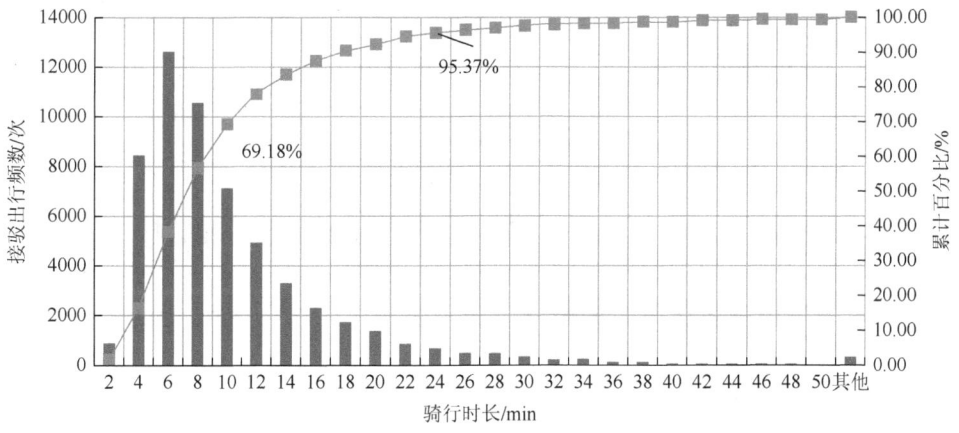

图 3-10 周末接驳骑行时长的累计频率分布图

接驳缓冲区内车辆的停放时间分布较为分散，其中停放时间分布在 9~10h 的站点数量最多，其次是 10~11h 和 8~9h，停放时间分布在 12~13h 的站点数量最少。

对轨道交通站点接驳缓冲区内摩拜单车的停车周转率进行统计，利用一天之内各站点接驳缓冲区内摩拜单车的停放时间进行推算，即用一天 24h 与每辆单车停放时间比值的平均值表示，其停车周转率分布如图 3-12 所示。可知大部分轨道交通站点接驳缓冲区内车辆的停车周转率分布在 2.0~3.0，其中停车周转率分布在 2.0~2.5 的站点数量最多，约占比 34.7%，停车周转率<1.5 或>3.0 的站点数量最少。

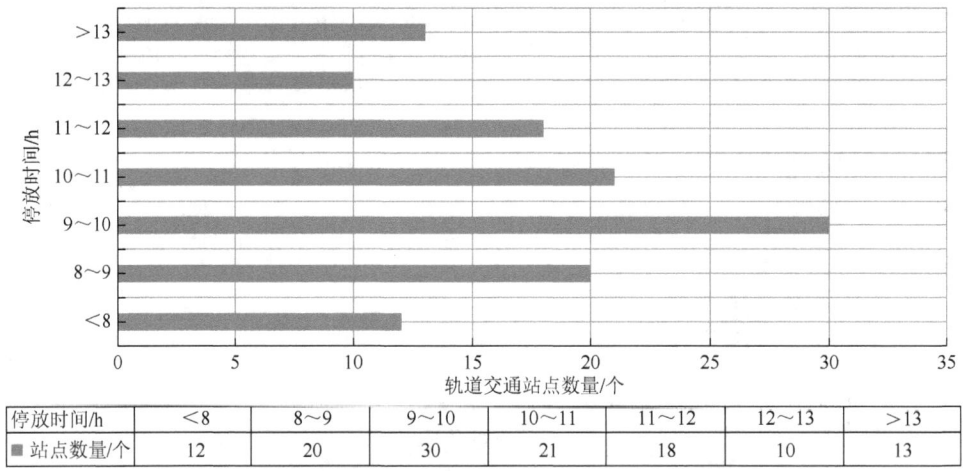

停放时间/h	<8	8~9	9~10	10~11	11~12	12~13	>13
■ 站点数量/个	12	20	30	21	18	10	13

图 3-11　轨道交通站点接驳缓冲区内车辆停放时间统计图

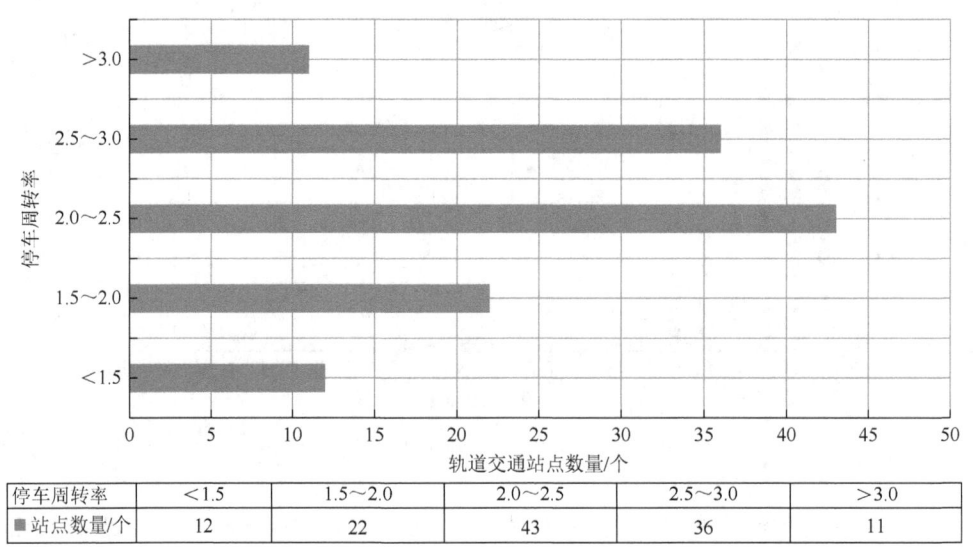

停车周转率	<1.5	1.5~2.0	2.0~2.5	2.5~3.0	>3.0
■ 站点数量/个	12	22	43	36	11

图 3-12　轨道交通站点接驳缓冲区内车辆停车周转率统计图

3.3.2　空间维度骑行特性分析

1. 接驳出行量核密度分析

核密度分析主要用于点要素或线要素在其周围邻域内的密度计算，接驳出行量的核密度即计算接驳的骑行端点要素在其轨道交通站点接驳缓冲区邻域内的密度。利用 ArcGIS 软件中"ArcToolbox 工具模块—空间分析工具—密度分析—核密度分析"功能计算接驳出行量核密度,其接驳用车分布如图3-13所示,"绿—黄—红"颜色的色带代表核密度由低到高,可知核心区内的接驳出行最为密集,接驳出行量大,核密度较高,近郊区其次,远郊区个别站点的核密度较高,由于较多远郊区内站点的接驳出行量较低,相比核心区差异悬殊,导致这些站点的接驳出行量核密度过低而未能被统计,如10号线和4号线上分布在远郊区的站点。

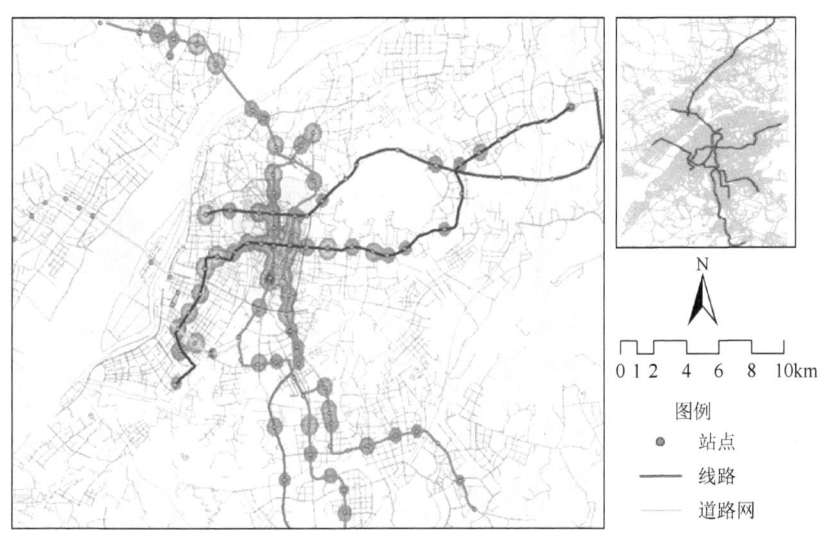

图 3-13 接驳出行量核密度分析图

2. 骑行距离分布

根据接驳出行数据中借还车的经纬度坐标可进行骑行距离计算,利用欧氏距离计算方法推算骑行距离,其原理为假设地球为一圆形球体,则球面上任意两点的球面距离的计算公式如下[11]:

$$D_{1,2} = 2r \cdot \arcsin\left(\sqrt{\sin^2\left(\frac{\varphi_2 - \varphi_1}{2}\right) + \cos(\varphi_1)\cos(\varphi_2)\sin^2\left(\frac{\lambda_2 - \lambda_1}{2}\right)}\right) \quad (3\text{-}3)$$

式中,r 为地球半径,$r = 6378.137$km;φ_1、φ_2 分别为球面任意两点的纬度;λ_1、λ_2 分别为点球面任意两点的经度。

统计工作日和周末的接驳骑行距离,其累计频率直方图如图3-14和图3-15所示,骑行距离分布在600~1000m的出行量最多,骑行距离在1km内的出行占比达65%左右,骑行距离在2km内的出行均占比90%以上。

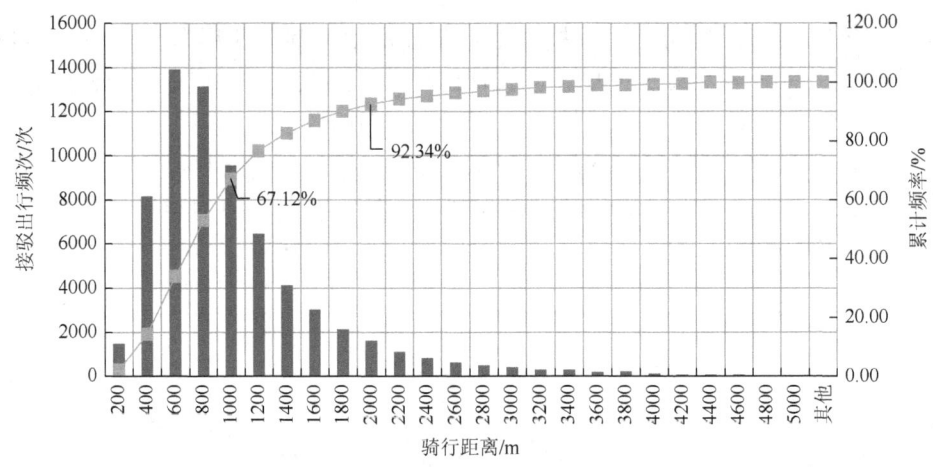

图 3-14　工作日接驳骑行距离累计频率分布图

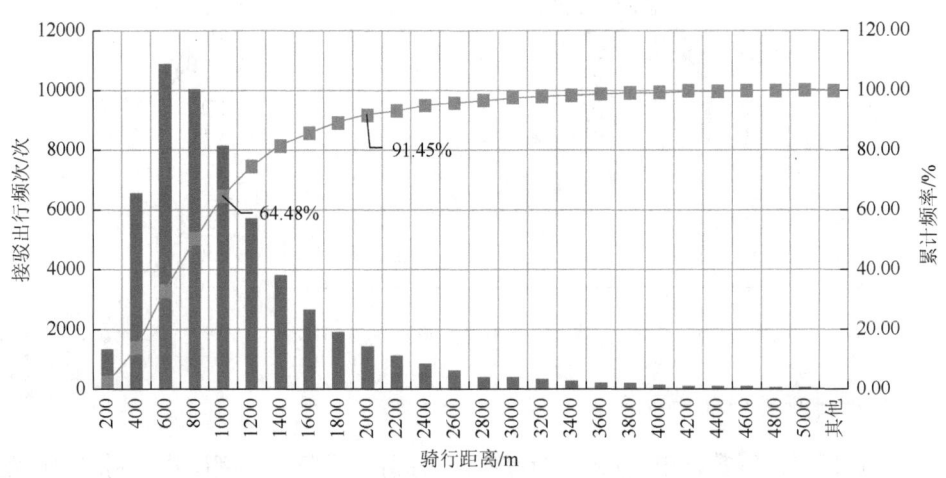

图 3-15　周末接驳骑行距离累计频率分布图

此外，从轨道交通站点的层面对各站点接驳缓冲区内共享单车的接驳出行频次、骑行时长和骑行距离进行描述性统计，如表 3-2 所示。可知三项指标的最大值与最小值差异巨大，以接驳出行频次为例，平均接驳出行频次为 737 次，而不同站点的接驳出行频次最小值为 9，最大值为 2707，差异显著。从标准差角度，接驳出行频次标准差高达 642 次，骑行时长的标准差接近 2min，骑行距离的标准差约为 250m，各项指标的标准差较大，说明各轨道交通站点的共享单车接驳出行分布存在较大差异，将所有轨道交通站点进行统一考虑将产生较大误差。因此，有必要基于共享单车接驳特性对不同轨道交通站点进行聚类分析。

表 3-2 轨道交通站点共享单车出行分布统计

项目	最小值	25%分位数	中位数	均值	75%分位数	最大值	标准差
接驳出行频次/次	9	203	592	737	1078	2707	642
骑行时长/min	4.45	7.94	8.61	8.84	9.49	17.56	1.78
骑行距离/m	487.9	880	989	1029.5	1113.2	2171.3	249.57

3.4 互联网租赁自行车接驳轨道交通组合出行路径分析

目前，关于轨道交通-租赁自行车组合出行的研究多是采用问卷调查数据，然而传统的截面调查无法精确获取用户实时的出行行为信息，难以真实反映出行者的骑行和借还需求。因此本节利用大数据研究了轨道交通站点周边互联网租赁自行车的换乘行为，将轨道交通站点服务范围内使用互联网租赁自行车的用户视为组合出行用户。

3.4.1 轨道交通路径分析

本节采用高斯混合模型推测出个体在组合出行路径中的轨道交通出行路径。根据统计分析，用户在轨道交通系统中的平均出行路径为 24.67km，平均出行时长为 24.06min，平均换乘次数为 0.36 次。其中，有 67.18%的出行没有经过站内换乘，有 29.72%的出行有且仅有一次站内换乘，还有 3.1%的出行有大于一次的站内换乘。为了更好地展示轨道交通组合出行路径的空间分布情况，本节通过绘制轨道交通上、下行客流分布图来可视化轨道交通的出行路径。由于前面分析得到工作日早晚高峰的路径客流量要大于其他时间段，因此，本节分别绘制了工作日上、下行早高峰对应的出行路径分布图，如图 3-16 所示。其中，图 3-16（a）和（b）分别为轨道交通上行线路的早、晚高峰客流分布。图 3-16（c）和（d）分别为轨道交通下行线路的早、晚高峰客流分布。

从图中可以看出，轨道交通-租赁自行车组合出行用户高峰时段在轨道交通上的出行主要集中在 1 号线、2 号线和部分 3 号线上。这些线路主要途经南京市的核心和近郊区，包括栖霞区、鼓楼区、玄武区、秦淮区和雨花台区。其中，出行最多的路径为油坊桥—雨润大街—元通—兴隆大街—集庆门大街，位于 2 号线上。对比出行时段客流，发现晚高峰上行线路客流量要明显高于早高峰上行线路客流量的分布，说明组合出行用户倾向于在晚高峰时段从南向北、从西向东方向出行。而早晚高峰时段下行线路的客流量分布没有明显区别。对比出行方向客流，发现早晚高峰轨道客流有明显的潮汐现象。具体表现为，早高峰时段下行客流量要明显高于上行客流量，而在晚高峰时段客流分布情况明显相反。上述结果说明，大多数组合出行用户倾向于早晨从北向南出行，而在晚高峰从南向北出行。这一结果与南京市出行呈现的潮汐式人口现象是一致的。由于南京市城市单中心形态明显，中心城区承担绝大部分就业岗位，通勤距离较长，早高峰人口向中心城集聚，晚高峰人口逐渐分散。此外，图中还可以看出，10号线的雨山路—浦口大道站客流量明显较高。此线路段位于南京市江北新区，是南京都市圈的核心区域之一，导致组合出行需求较大。

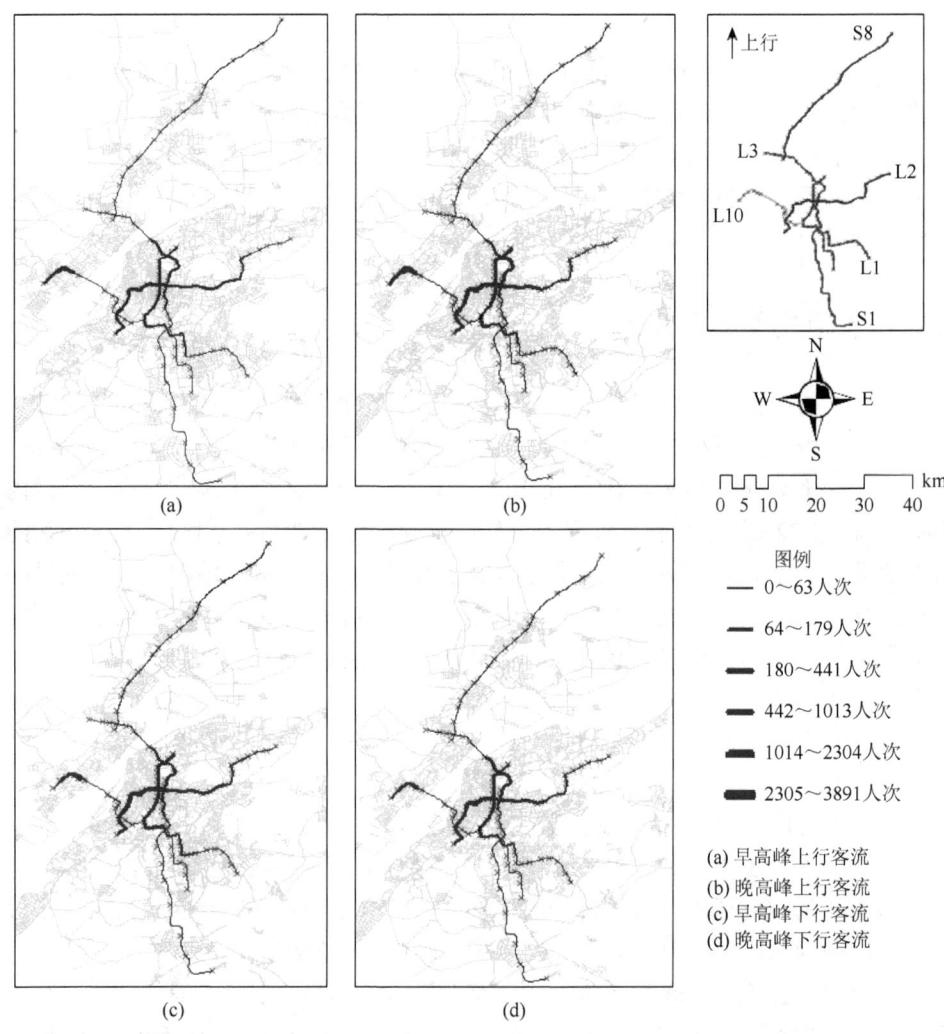

图 3-16 轨道交通线路客流空间分布图

3.4.2 租赁自行车路径分析

本节采用最短路方法求解得到互联网租赁自行车路径，因此，互联网租赁自行车接驳轨道交通组合出行用户每次出行的有效骑行路径有且只有一条。据统计，组合出行用户使用租赁自行车骑行的平均出行路径为 1.44km，平均骑行时长为 10.79min，平均骑行速度为 9.97km/h。由于互联网租赁自行车借还过程需要耗费一定的时间，因此这一骑行速度符合普通人正常骑行自行车的速度(10～15km/h)。本节分别绘制了工作日早、晚高峰对应的骑行路径分布图，如图 3-17 所示。其中，图 3-17（a）和（b）分别表示去轨道交通站点的早、晚高峰骑行路径客流分布，图 3-17（c）和（d）分别为离开轨道交通站点的早、晚高峰骑行路径客流分布。

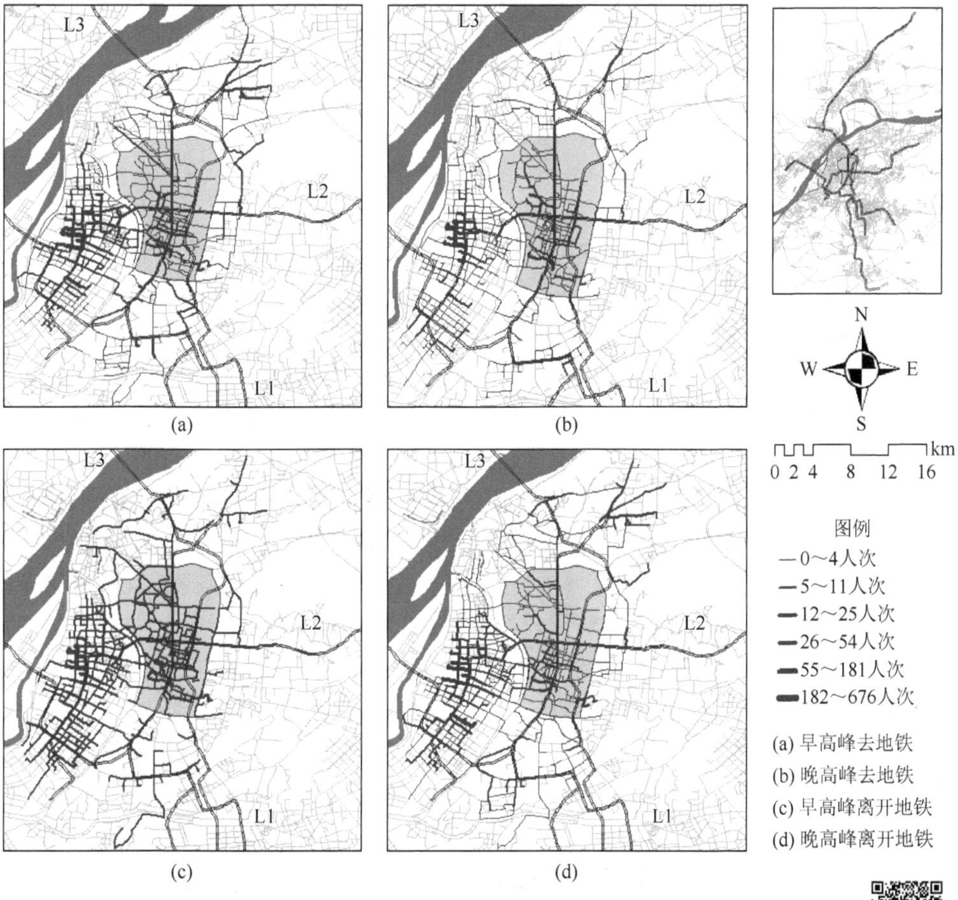

图 3-17 互联网租赁自行车路径重构示意图

从图中可以看出，互联网租赁自行车接驳轨道交通组合出行用户高峰时段的换乘骑行路径主要集中在轨道交通 1 号线、2 号线和部分 3 号线附近，这与在轨道交通上的客流量分布吻合。对比出行时间段客流，发现晚高峰去轨道交通站点的骑行流量分布总体上要低于早高峰去轨道交通站点的骑行流量，但是晚高峰部分轨道交通站点附近的骑行流量要相对集中且明显高于早高峰。这说明早高峰时段有更多的组合出行用户使用互联网租赁自行车换乘轨道交通的模式出行，而晚高峰时段使用该模式出行的用户相对较少且多为固定用户。

对比出行方向客流，发现早晚高峰互联网租赁自行车骑行也具有明显的潮汐现象。具体表现为，早高峰时使用互联网租赁自行车换乘轨道交通的用户要明显高于早高峰使用轨道交通换乘互联网租赁自行车的用户，而晚高峰则表现相反。上述结果说明，大多数组合出行用户倾向于在近居住地端使用互联网租赁自行车。此外，从图中还可以看出，即使工作日高峰时段，互联网租赁自行车的最大路段骑行流量仅为日均 45 人次，这说明互联网租赁自行车接驳轨道交通组合出行用户在自行车路径上的骑行流量对道路的拥挤状态影响甚微。

3.4.3 组合出行路径分析

由于无法对所有个体的组合出行路径进行展示，本节选择用户出行最多的（前六位）组合出行路径进行可视化，如图 3-18 所示。其中，红色线条表示轨道交通出行路径，绿色线条表示租赁自行车骑行路径。

从图 3-18 可以看出，排在前六位的组合出行路径中轨道交通段都在 2 号线上，这与前面的分析一致，即大多数组合出行客流集中在轨道交通 2 号线上，而租赁自行车骑行路段不尽相同。其中，排名第一位的路径［图 3-18（a）］表示用户在轨道交通-租赁自行车复合网络中，先从油坊桥进站，乘坐轨道交通途经雨润大街—元通—奥体东—兴隆大街（2 号线上行方向），并在集庆门大街站出站，出站后步行至德盈大厦东门换乘租赁自行车骑行至新百花园北站点还车。根据统计，该路径的日均流量约 9 次，说明用户经常选择这条组合路径出行。排名第二位的路径［图 3-18（b）］与第一位路径正好相反，即用户先从新百花园北站点借车骑行至德盈大厦东门，然后步行至集庆门大街站换乘轨道交通最终到达目的地油坊桥。这说明存在大量组合出行用户的出行起讫点在油坊桥和新百花园北附近。相似地，排名第三位［图3-18（c）］和第四位［图 3-18（d）］的组合出行线路是相同的，区别在于路径方向相反。前者用户先从 2 号线下行方向乘坐轨道交通再换乘租赁自行车到达目的地，后者用户则先骑行租赁自行车再从 2 号线上行方向乘坐轨道交通到达目的地。而排在第五位的路径［图 3-18（e）］与第六位的路径［图 3-18（f）］相似，区别在于租赁自行车骑行路径不同。此外，从图 3-18 还可以看出，流量高的

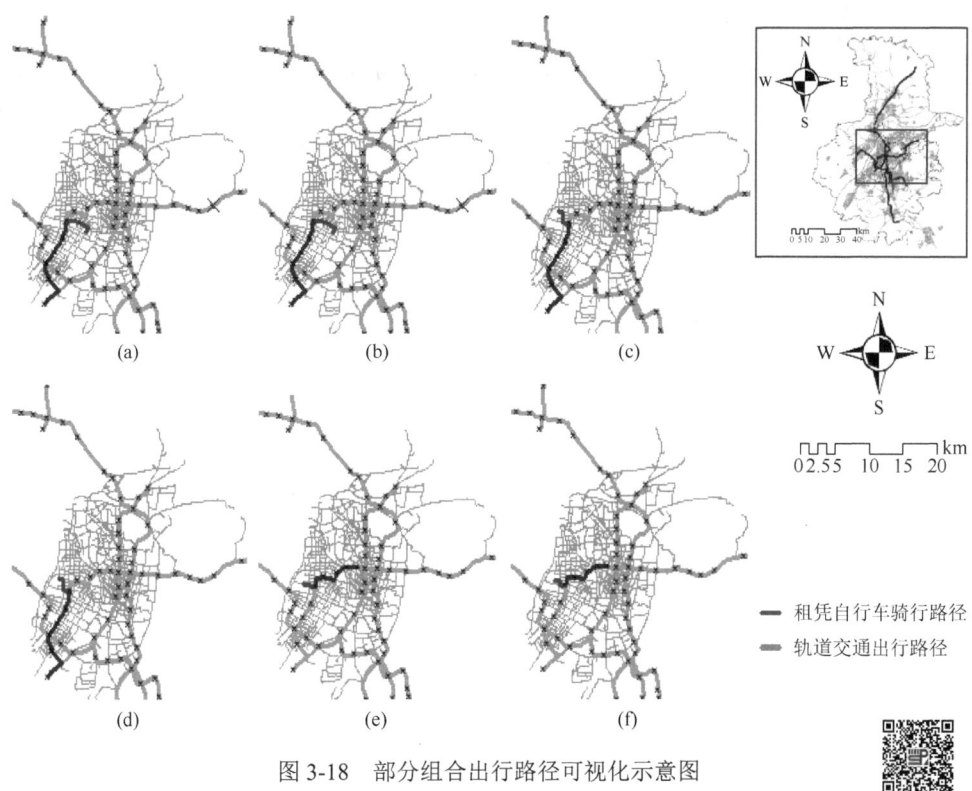

图 3-18 部分组合出行路径可视化示意图

组合出行路径均是仅轨道交通段的起始或终点一端需要换乘租赁自行车,即轨道交通的一端在出行者的步行可达范围内。这也说明组合出行用户倾向于一端换乘。

参 考 文 献

[1] Pal A,Zhang Y,Kwon C. Analysis of Free-floating Bike Sharing and Insights on System Operations or Analyzing Mobility Patterns and Imbalance of Free Floating Bike Sharing Systems[C]. Transportation Research Board 97th Annual Meeting,Washington,2018.

[2] Shen Y,Zhang X,Zhao J. Understanding the usage of dockless bike sharing in Singapore[J]. International Journal of Sustainable Transportation,2012,6(10):686-700.

[3] 南京市交通运输局等. 南京市中心城区互联网租赁自行车发展规模研究[R]. 南京:南京市城市与交通规划设计研究院股份有限公司,2017.

[4] 王家川,欧阳松寿. 北京市轨道交通站点周边区域共享自行车运行不均衡性研究[J]. 交通运输系统工程与信息,2018,19(1):214-221.

[5] O'Neil P C,Caulfield B. Examining User Behaviour on a Shared Bike Scheme:the Case of Dublin Bikes[C]. The 13th International Conference on Travel Behaviour Research,Toronto,2012.

[6] Li J,Lv F. Operation Characteristics of Free-Floating Bike Sharing System as a Feeder Mode to Rail Transit Based on GPS Data:a Case Study in Beijing,China[C]. Transportation Research Board 98th Annual Meeting,

Washington, 2019.

[7] Ji Y, Cao Y, Liu Y, et al. Analysis of temporal and spatial usage patterns of dockless bike sharing system around rail transit station area[J]. Journal of Southeast University (English Edition), 2019, 35 (2): 228-235.

[8] Liu Y, Ji Y, Feng T, et al. Use frequency of metro-bikeshare integration: evidence from Nanjing, China[J]. Sustainability, 2020, 12 (4): 14-26.

[9] 蒋源, 陈小鸿, 徐晓敏, 等. 公共自行车接驳轨道交通服务范围研究[J]. 交通运输系统工程与信息, 2018, (1): 94-102.

[10] Reiss S, Bogenberger K. GPS-Data Analysis of Munich's Free-Floating Bike Sharing System and Application of an Operator-based Relocation Strategy[C]. The 18th International Conference on Intelligent Transportation Systems, Gran Canaria, 2015.

[11] Hogendijk J. Book Review of: Glen van Brummelen, Heavenly Mathematics: the Forgotten Art of Spherical Trigonometry[M]. Princeton, Oxford: Oxford University Press, 2014.

第4章　互联网租赁自行车共享出行需求预测

通过融合互联网租赁自行车历史骑行数据、城市居民出行调查数据、土地利用数据等多源数据，从时间和空间维度揭示了建城环境、社会经济属性等关键因素对互联网租赁自行车出行需求的影响，可为互联网租赁自行车规划提供更精确的数据支持，有效地提高互联网租赁自行车规划的可行性。此外，互联网租赁自行车的短时借还需求变化具有随机性、时变性和非线性等特点，传统的时间序列和机器学习预测方法难以抓取数据背后的时空相关性，导致预测精度不能达到预期效果。为此，基于深度学习理论，建立融入注意力机制的时空图卷积神经网络对互联网租赁自行车短时借还需求进行预测，预测结果可为制定科学有效的车辆调度优化模型、实现互联网租赁自行车系统的车辆再平衡奠定基础。

4.1　互联网租赁自行车共享出行需求分析模型

4.1.1　数据源与数据处理

选取南京市的五个主城区（玄武区、秦淮区、鼓楼区、建邺区、雨花区）作为研究区域。所需的多源数据包括互联网租赁自行车轨迹数据、公共自行车刷卡数据、南京市居民出行调查数据、土地利用、路网数据、地区生产总值（GDP）数据和房价分布数据。其中，互联网租赁自行车轨迹数据与公共自行车刷卡数据分别由摩拜科技有限公司与南京公共自行车有限公司提供，数据的时间跨度均为2017年9月18～24日。互联网租赁自行车的数据结构包含车辆ID、出行者ID、骑行开始时间、骑行开始位置（经纬度）、骑行结束时间和骑行结束位置（经纬度）。公共自行车刷卡数据包括出行者ID、骑行开始时间、骑行结束时间、借车站点ID、还车站点ID、站点名和站点经纬度。南京市居民出行调查数据、土地利用和路网数据由江苏省城市规划设计研究院和江苏省城市交通规划研究中心提供。基于交通小区的居民出行调查数据包括性别、年龄、文化程度、收入水平及自行车、电动自行车、私家小汽车拥有情况。土地利用数据包括（以交通小区为单位）每个交通小区到中心商务区（CBD）的距离、路网密度和公共自行车站点密度、常规公交站点密度、地铁站点密度、兴趣点（POI）密度数据（文化型POI、住宅型

POI、政府型 POI、娱乐型 POI、工商业型 POI）。此外，还有南京市规划局提供的人口密度和 GDP 数据，以及从《链家房价报告》获取的每个交通小区的平均房价数据。每个交通小区内互联网租赁自行车每小时借用量作为因变量，解释变量分为三类：公共自行车的借用量、土地利用变量和社会经济人口变量。表 4-1 为各变量的定义与描述性统计。

表 4-1 变量的定义和描述性统计

变量	平均值	标准差	最小值	最大值
工作日交通小区内互联网租赁自行车每小时借用量/次	101.258	121.665	0	1076
周末交通小区内互联网租赁自行车每小时借用量/次	57.530	63.300	0	488
工作日交通小区内公共自行车每小时借用量/次	52.680	92.504	0	925
周末交通小区内公共自行车每小时借用量/次	38.407	60.372	0	551
交通小区内地铁站点密度/(个/km^2)	0.408	0.780	0.000	3.506
交通小区内公共自行车站点密度/(个/km^2)	5.504	3.502	0.090	19.685
交通小区内公交站点密度/(个/km^2)	7.837	4.658	0.897	26.578
交通小区内路网密度/(km/km^2)	13.244	4.853	2.249	26.755
交通小区中心到 CBD 距离/km	4.820	2.785	0.000	15.880
交通小区内文化型 POI 密度/(个/km^2)	70.481	79.009	1.561	466.273
交通小区内住宅型 POI 密度/(个/km^2)	31.485	41.399	0.800	220.366
交通小区内政府型 POI 密度/(个/km^2)	43.801	41.373	1.481	166.673
交通小区内娱乐型 POI 密度/(个/km^2)	112.808	121.152	2.358	806.337
交通小区内工商业型 POI 密度/(个/km^2)	246.541	287.834	4.622	1556.58
交通小区内 GDP/亿元	1.117	0.319	0.788	1.895
交通小区平均房价/千元	31.052	8.403	20.980	59.224
交通小区内拥私人小汽车占比	0.242	0.102	0.062	0.529
交通小区内拥有私人自行车占比	0.350	0.121	0.094	0.697
交通小区内拥有电动自行车占比	0.373	0.092	0.136	0.552
交通小区内非本地人口占比	3.431	2.431	0.126	6.571
交通小区内本地人口占比	8.325	5.994	0.632	17.524
交通小区内男性人口占比	0.478	0.069	0.333	0.667
交通小区内女性人口占比	0.507	0.073	0.333	0.667
交通小区内 18 岁以下人口占比	0.043	0.034	0.009	0.333
交通小区内 18~35 岁人口占比	0.285	0.096	0.109	0.601
交通小区内 35~45 岁人口占比	0.220	0.075	0.103	0.667
交通小区内 45 岁至退休人口占比	0.190	0.098	0.040	0.533

续表

变量	平均值	标准差	最小值	最大值
交通小区内退休人口占比	0.245	0.095	0.061	0.714
交通小区高中及以下学历人口占比	0.285	0.111	0.086	0.714
交通小区内大专及大学学历人口占比	0.673	0.127	0.286	0.875
交通小区内研究生及以上学历人口占比	0.027	0.033	0.003	0.250
交通小区内年收入5万元以下人口占比	0.524	0.173	0.015	0.820
交通小区内年收入5万~15万元人口占比	0.450	0.163	0.130	0.695
交通小区内年收入15万元以上人口占比	0.010	0.020	0.001	0.160

4.1.2 时空地理加权回归模型构建

1. 多重共线性

多重共线性是指线性回归模型中的自变量之间由于存在高度相关关系而使模型估计失真或难以估计准确[1]。在进行回归分析之前，为了保证模型的合理性，应对备选自变量的共线性进行分析[2]。方差膨胀因子（VIF）是常用的检测自变量之间多重共线的方法[2-4]。采用方差膨胀因子对影响因子与互联网租赁自行车需求量关系进行共线性检验，以避免由于因素之间高度共线影响回归分析结果，其计算公式如下：

$$\text{VIF} = \frac{1}{1-r^2} \quad (4\text{-}1)$$

式中，r 为线性回归中的决定系数，反映了回归方程解释因变量变化的百分比。VIF 越大，说明解释变量之间存在共线性的可能性越大，VIF 均介于 0~10 之间，则影响因子之间不存在高度共线性，可直接进行回归分析[5]。

2. 空间自相关

空间自相关分析是用来检验空间上某一点要素的观测值与相邻点观测值之间的相关性，可以发现研究对象在空间上是否存在异质性和空间聚类[6]。方韦唯指出在进行 GWR 建模之前需对自变量进行空间相关性分析[6]。Moran's I 是常用的空间自相关分析方法[2-4]。采用 Moran's I 检验互联网租赁自行车需求量分布的空间自相关性，计算公式如下[7]：

$$I = \frac{n}{\sum_{i=1}^{n}\sum_{j=1}^{n} w_{ij}} \cdot \frac{\sum_{i=1}^{n}\sum_{j=1}^{n} w_{ij}(y_i - \overline{y})(y_j - \overline{y})}{\sum_{i=1}^{n}(y_i - \overline{y})^2} \quad (4\text{-}2)$$

式中，w_{ij} 为空间权重函数；y_i、y_j 分别代表在 i 和 j 选定的属性值；$\bar{y}$ 是所有观测值的平均值。Moran's I 指数统计量的范围为 $-1 \sim +1$。较高的正值意味着空间聚合，负值则表示空间离散，而接近于零的值表示空间随机分布。Z 分数（Z-score）用来检验 Moran's I 指数的统计显著性，计算公式如下[8]

$$Z(I) = \frac{I - E(I)}{\sqrt{\text{Var}(I)}} \quad (4\text{-}3)$$

式中，$E(I)$ 和 $\text{Var}(I)$ 分别是 Moran's I 统计量的期望和标准偏差。

3. 回归模型

采用包括普通最小二乘（OLS）模型、地理加权回归（GWR）模型和时空地理加权回归（GTWR）模型进行实证分析，并且比较了这三种模型的拟合效果。

在进行回归分析时常运用传统的线性回归模型：最小二乘模型，其模型为

$$Y_i = \beta_0 + \sum_k \beta_k X_{ik} + \varepsilon_i \quad (4\text{-}4)$$

式中，Y_i 为第 i 个样本点的解释变量；β_0 为线性回归方程的截距；β_k 为第 k 个解释变量的回归系数；X_{ik} 为第 i 个样本点的第 k 个解释变量；ε_i 为随机误差。但该模型仅对参数进行了平均或全局意义上的估计，很难体现参数在空间上的非平稳性。

GWR 模型中的参数是表示区域地理位置的函数，是对传统线性回归模型的改进，其主要优势为能够将空间权重矩阵运用在线性回归模型中，并很好地展现了结果的空间结构分异[9]，其计算公式为[10]

$$Y_i = \beta_0(u_i, v_i) + \sum_k \beta_k(u_i, v_i) X_{ik} + \varepsilon_i \quad (4\text{-}5)$$

式中，Y_i 为第 i 个样本点的解释变量；u_i 为第 i 个样本点的经度坐标；v_i 为第 i 个样本点的纬度坐标；(u_i, v_i) 为第 i 个样本点的空间经纬度坐标；$\beta_0(u_i, v_i)$ 为第 i 个样本点的常数项；$\beta_k(u_i, v_i)$ 为第 k 个解释变量在第 i 个样本点的回归系数；X_{ik} 为第 i 个样本点的第 k 个解释变量；ε_i 为随机误差。不同于 OLS 模型中每个观测中参数估计都是固定的，GWR 模型在测量观测数据的空间变化时，系数也各不相同。

作为 GWR 在时间上的扩展，GTWR 将时间数据这一维度嵌入回归参数中，以同时测量观测数据的空间和时间变化。互联网租赁自行车需求量在不同的交通小区内呈现出明显的早晚高峰潮汐性，因此使用 GTWR 模型在对其进行建模时能发挥其优势。GTWR 模型的结构如下所示[10]

$$Y_i = \beta_0(u_i, v_i, t_i) + \sum_k \beta_k(u_i, v_i, t_i) X_{ik} + \varepsilon_i \quad (4\text{-}6)$$

式中，Y_i 为第 i 个样本点的解释变量；u_i 为第 i 个样本点的经度坐标；v_i 为第 i 个样本点的纬度坐标；t_i 为第 i 个样本点的时间坐标；(u_i, v_i, t_i) 为第 i 个样本点的时

空维度坐标；$\beta_0(u_i,v_i,t_i)$ 为第 i 个样本点的常数项；$\beta_k(u_i,v_i,t_i)$ 为第 k 个解释变量在第 i 个样本点的回归系数；X_{ik} 为第 i 个样本点的第 k 个解释变量；ε_i 为随机误差。与 GWR 相似，GTWR 的回归系数是根据局部加权最小二乘估计的。参数估计方法如下所示[10]。

$$\hat{\beta}(u_i,v_i,t_i) = [X^T W(u_i,v_i,t_i) X]^{-1} X^T W(u_i,v_i,t_i) Y \quad (4\text{-}7)$$

式中，时空权重矩阵 $W(u_i,v_i,t_i)$ 是一个 $n \times n$ 对角矩阵，$W(u_i,v_i,t_i) = \text{diag}(W_{i1}, W_{i2}, \cdots, W_{ij}, \cdots, W_{in})$。$W_{ij}$（$1 \leqslant j \leqslant n$）是时空距离衰减函数，计算公式如下[11]

$$W_{ij} = \exp\left[-\frac{(d_{ij}^{ST})^2}{h^2}\right] \quad (4\text{-}8)$$

d^{ST} 是空间时间距离，计算公式如下[11]

$$d^{ST} = \sqrt{\lambda[(u_i-u_j)^2-(v_i-v_j)^2]+\mu(t_i-t_j)^2} \quad (4\text{-}9)$$

h 是一个非负参数，称为时空带宽，最优带宽是根据最小交叉验证（CV）值来选择的。CV 值是实际值 y_i 和预测值 $\hat{y}_l(h)$ 之间的平方误差之和[12]

$$CV(h) = \sum_i (y_i - \hat{y}_l(h))^2 \quad (4\text{-}10)$$

修正后的赤池信息量（AICc）是带宽选择和最终模型决策中常用的度量标准，最终选择 AICc 值最低的模型。

4.1.3 模型结果与分析

1. 模型结果比较

在检验了多重共线性和空间自相关之后，分别建立 OLS 模型、GWR 模型与 GTWR 模型，并对模型进行比较。所建模型的有关诊断指标中，R^2 值越高，AICc 值和 RSS 值越小，说明自变量对因变量的解释度越强。如表 4-2 所示，GTWR 模型的 R^2 在工作日与周末比传统的 GWR 模型分别提高了 0.042 和 0.049，比 OLS 模型分别提高了 0.147 和 0.144；同时，GTWR 模型的 AICc 值和 RSS 值均比传统的 GWR 和 OLS 模型小，表明 GTWR 模型能更好地解释自变量对互联网租赁自行车需求的影响，更能解释具有时空特征的数据。

表 4-2 OLS 模型、GWR 模型和 GTWR 模型的比较结果

模型	工作日			周末		
	AICc	R^2	RSS	AICc	R^2	RSS
OLS	7745.08	0.761	2240.03	7636.79	0.751	2157.60
GWR	6123.75	0.866	1250.55	6337.09	0.846	1334.57
GTWR	5304.54	0.908	863.81	5527.12	0.895	907.19

GTWR 模型拟合系数的描述性统计如表 4-3 所示，可表示该解释变量对工作日和周末的互联网租赁自行车需求的影响程度。其中，拟合系数为正值时，表示对因变量有促进的影响，且绝对值越大，影响越大；拟合系数为负值时，表示对因变量有抑制的影响，且绝对值越大，影响越大[13]。表 4-3 中的 6 个统计量分别为最小值、下四分位、中位数、上四分位、最大值、平均值。

表 4-3 GTWR 模型拟合系数

变量	最小值	下四分位	中位数	上四分位	最大值	平均值
工作日						
公共自行车每小时借用量	0.477	0.662	0.721	0.797	1.276	0.735
地铁站点密度	−1.302	−0.403	−0.244	−0.103	0.658	−0.281
公共自行车站点密度	−1.634	−0.510	−0.371	−0.195	0.441	−0.392
公交站点密度	−1.024	−0.093	0.036	0.123	1.769	−0.005
路网密度	−0.648	−0.188	−0.087	0.172	1.581	0.042
交通小区到 CBD 的距离	−1.605	−0.172	0.088	0.267	6.746	0.109
文化型 POI 密度	−1.245	−0.138	0.088	0.242	1.166	0.060
住宅型 POI 密度	−0.247	−0.031	0.061	0.263	1.699	0.149
政府型 POI 密度	−0.645	−0.260	−0.154	−0.001	1.524	−0.102
娱乐型 POI 密度	−1.750	−0.033	0.313	0.529	1.093	0.230
私人小汽车人口占比	−15.899	−1.935	−1.356	−0.293	2.894	−1.360
电动自行车人口占比	−10.527	−2.608	−1.547	−0.294	5.470	−1.568
非本地人口占比	−0.604	−0.092	−0.045	0.015	1.634	−0.020
退休人口占比	−6.826	−1.297	−0.629	0.093	6.181	−0.579
高中及以下学历人口占比	−2.204	0.038	0.773	1.624	16.822	1.131
年收入 5 万～15 万元人口占比	−0.820	0.181	0.509	0.836	13.285	0.733
截距	−12.647	1.122	1.938	2.412	7.706	1.598
周末						
公共自行车每小时借用量	0.449	0.686	0.761	0.908	1.670	0.796
地铁站点密度	−1.003	−0.338	−0.180	−0.009	2.598	−0.162

续表

变量	最小值	下四分位	中位数	上四分位	最大值	平均值
公共自行车站点密度	−2.257	−0.557	−0.393	−0.223	0.297	−0.421
公交站点密度	−0.803	−0.139	−0.007	0.120	0.947	−0.020
路网密度	−0.629	−0.116	−0.025	0.140	1.587	0.017
交通小区到CBD距离	−3.518	−0.087	0.053	0.162	6.045	0.068
文化型POI密度	−0.467	0.065	0.203	0.318	1.918	0.203
住宅型POI密度	−0.208	−0.001	0.097	0.235	1.185	0.150
政府型POI密度	−0.450	−0.241	−0.157	−0.039	1.130	−0.120
娱乐型POI密度	−1.450	−0.025	0.257	0.422	0.889	0.172
工商业型POI密度	−2.638	−0.180	−0.040	0.125	0.719	−0.032
房价	−1.007	−0.420	−0.321	−0.207	2.319	−0.283
私人小汽车人口占比	−10.011	−2.054	−1.480	−0.450	11.158	−1.268
电动自行车人口占比	−15.436	−2.519	−1.646	−0.984	7.630	−1.928
非本地人口占比	−0.85	−0.093	−0.031	0.022	1.930	−0.021
退休人口占比	−9.399	−1.119	−0.436	0.342	4.538	−0.458
高中及以下学历人口占比	−19.365	−0.603	0.260	1.461	11.401	0.518
大专及大学学历人口占比	−6.151	−1.188	−0.306	0.975	18.481	0.263
年收入5万～15万元人口占比	−8.315	0.232	0.600	0.881	3.161	0.506
截距	−9.738	0.186	2.371	4.002	6.685	1.912

2. 模型拟合系数的时空特性

GTWR模型的解释变量系数随着空间和时间的变化而变化。结合现有的研究与模型估计结果中的显著变量，从三类解释变量中挑选出公共自行车每小时借用量[14]、娱乐型POI[15]、交通小区到CBD的距离[16]、退休人口占比[17]与私人小汽车人口占比[18]5个变量对模型拟合系数的时间与空间特性进行可视化分析。

选取解释变量拟合系数的平均值在时间维度的变化情况如图4-1所示，实线与虚线分别代表各变量在工作日和周末对互联网租赁自行车的影响。由图4-1（a）中可知，公共自行车的使用促进互联网租赁自行车的需求，尤其在工作日早晚高峰时段，该时段公共自行车的"借车难，还车难"问题较为严重，互联网租赁自行车能够很好地补给公共自行车系统。相比于工作日，公共自行车在周末对互联网租赁自行车的影响较小且没有出现明显的高峰时段。娱乐型 POI 的密度对互联网租赁自行车的需求有促进作用［图 4-1（b）］，该系数在工作日的上午 8:00 达到最大，这是因为娱乐场所也是很多通勤者的目的地。由于互联网租赁自行车的可达性较好，在工作日和周末的下午时段，出行者会选择骑行互联网租赁自行车到达娱乐场所，因此变量在工作日和周末的下午呈现出较大的促进作用。如图 4-1（c）所示，无论工作日和周末，随着交通小区到 CBD 的距离加大，互联网租赁自行车的使用量也会增加，原因可能为 CBD 周边的路网密度与公交线网密度较大，拥堵的交通条件和便利的公交服务影响了公众对互联网租赁自行车的选择，该影响在早晚高峰时段最为显著。如图 4-1（d）所示，退休人口占比对互联网租赁自行车有抑制作用，原因可能为使用互联网租赁自行车需要下载手机 APP，通过手机 APP 扫描二维码用车并完成支付。与其他年龄群体相比，老年人在电子产品的操作与使用方面存在着许多的障碍[19]，而租用南京市公共自行车两小时内免费，老年人使用公交卡乘坐地铁与公交可享受半价优惠，因此老年人会选择公共交通出行，这与 Buehler 等[20]的研究结果相同。如图 4-1（e）所示，私人小汽车人口占比对互联网租赁自行车有抑制作用，且在早高峰时段抑制作用达到最大，说明拥有小汽车用户在高峰时段更倾向于开车通勤，这与 Fishman 等的研究一致[18]，Fishman 等指出拥有小汽车用户更愿意选择方便、快捷、安全的出行方式。

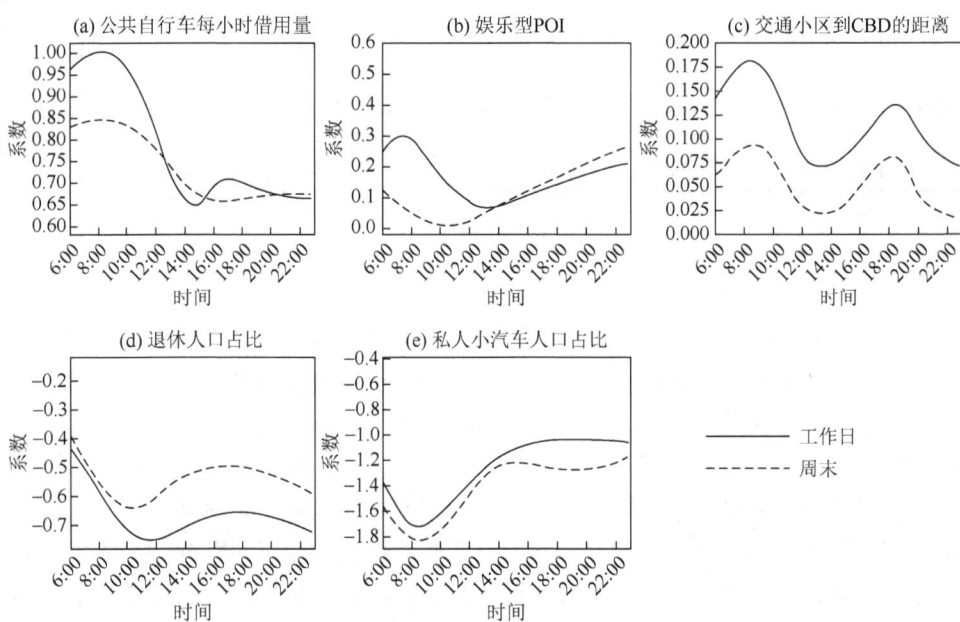

图 4-1　公共自行车每小时借用量（a）、娱乐型 POI（b）、交通小区到 CBD 的距离（c）、退休人口占比（d）与私人小汽车人口占比（e）拟合系数平均值的空间分布

3. 拟合系数的空间特性

运用 ArcGIS 可视化解释变量拟合系数的平均值在空间维度的变化情况,并设置 0 作为积极影响和消极影响的临界值。如图 4-2 所示,无论工作日与周末,公共自行车的使用都促进了互联网租赁自行车的使用,且在工作日的影响较周末更为显著。在北部郊区(区域 A)与南部郊区(区域 B)的拟合系数达到峰值,这些区域的互联网租赁自行车能很好地补充公共自行车系统。而在中心城区(区域 C),路网密度大,地铁公交的覆盖率大,且拥堵现象严重,不利于互联网租赁自行车骑行,因此促进作用会降低。

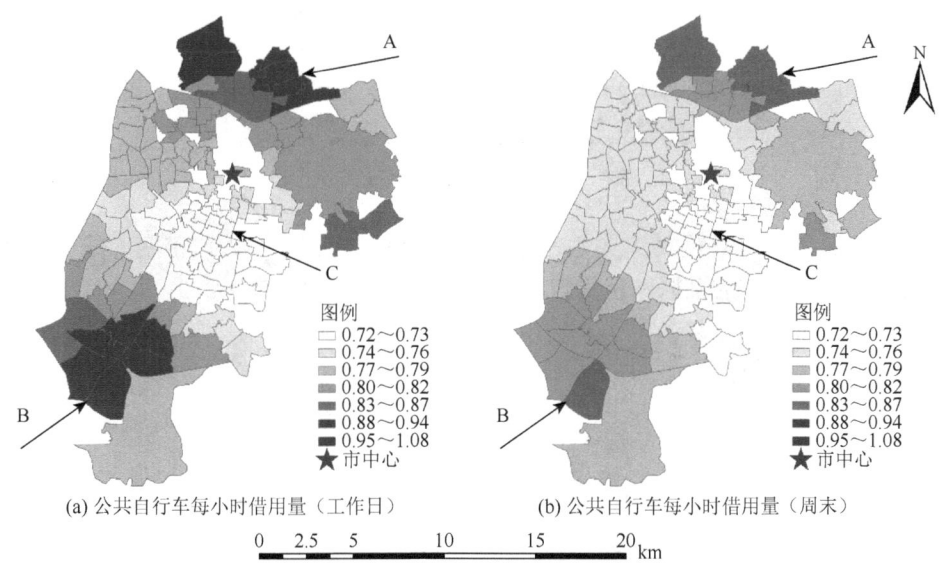

图 4-2 公共自行车每小时借用量拟合系数平均值的空间分布

如图 4-3 所示,娱乐型 POI 在中心城区(区域 C)促进了互联网租赁自行车的使用,北部郊区(A 区域)与南部郊区(区域 B)却抑制了互联网租赁自行车的使用,这是由于中心城区的互联网租赁自行车投放量大,且在中心城区短距离骑行至娱乐场所可以为出行者节省出行时间;另外,郊区的互联网租赁自行车投放量相对较少,且道路设施更多为机动车服务,因此人们更加倾向于乘坐小汽车或出租车到达目的地。

交通小区到 CBD 的距离在大部分区域对互联网租赁自行车的使用产生正向影响(图 4-4),尤其在北部郊区(区域 A),该区域的用车目的主要是短距离出行与接驳公共交通。而在南部郊区(区域 B)则产生了抑制作用,原因可能为该

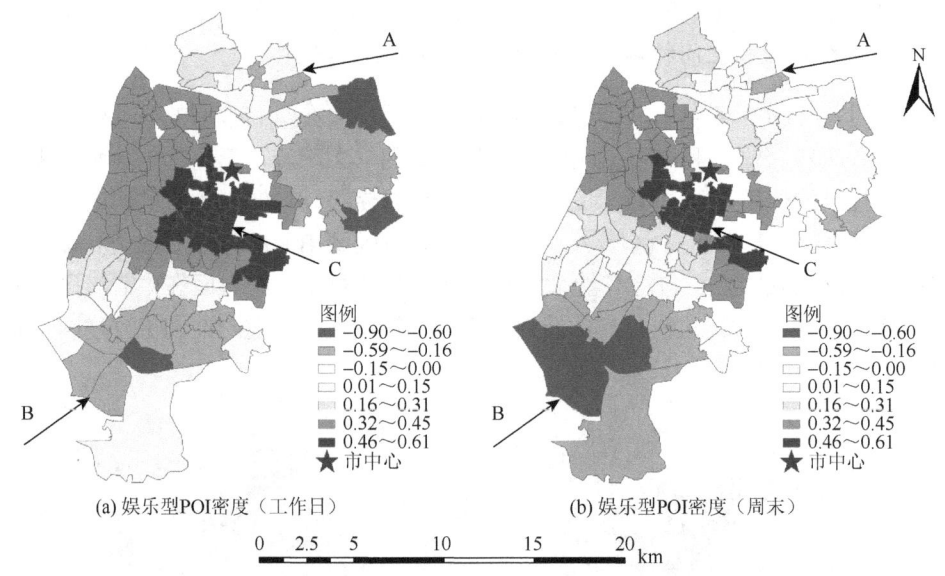

图 4-3 娱乐型 POI 拟合系数平均值的空间分布

区域的交通小区面积较大,公交站点密度、地铁站点密度与人口密度均低于北部郊区,因此该区域的互联网租赁自行车的需求量小于北部郊区。

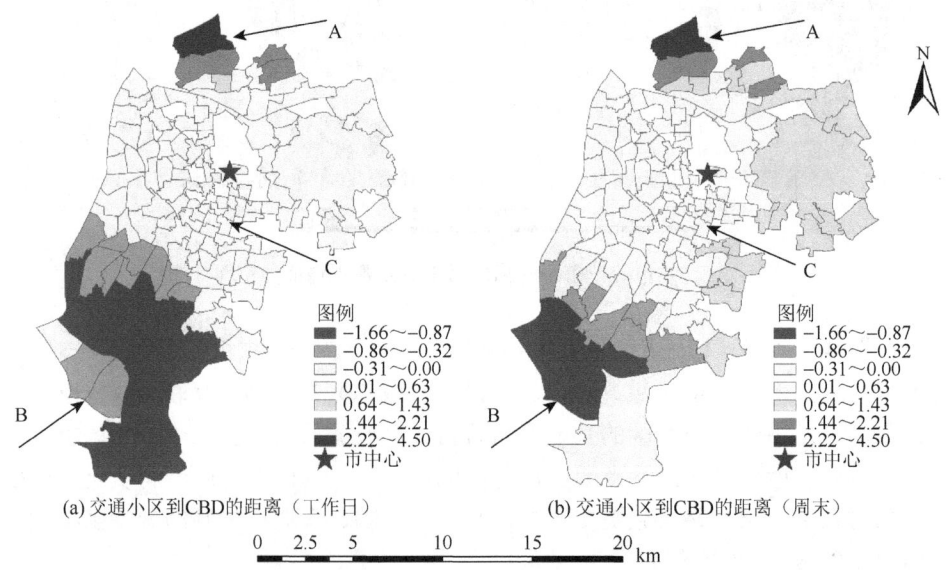

图 4-4 交通小区到 CBD 的距离拟合系数平均值的空间分布

如图 4-5 和图 4-6 所示,退休人口占比和私人小汽车人口占比在空间上对互联网租赁自行车使用量的影响相似,即在大多数区域对互联网租赁自行车需求产

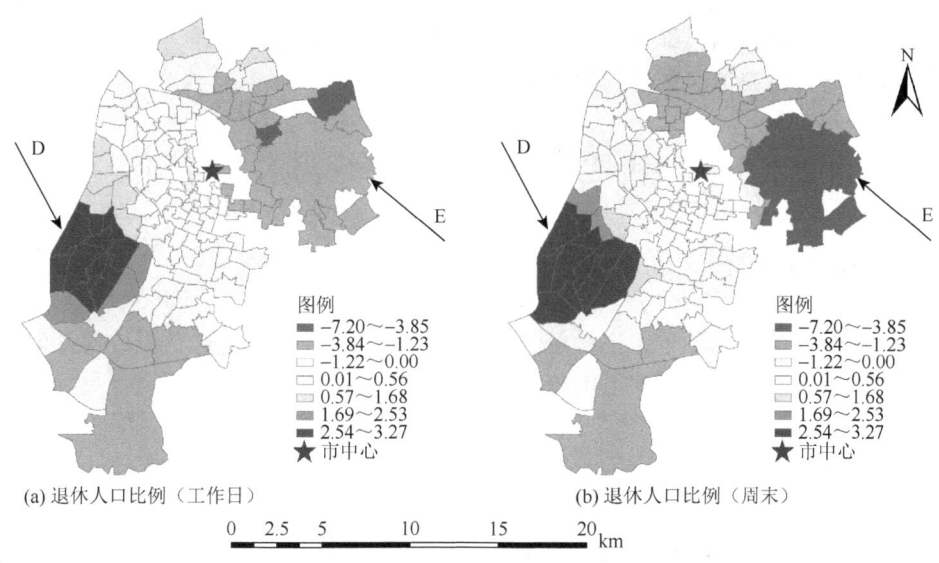

图 4-5 退休人口占比拟合系数平均值的空间分布

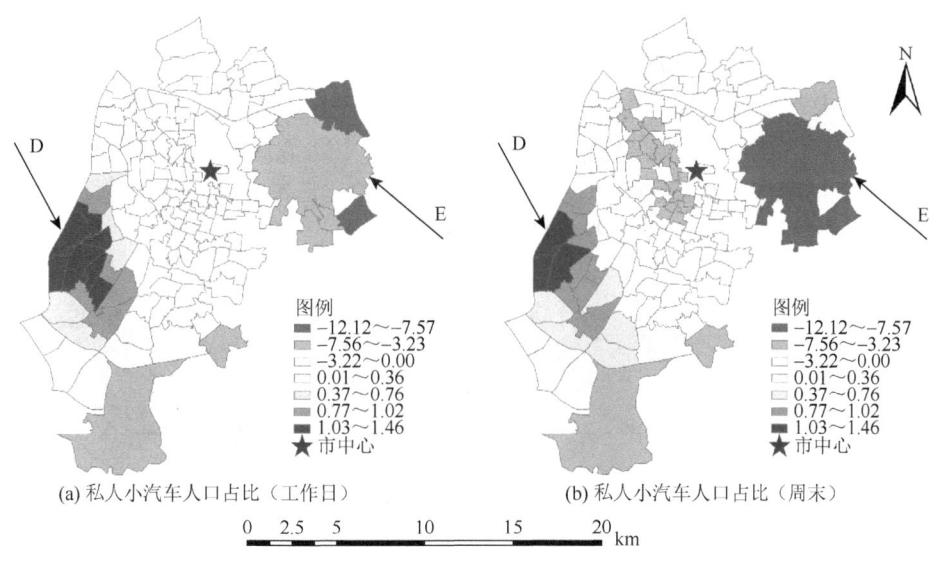

图 4-6 私人小汽车人口占比拟合系数平均值的空间分布

生了消极影响,但在河西新区(区域 D)促进了互联网租赁自行车的使用。南京公共自行车服务系统自 2013 年 1 月 1 日率先在河西新区正式开通运营,由于骑行环境良好,以及租赁自行车理念被很好普及,因此该区域的老年人和拥有小汽车用户会更容易接受互联网租赁自行车短距离出行或接驳公共交通。由于 E 区域(森林公园和红山动物园）地形高低起伏、不利于骑行等原因，退休人口占比和私人小汽车人口占比在该区域的抑制作用达到最大。

4.2 互联网租赁自行车共享出行需求短时预测

4.2.1 深度学习相关理论

深度学习的概念源于人工神经网络的研究，其主要目的是从数据中自动学习到有效的特征表示，通过多层的特征转换，把原始数据变成更高层次、更抽象的表示。

1. 循环神经网络与长短时记忆神经网络

循环神经网络（recurrent neural network，RNN）与长短时记忆神经网络（long short-term memory network，LSTM）的模型结构在处理时间序列问题时具有明显的优势。此外，在 RNN 和 LSTM 中引入软注意力机制（soft attention mechanism，SAM），可以提升 RNN 和 LSTM 的训练效果。

1）循环神经网络（RNN）

RNN 是一类具有短时记忆能力的神经网络[21]。当前层其中一个节点的输入，不仅包括上一层对应节点的输出，还包括当前层中此节点前一个节点的输出，将信息整合后进而传递到下一个节点，即 RNN 的记忆单元的设计原理。图 4-7 展示了 RNN 的典型结构及展开之后的正向计算过程。

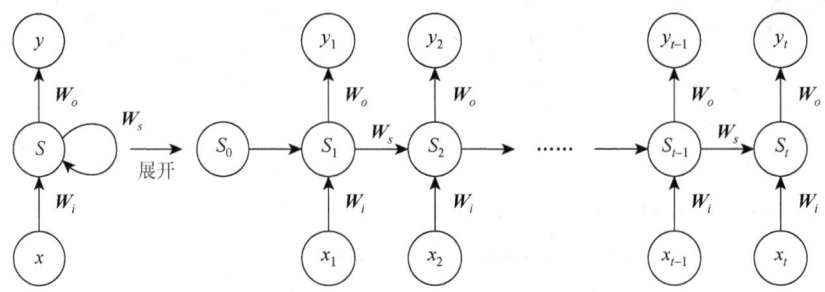

图 4-7　RNN 结构示意图

图中 x 为当前节点的输入，y 为当前节点状态下的输出，S 为当前节点状态，W_i 为输入层到隐藏层的权重矩阵，W_o 是隐藏层到输出层的权重矩阵，W_s 是隐藏层相邻节点之间状态传递的权重矩阵，各个节点之间共享相同的权重，这极大地减少了需要学习的参数。右侧是根据序列数据展开成多个节点形式的 RNN 结构，展现了其正向学习的过程。其中 S_0 为初始状态值,一般初始化为 0。每一个连续的输入被称为时间步,在 t 时间步,网络接收到的输入 x_t,同时还要接收上一个时间步传入的状态 S_{t-1},经过运算生成当前的状态值为 S_t,因此可以认为隐藏层状态 S_t 是网络的一种用于记忆的结构,包含了前面所有时间步的输入信息,输出值是 y_t。当前状态 S_t 的值不只是取决于输入 x_t,还取决于前一状态 S_{t-1},且输出层的输出 y_t 只与当前时间步的状态 S_t 有关。RNN 的计算公式为

$$S_t = \tanh(W_s S_{t-1} + W_i x_t + b) \tag{4-11}$$

$$y_t = \sigma(W_o S_t) \tag{4-12}$$

式中,tanh 为非线性 tanh 激活函数;σ 为非线性 sigmoid 激活函数,b 为偏置值。

由于链式结构令 RNN 对数据有了记忆的功能,在每个时间点都重复进行同样的操作,使得 RNN 在面临时间步长很长的序列时,将会出现梯度爆炸或梯度消失的问题。随着时间步长的增加,距离当前时刻较远的数据在向前传播的过程中,如果某个分量在多个时刻的权重均小于 1,则该分量数值迅速降为 0,产生梯度消失的问题;如果在多个时刻的权重均大于 1,其数值激增,产生梯度爆炸的问题。因此,普通的 RNN 处理时间序列问题的效果是有限的。

2)长短时记忆神经网络

LSTM[22]是循环神经网络的一个变体,可以有效地解决简单循环神经网络的梯度爆炸或消失问题。LSTM 由输入层、隐藏层和输出层组成,与传统 RNN 的区别是 LSTM 的隐藏层结构增加了记忆模块,能够在较长时间内存储并传递信息。每个记忆模块由输入门、输出门、遗忘门和输入记忆单元组成,其中,输入门用来控制当前时刻的候选状态有多少信息需要保存;输出门用来控制当前时刻的内部状态有多少信息需要输出给外部状态;遗忘门用来控制上一个时刻的内部状态需要遗忘多少信息。当输入门打开且遗忘门关闭时,记忆单元将历史信息清空,并将候选状态信息写入,但此时记忆单元依然和上一时刻的历史信息相关。当输入门关闭且遗忘门打开时,记忆单元将复制上一时刻的内容,不写入新的信息。LSTM 的记忆模块结构如图 4-8 所示。

一个记忆块的计算过程如下

$$f_t = \sigma(W_f[h_{t-1}, x_t] + b_f) \tag{4-13}$$

$$i_t = \sigma(W_i[h_{t-1}, x_t] + b_i) \tag{4-14}$$

$$o_t = \sigma(W_o[h_{t-1}, x_t] + b_o) \tag{4-15}$$

$$\tilde{c}_t = \tanh(W_c[h_{t-1}, x_t] + b_c) \tag{4-16}$$

$$c_t = f_t \odot c_{t-1} + i_t \odot \tilde{c}_t \tag{4-17}$$

$$h_t = o_t \odot \tanh(c_t) \tag{4-18}$$

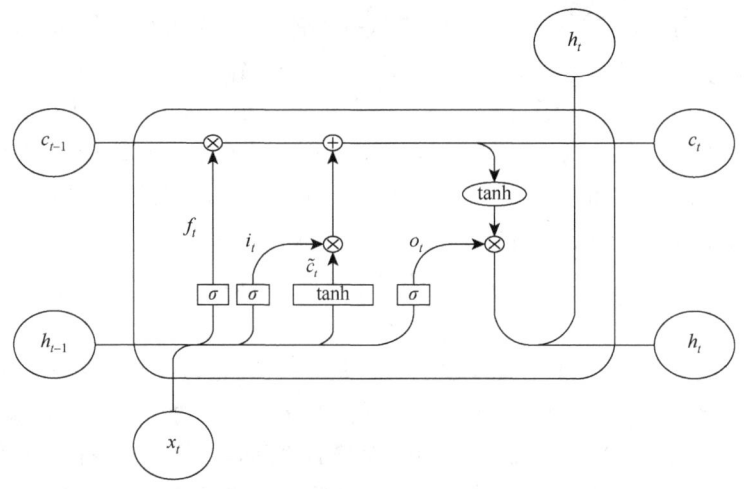

图 4-8 LSTM 记忆模块结构

式中，$h_{t-1} \in R^F$ 表示上一时间步的隐藏层状态，F 表示隐藏层单元数量；$x_t \in R^C$ 表示当前时间步的输入，C 表示各顶点特征的数量；f_t、i_t、o_t 分别是遗忘门、输入门以及输出门；$\tilde{c}_t$ 表示当前时间步的候选单元状态，作为更新当前时间步单元状态的基础；c_t 表示当前时间步单元状态，c_{t-1} 表示上一时间步的单元状态，h_t 表示当前时间步隐藏层状态；W_f、W_i、W_o、W_c 表示各个门控的权重矩阵，b_f、b_i、b_o、b_c 对应各个门控的偏移量，所有的权重矩阵和偏移量均在模型训练过程中进行训练；⊙ 表示哈达玛积，σ 表示 sigmoid 激活函数，tanh 表示 tanh 激活函数，两者均为非线性激活函数，表达式分别为

$$\sigma(x) = \frac{1}{1+e^{-x}} \tag{4-19}$$

$$\tanh(x) = \frac{e^x - e^{-x}}{e^x + e^{-x}} \tag{4-20}$$

3）软注意力机制

注意力机制本质上可以看成对事物的相似度度量，若当前输入的权重受到当前输入和目标输出的相似度影响时，如果其相似度越高，对应的权重就会越大，目标输出对当前输入的依赖程度也会越高。由此可见，深度学习中的注意力机制可以在任务执行过程中获取关键信息，将输入的信息分配不同的权重，通过不断学习来进行相应权重的分配，从而获取数据之间的关联性，使预测的结果更加准确。注意力机制发展至今，研究者从各个方面对其进行了改进，随之产生了多种注意力形式。其中，RNN 和 LSTM 中的注意力机制常使用软注意力机制[23]，它

将所有历史时刻的隐状态进行加权求和，每个权重取值范围为[0, 1]。软注意力机制计算过程如图 4-9 所示。

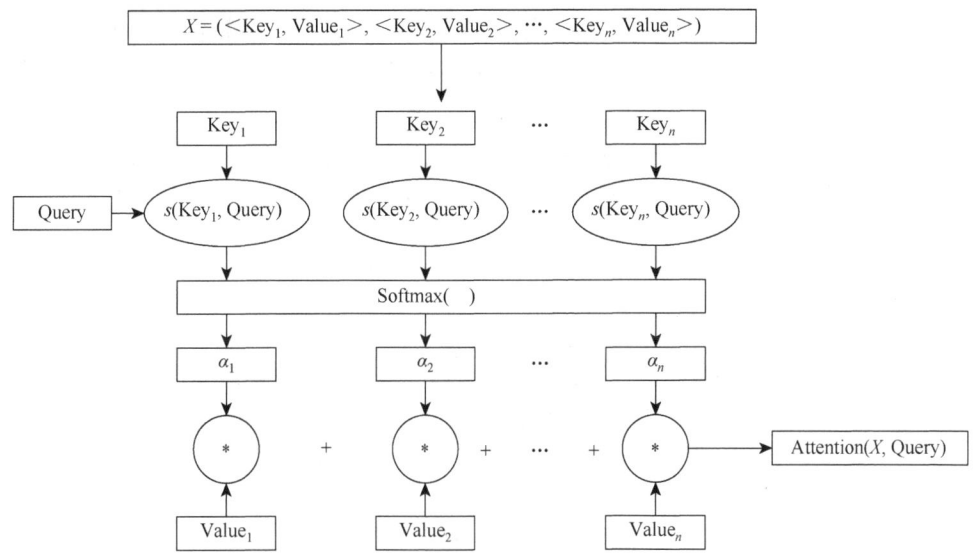

图 4-9　软注意力机制计算过程图

图 4-9 中的参数计算方法如下

步骤 1　获取信息输入。$X=[x_1,x_2,\cdots,x_n]$ 表示一个 n 维的信息输入，其中该输入的任意一维 $x_i(i=1,2,\cdots,n)$ 是一个 Key_i、$Value_i$ 形式的键值对，Key_i 用于步骤 2 计算注意力分布，$Value_i$ 用于步骤 3 计算注意力加权和。

步骤 2　计算注意力分布。$\alpha_i = \mathrm{Softmax}(s(Key_i, Query))$，其中 Query 是一个与目标任务相关的目标向量，$s(Key_i, Query)$ 是评分函数，表示 x_i 与 Query 的关联度，使用多层感知机（multi-layer perception，MLP）网络计算两个向量的评分。

步骤 3　计算注意力加权和 $\mathrm{Attention}(X, Query) = \sum_{i=1}^{n} \alpha_i Value_i$。

2. 卷积神经网络与图卷积神经网络

下面主要对卷积神经网络（convolutional neural network，CNN）、图卷积神经网络（graph convolutional neural network，GCN）及图注意力网络（graph attention network，GAT）进行介绍。CNN 主要被应用来处理网格结构数据，GCN 和 GAT 主要被应用来处理图结构数据。

1) 卷积神经网络

CNN 是一类包含卷积计算且具有深度结构的前馈神经网络,是一种专门用来处理具有类似网格结构的数据的神经网络。将特定的性质编码构成二维矩阵直接输入到网络中,使得前馈函数更加有效,大大减小了计算量,因而得到了更为广泛的应用[24]。从结构方面来看,卷积神经网络主要可以分为三大部分,第一部分是由若干个卷积单元组成的卷积层,目的是提取输入数据的不同特征;第二部分是池化层,这一层对卷积层得到的高维特征数据进行降维,以减少网络中的参数数量和计算量;第三部分为全连接层,该层将所有局部特征结合成全局特征,用全连接的方式对特征数据进行整合,使网络得到最终结果。CNN 模型结构如图 4-10 所示。

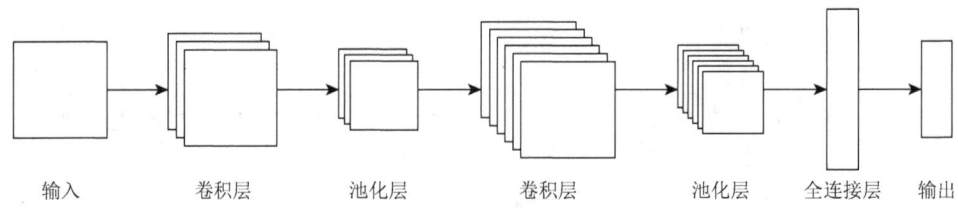

图 4-10 CNN 模型结构示意图

2) 图卷积神经网络

CNN 的本质是利用一个共享参数的卷积核,通过计算网格中心数据点及相邻数据点的加权和来构成特征图实现空间特征的提取,其中的加权系数就是卷积核的权重系数。CNN 多适用于处理图像或者视频数据中像素点排列很整齐的矩阵,即具有欧几里得结构的矩阵。现实科学研究中还有很多非欧几里得结构的数据,如社交网络、信息网络等,这类数据无法使用 CNN 进行处理,因此提出了图卷积神经网络(GCN)来解决这类问题。GCN 是一种将卷积神经网络推广到图结构数据上进行特征提取的方法,其核心思想是利用边的信息对节点信息进行聚合从而生成新的节点信息,进而提取拓扑图的空间特征[25]。GCN 借用图谱理论中有关拉普拉斯矩阵的特征值和特征向量的性质来实现拓扑图上的卷积操作。

对于图 $G=(V,x,E,A)$,V 代表图中顶点的集合,$x \in \mathbf{R}^N$ 代表每个顶点的属性标量,E 代表图中边的集合,$A \in \mathbf{R}^{N \times N}$ 代表图的邻接矩阵,A_{ij} 代表顶点 i 和顶点 j 之间的连接关系。归一化后的图拉普拉斯矩阵为

$$L = I_N - D^{-1/2} A D^{-1/2} \tag{4-21}$$

式中,I_N 是单位矩阵;$D \in \mathbf{R}^{N \times N}$ 是图的对角度矩阵;L 是图的拉普拉斯矩阵,可以被对角化为

$$L = U\Lambda U^T \quad (4\text{-}22)$$

式中，U 是正交特征向量矩阵；Λ 是拉普拉斯矩阵的特征值对角矩阵。

谱图卷积的定义为

$$g_\theta \times x = U g_\theta(\Lambda) U^T x \quad (4\text{-}23)$$

式中，$g_\theta(\Lambda)$ 是拉普拉斯矩阵的特征值矩阵的函数。Hammond 等提出可以通过切比雪夫多项式 $T_k(x)$ 的 K 阶截断展开来近似 $g_\theta(\Lambda)$[26]

$$g_{\theta'}(\Lambda) \approx \sum_{k=0}^{K} \theta_k' T_k(\tilde{\Lambda}) \quad (4\text{-}24)$$

式中，$\tilde{\Lambda} = \dfrac{2}{\lambda_{\max}}\Lambda - I_N$，$\lambda_{\max}$ 是 L 的最大特征值。

切比雪夫多项式被定义为

$$T_k(x) = 2xT_{k-1}(x) - T_{k-2}(x), T_0(x)=1, T_1(x)=x$$

因此式（4-23）可以转化为

$$g_\theta \times x = U g_\theta(\Lambda) U^T x \approx \sum_{k=0}^{K} \theta_k' T_k(\tilde{L}) x \quad (4\text{-}25)$$

式（4-25）表明谱图卷积结合了节点自身的属性及其 K 阶邻域的节点属性。

假设 $\lambda_{\max}=2$，$K=1$，$\theta = \theta_0' = -\theta_1'$，即变为图拉普拉斯谱的线性函数[27]，则式（4-25）简化为

$$\begin{aligned} g_\theta \times x &\approx \theta_0' x + \theta_1'(L - I_N)x \\ &= \theta_0' x - \theta_1' D^{-1/2} A D^{-1/2} x \\ &= \theta(I_N + D^{-1/2} A D^{-1/2}) x \end{aligned} \quad (4\text{-}26)$$

式中，$\theta \in R^N$ 代表卷积过程中的参数。

将该定义推广到具有 C 个输入通道的信号 $X \in R^{N \times C}$（即每个节点的 C 维特征向量）和 F 维的滤波器或特征图上，如式（4-27）所示

$$\begin{aligned} Z &= (I_N + D^{-1/2} A D^{-1/2}) X \Theta \\ &= D^{-1/2}(I_N + A) D^{-1/2} \\ &\approx \tilde{D}^{-1/2} \tilde{A} \tilde{D}^{-1/2} X \Theta \end{aligned} \quad (4\text{-}27)$$

式中，$\Theta \in R^{C \times F}$ 是滤波器参数矩阵；$Z \in R^{N \times F}$ 是卷积信号矩阵；$\tilde{A} = A + I_N$ 是加入自链接的无向图 G 的邻接矩阵，$\tilde{D}_{ii} = \sum_j \tilde{A}_{ij}$。

因此，最终考虑使用具有以下分层传播规则的多层图形卷积神经网络

$$H^{(l+1)} = \sigma(\tilde{D}^{-1/2} \tilde{A} \tilde{D}^{-1/2} H^{(l)} W^{(l)}) \quad (4\text{-}28)$$

式中，$W^{(l)}$ 是第 l 层训练得出的层权重矩阵；σ 是 Sigmoid 激活函数，但也可使用其他激活函数，如 ReLU 函数；$H^{(l)} \in R^{N \times D}$ 是第 l 层的激活矩阵，其初始化 $H^{(0)} = X$。

3）图注意力网络

GCN 无法对动态图的问题进行处理，且 GCN 更多关心图中边上的信息，而忽略了其邻居节点上的信息[28]。为了克服上述局限，可以将注意力机制应用至图结构中。图注意力网络可以有效地应对动态图问题，并且可以提取各个节点的邻居节点的权重，将其邻居节点的影响考虑在内。与传统关注边上信息的注意力机制不同，图注意力网络的邻接矩阵仅被用来定义相关节点，而关联权重的计算需要依赖节点的特征表达。

图注意力网络每一层的结构如图 4-11 所示，图 4-11（a）展示了如何利用图注意力机制计算两个节点之间的权重：以节点 i、j 的特征表达作为输入，计算 i、j 之间的注意力权重并归一化。图 4-11（b）展示了如何根据计算的权重更新目标节点：利用注意力权重将周围节点的信息以加权和的形式聚合到自身，图注意力网络可以通过拼接和均值两种计算方式完成信息的聚合。注意力权重和表达更新的计算公式分别如下

$$\alpha_{ij} = \frac{e^{\text{LeakyReLU}(a([Wx_i \| Wx_j]))}}{\sum_{j \in \mathcal{N}_{\mathfrak{v}}} e^{\text{LeakyReLU}(a([Wx_i \| Wx_j]))}} \quad (4\text{-}29)$$

$$x_i' = \sigma \left(\sum_{j \in \mathcal{N}_{\mathfrak{v}}} \alpha_{ij} x_j \right) \quad (4\text{-}30)$$

式中，$\mathcal{N}_{\mathfrak{v}}$ 表示顶点 i 的所有邻域顶点；W 用于完成每个节点的特征维度变换；a 用于计算节点间的注意力权重；$\|$ 表示向量拼接；α_{ij} 表示在 α 下计算得到的 i、j 节点间的权重；x_i、x_j 表示顶点 i、j 的特征；σ 和 LeakyReLU 均为非线性激活函数。

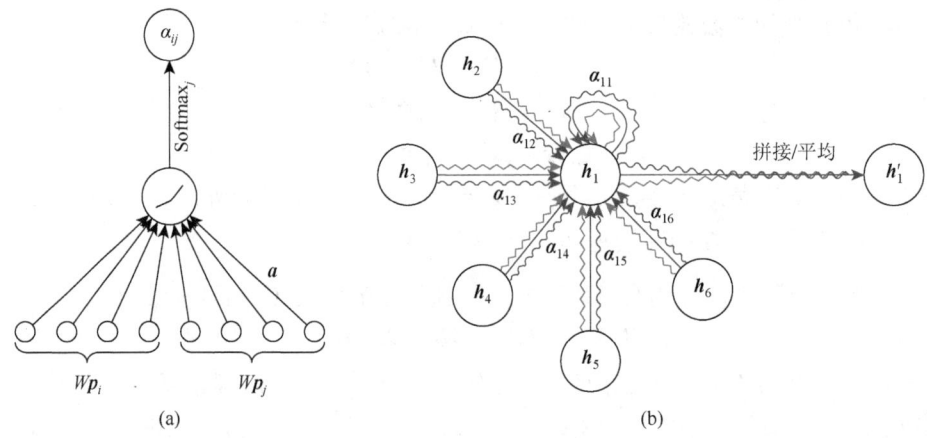

图 4-11　GAT 结构示意图[28]

4.2.2 引入注意力机制的时空图卷积网络预测模型构建

深度学习的概念源于人工神经网络的研究,其主要目的是从数据中自动学习到有效的特征表示,通过多层的特征转换,把原始数据变成更高层次、更抽象的表示。其中,LSTM 的模型结构在处理时间序列问题时具有明显的优势,而 GCN 及 GAT 主要被应用来处理图结构数据。下面将详细介绍基于注意力机制的时空图卷积网络的结构,该网络通过有机融合 GCN 与 LSTM 来解析租赁自行车短时需求预测问题中的空间和时间依赖关系,同时引入注意力机制对时空变量进行赋值,以提升预测效果。

1. 空间特征提取

选取 GCN 来提取租赁自行车流量数据的空间特征,GCN 的训练需要两个输入:拓扑图节点的邻接矩阵和节点的特征矩阵。由于互联网租赁自行车的出行记录数据包含借车站点和还车站点的经纬度信息,通过经纬度信息可以统计出各个站点之间的空间关系,并以此输入节点建立拓扑图的邻接矩阵,外部变量同样作为输入节点的特征矩阵传递至模型。因此,空间特征提取公式如下所示:

$$gw_g \times X = \tilde{D}^{-1/2} \tilde{A} \tilde{D}^{-1/2} X W_g \tag{4-31}$$

式中,$X \in R^{N \times C}$ 即为各站点的特征矩阵 $X = [x_1, x_2, \cdots, x_n]$,$C$ 是站点自身属性变量维度及外部变量维度之和,当无外部变量输入时,C 的大小与站点自身属性变量维度相同。

普通的 GCN 使用上述方式构建邻接矩阵,这里使用自适应的邻接矩阵,使得模型能够更好地通过数据学习得到站点之间的关系,即使用 W_A 代替式中 $\tilde{D}^{-1/2} \tilde{A} \tilde{D}^{-1/2}$ 的部分,简化为

$$gw_g \times X = W_A X W_g \tag{4-32}$$

式中,W_A 的维度为 (N, N)。

为了能够更好地提取站点间的空间关系及各外部变量对借还车量的影响,使用图注意力机制学习获得站点的邻居节点及外部变量对该新站点的借还车量重要程度的注意力权重。处于不同空间位置的站点受到外部变量及其邻居节点影响的程度不同,通过图注意力机制可以有效地提取各站点的相关特征,并对该站点的相关重要信息进行整合,更好地提取站点间的空间特征及外部变量特征。式(4-29)和式(4-30)表明了图注意力机制的计算方式,使用 $X' \in R^{N \times C}$ 表示经过图注意力机制计算后各站点的特征向量,$X' = [x_{1'}, x_{2'}, \cdots, x_{n'}]$。

2. 时间特征提取

除了空间维度特征的提取之外,时间维度上的信息同样对最终的租赁自行车需求预测精度有着重要影响。通过搭建 LSTM 对已经提取了空间信息的序列进行处理,获得时间特征。具体计算公式为:

$$f_t = \sigma(g_{W_f} \times [h_{t-1}, x_t] + b_f) \quad (4\text{-}33)$$

$$u_t = \sigma(g_{W_i} \times [h_{t-1}, x_t] + b_i) \quad (4\text{-}34)$$

$$o_t = \sigma(g_{W_o} \times [h_{t-1}, x_t] + b_o) \quad (4\text{-}35)$$

$$\tilde{c}_t = \tanh(g_{W_c} \times [h_{t-1}, x_t] + b_c) \quad (4\text{-}36)$$

$$c_t = f_t \odot c_{t-1} + u_t \odot \tilde{c}_t \quad (4\text{-}37)$$

$$h'_t = o_t \odot \tanh(c_t) \quad (4\text{-}38)$$

$$h_t = X' \times h'_t \quad (4\text{-}39)$$

式中,$g_W \times [h_{t-1}, x_t]$ 是图卷积的计算符号;$h'_t \in \mathbf{R}^{N \times F}$ 是结合 GCN 后 LSTM 的隐藏层输出;$h_t \in \mathbf{R}^{N \times F}$ 是结合图注意力机制后的最终输出;其他符号的含义均与 LSTM 中符号的含义相同。

为了能够更好地获取在不同时段上的时间特征信息,模型在时间维度上使用软注意力机制来获取时间维度上的注意力权重,使模型能够更好地整合时间维度的信息并提取重要程度更高的时间步信息。软注意力机制的计算公式为

$$\alpha_i^t = \frac{e^{W_t h'_t h'_i}}{\sum_{j \in T} e^{W_t h'_t h'_j}} \quad (4\text{-}40)$$

$$y_t = \sigma\left(\sum_{i \in T} \alpha_i^t h'_i\right) \quad (4\text{-}41)$$

式中,α_i^t 表示各个时间步的时间注意力权;h'_i 表示时间步 i 下 LSTM 单元的隐藏层;W_t 表示计算时间注意力时使用的权重矩阵;y_t 表示模型的最终预测输出结果。

融入注意力机制的时空图卷积神经网络(GATGCLSTM)模型的计算流程示意图如图 4-12 所示。

4.2.3 实验过程

下面主要介绍数据集的统计信息、数据预处理方法、实验细节和对比方法,在真实数据集上测试了所提出的互联网租赁自行车短时需求预测模型。

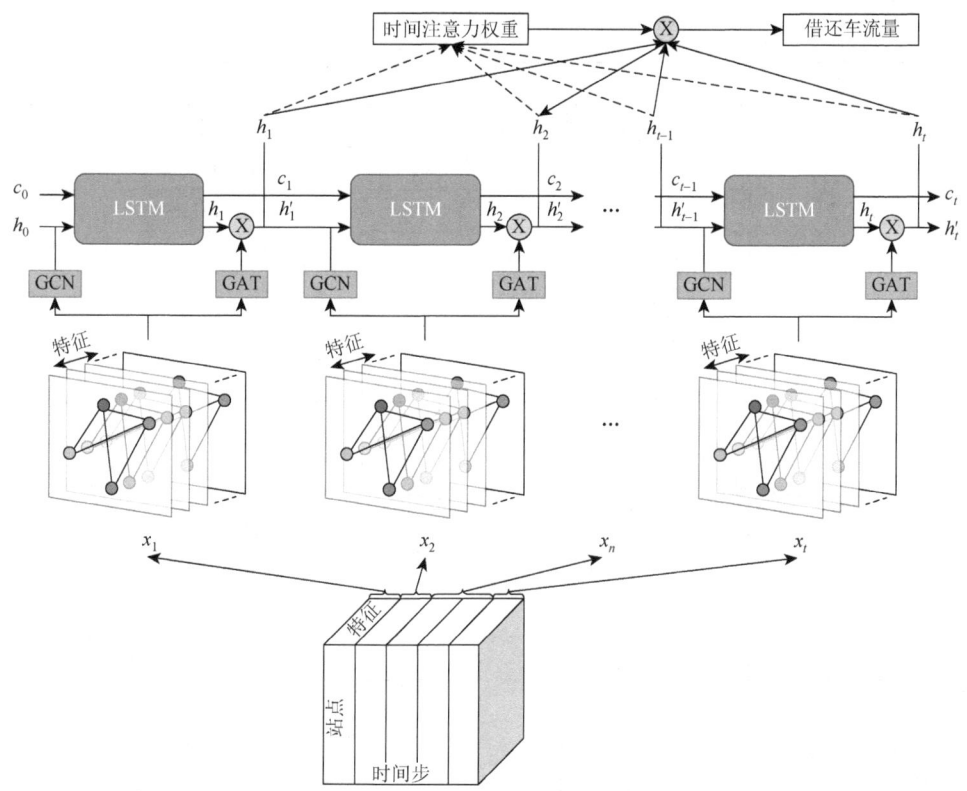

图 4-12　GATGCLSTM 模型的计算流程示意图

1. 数据预处理

以第 2 章中研究范围内的 300 个虚拟站点为研究对象，使用所构建的 GATGCLSTM 模型预测各虚拟站点在不同时间段的借还车需求量。构建互联网租赁自行车短时需求预测模型需要的数据集包括：空间数据、时间数据和外部因素。特别是在时间数据方面，由于工作日互联网租赁自行车的借还需求量远高于周末，呈现显著的早晚用车高峰，且高峰时段调度问题严峻，因此这里的短时需求预测侧重于工作日。外部因素主要分为 4 类：虚拟站点内的 5 种类型 POI 密度、交通站点密度、路网密度和天气信息。数据集的统计信息如表 4-4 所示。

表 4-4　数据集统计信息

数据集	描述
空间数据	南京市中心城区（300 个站点）
时间数据	2017/9/18～2017/9/22
	（时间间隔：15min、30min、45min、60min）

续表

数据集	描述	
外部因素	文化型 POI 密度/(个/km²)	[0, 99]
	住宅型 POI 密度/(个/km²)	[0, 115]
	政府型 POI 密度/(个/km²)	[0, 108]
	娱乐型 POI 密度/(个/km²)	[0, 185]
	工商业型 POI 密度/(个/km²)	[0, 53]
	地铁站点密度/(个/km²)	[0, 1]
	公共自行车站点密度/(个/km²)	[0, 4]
	公交站点密度/(个/km²)	[0, 6]
	路网密度/(km/km²)	[0, 37]
	湿度/%	[44, 100]
	风速/(m/s)	[0, 7]
	温度/℃	[19, 30.1]
	天气状况	1：晴；2：多云/阴；3：雨

不同的预测模型对输入的数据结构有着不同的需求，需要对原始的租赁自行车数据集进行预处理，以便后续进行预测。预处理主要分为三个部分：数据格式转换、归一化处理及数据集划分。

数据格式转换：将互联网租赁自行车借还记录按照不同时间间隔，转换为各个站点间的借还流量矩阵。进一步处理成时间序列的格式，转换为 GATGCLSTM 能够接受的输入格式。例如，$x_i \in \mathbf{R}^N$ 表示在时间步 i 时，所有站点间的借还流量矩阵。根据时间步 i 的前 ($t-1$) 个时间步，构建时间序列 X_i、$X_i \in \mathbf{R}^{N \times t}$、$X_i = [x_{i-t+1}, \cdots, x_i]$。预测目标是时间步 $i+1$，$y_{i+1} \in \mathbf{R}^N$。因此，作为输入的时间序列的结构为 $[X_i, y_{i+1}] = [x_{i-t+1}, \cdots, x_i, y_{i+1}], i = 1, \cdots, t$。

归一化处理：由于数据集包含的特征众多且特征之间的量纲往往是不同的，因此需要通过归一化处理将数据集特征映射到同一尺度中。常用的数据归一化方法有 min-max 归一化法和 0-1 归一化法两种，分别如式（4-42）和式（4-43）所示：

$$x_{\text{scale}} = (x - x_{\min}) / (x_{\max} - x_{\min}) \quad (4\text{-}42)$$

$$x_{\text{scale}} = (x - x_{\text{mean}}) / x_{\sigma} \quad (4\text{-}43)$$

式中，x 表示数据集中某个特征的特征值集；x_{scale} 表示该组特征值归一化后的结果；式（4-42）将数据映射到[0, 1]之间，$x_{\min}$ 表示该组特征的最小值；$x_{\max}$ 表示该组特征的最大值；式（4-43）将数据归一到一个均值为 0、方差为 1 的标准正态分布中，x_{mean} 表示该组特征的平均值，x_σ 表示该组特征的标准差。

由于 min-max 归一化法受离群值的影响较大，预测实验采用 0-1 归一化法，经过式（4-43）处理后，即使原始数据集有极端值，0-1 归一化后的数据仍能满足均值为 0、方差为 1 的分布，不会出现有偏数据。

数据集划分：数据集通常被划分为训练集、验证集和测试集三部分，训练集占比最大，被用于模型的训练，确定模型中的结构和参数。验证集用来评测模型中的超参数和结构是否具有很强的泛化能力，因为模型中的参数是训练集确定的，所以会导致参数过度适合训练集数据，产生过拟合的现象。验证集可根据实际情况选择设置与否。测试集不参与模型的训练，也不参与超参数的确定，而是一个单独的数据集，用来评测模型的性能优劣。由于所使用的数据数量的限制，故不设置验证集，仅使用训练集和测试集，且比例为 4∶1，使用前四天的数据作为训练集，最后一天的数据作为测试集[29]。

2. 特征变量选择

使用深度学习方法进行需求预测时，特征数量较多，特征之间可能存在相互依赖，导致分析特征和训练模型所需的时间过长，其运算能力下降[30]。特征选择可以消除不相关或冗余的特征，从而提高预测模型精度并减少运行时间[31]。在构建租赁自行车短时需求预测模型之前，采用 Boruta 算法从土地利用类型和天气情况等外部因素中进行特征选择。Boruta 算法的目标是选择出所有与因变量相关的特征集合，从而更高效地理解因变量的影响因素与特征选择[32]，该算法提取结果优于传统的相关系数法、主成分分析法和随机森林法[33, 34]。

Boruta 算法通过获得数据集中有关目标变量所有特征的重要性，选取重要特征并删除多余的特征变量，其特点是建立一个具有良好预测精度的黑盒预测模型，以获得与目标变量相关的重要性指标。该算法的基本思想是通过循环方法评价各特征变量的重要性，通过复制原始特征集，对每个特征值随机混合构造具有随机性的阴影特征；模型的最终样本数据集为原始特征和阴影特征合并而成的新特征集；在随机森林法的每次迭代中，比较原始特征和阴影特征的重要性评分，从而筛选出可用于建模的最优特征集合。Boruta 算法中的对于某一特征 j 的重要性评分计算公式为[35]：

$$Z_{\text{score}}^j = \text{MEAN}(\text{errOOB}_{t^j} - \text{errOOB}_t) / \text{SD}(\text{errOOB}_{t^j} - \text{errOOB}_t) \quad (4\text{-}44)$$

式中，Z_{score}^j 表示某一特征 j 的 Z 分数；errOOB_t 表示决策树 t 的袋外误差；errOOB_{t^j} 表示随机打乱特征 j 后决策树 t 的袋外误差；MEAN 表示平均值；SD 表示标准差。其中袋外误差的公式为

$$\text{errOOB}_t = (y_i - \hat{y}_i)^2 / N \qquad (4\text{-}45)$$

式中，y_i 表示决策树 t 的袋外样本 i 的真实值；$\hat{y}_i$ 表示袋外样本 i 的预测值；N 表示袋外样本数。

最终结果以表征阴影特征重要性的 Z 分数最大值为评定标准，当原始特征变量 Z 分数大于 Z 分数最大值，则该特征被标记一次，否则该变量不被标记。根据标记分布进行假设检验，确定暂定特征是否属于重要或者不重要特征。Boruta 算法提取影响因子流程见图 4-13。

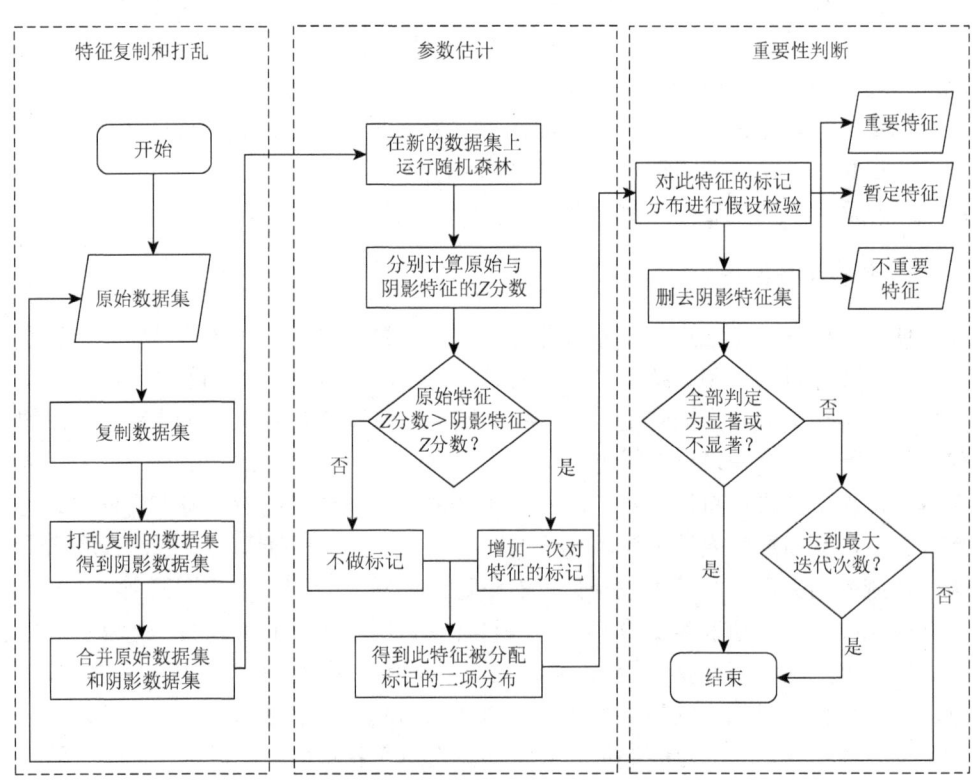

图 4-13　Boruta 算法提取影响因子流程图

筛选结果显示，所有的特征 Z 分数都远高于阴影特征的最大 Z 分数，因此所有外部变量都被认定为重要特征变量。可见，影响借车量和还车量预测因子的特征重要度的排序基本一致。作为短距离出行工具，互联网租赁自行车的使用大多数控制在 30min 以内，借车量和还车量在同一个时间窗口中相接近，因此特征重要度的排序也类似。天气因素中湿度、温度和风速三个变量对于借车量与还车量而言均是最为显著的影响因素，当温度过高、湿度过大或者风速过高时，骑行者的骑行舒适度大大下降,影响互联网租赁自行车的使用。雨天和阴天的特征重要度最低,原因可能是样本量中雨天和阴天天数较少所致。此外,各类POI密度、交通站点密度及路网密度均是显著影响因素。

3. 模型评价指标

为证明预测方法的准确性,使用平均绝对误差(MAE)和均方根误差(RMSE)两个评价指标来评估预测结果。MAE能更好地反映出预测值误差的实际情况,RMSE相较于MAE更容易受到异常值的影响。MAE和RMSE的值越小,说明预测模型描述实验数据具有更好的精确度。两种评价指标的公式如下:

$$\mathrm{RMSE} = \sqrt{\frac{1}{n}\sum_{i=1}^{n}(\hat{y}_i - y_i)^2} \quad (4\text{-}46)$$

$$\mathrm{MAE} = \frac{1}{n}\sum_{i=1}^{n}|\hat{y}_i - y_i| \quad (4\text{-}47)$$

式中,$\hat{y}_i$是租赁自行车借还需求在时段i的预测值;y_i是租赁自行车借还需求在时段i的真实值。

4. 模型对比基准

(1) HA:历史均值,使用相同站点、相同历史时刻的需求量均值作为需求量的预测值。

(2) SVM:支持向量机,是一种二分类模型。其基本模型是定义在特征空间上的间隔最大的线性分类器。支持向量机还可以通过改变核的方式,转变成非线性分类器。

(3) XGBoost:极限梯度提升,是一种可扩展的梯度提升树机器学习模型,算法支持稀疏数据,在近似算法寻找最优划分时使用了权重分位数略图方法,并且可以并行分布式训练,大大提升了模型学习的性能。

(4) ANN:人工神经网络,是一种模仿生物神经网络的结构和功能的数学模型或计算模型。人工神经网络由大量的人工神经元联结进行计算。大多数情况下,人工神经网络能在外界信息的基础上改变内部结构,是一种自适应系统。

(5) LSTM:长短时记忆神经网络,一种特殊的循环神经网络模型。LSTM由细胞、输入门、输出门和遗忘门组成,可以有效解决循环神经网络中梯度消失或者梯度爆炸的问题。

(6) GCN:图卷积神经网络,借用图谱的理论来实现拓扑图上的卷积操作,提取和整合非欧几里得结构数据的信息。

(7) GCLSTM:时空图卷积神经网络,通过结合图卷积刻画非欧几里得结构的数据结构的能力与 LSTM 处理时序数据的能力，能够同时捕捉租赁自行车短时需求预测问题中的时间和空间依赖关系。

4.2.4 实验结果与分析

构建的 GATGCLSTM 模型采用 Python 语言在 Tensorflow 平台实现。实验操作的硬件环境为 Intel®Core™i7-8700 及内存 16GB 的 Windows 10 64 位系统，并使用 GPU（1*NVIDIA GeForce RTX 2060 SUPER）进行模型训练。

1. 预测结果分析

为更好地验证所提出的 GATGCLSTM 模型的预测性能，与 HA、SVM、XGBoost、ANN、GCN、LSTM、GCLSTM 七种基准模型的预测结果进行对比。分别以 15min、30min、45min 及 60min 为预测时间间隔，对租赁自行车的借还车需求量进行预测。不同预测时间间隔内各预测模型的结果如 4-5 所示。表中所列的 RMSE 和 MAE 是每种方法在同等条件下，分别进行 10 次实验得到的平均值。由表中可以看出：①不同预测时间间隔下各预测模型的借车量预测精度与还车量预测精度相近。②各预测模型的预测效果随着预测时间间隔的长短发生变化。其中，HA、ANN 和 XGBoost 模型的预测效果随着时间间隔的增大而变差，且在预测时间间隔为 15min 时预测精度最高。SVM、LSTM、GCN、GCLSTM 和 GATGCLSTM 模型的预测效果在不同预测时间间隔下无明显的增减规律，但均在 15min 的时间间隔下获得了更高的预测精度，主要原因是随着预测时间间隔的增大，互联网租赁自行车的借还需求预测结果存在误差累积等问题。③各预测时间间隔下，HA 预测性能最差，其次是 ANN 模型。SVM、XGBoost、LSTM 和 GCN 模型的预测效果优于 HA 和 ANN 模型，但由于上述预测模型缺乏挖掘高维非线性时空依赖性的能力，无法同时提取租赁自行车数据结构中的时间特征和空间特征，此预测效果依然受到局限。相比之下，GCLSTM 模型通过时空卷积块结构有效捕捉租赁自行车需求预测中复杂的时空依赖关系，因此 GCLSTM 模型的预测结果优于上述机器学习模型和深度学习模型。但 GCLSTM 的预测精度与 GATGCLSTM 模型相比仍然较低，这是因为 GATGCLSTM 模型在 GCLSTM 模型基础上融入了注意力机制，使得预测性能得到进一步提升。以 15min 预测时间的为例，相较于 GCLSTM 模型，GATGCLSTM 模型在预测借车需求时 RMSE 和 MAE 分别减小了 0.06 和 0.03，在预测还车需求时，RMSE 和 MAE 分别减小了 0.09 和 0.03。综上所述，GATGCLSTM 模型在互联网租赁自行车短时需求预测时效果最佳。

表 4-5 不同模型的预测结果

时间间隔	预测方法	借车量预测		还车量预测	
		RMSE	MAE	RMSE	MAE
15min	HA	2.74	1.75	2.75	1.75
	ANN	0.95	0.62	0.95	0.63
	LSTM	0.78	0.51	0.77	0.48
	GCN	0.61	0.34	0.59	0.32
	XGBoost	0.57	0.29	0.57	0.28
	SVM	0.50	0.23	0.50	0.24
	GCLSTM	0.21	0.06	0.34	0.10
	GATGCLSTM	0.15	0.03	0.25	0.07
30min	HA	4.26	2.72	4.30	2.71
	ANN	1.01	0.68	1.00	0.66
	LSTM	0.82	0.55	0.80	0.52
	XGBoost	0.69	0.38	0.69	0.37
	GCN	0.56	0.27	0.53	0.24
	SVM	0.54	0.25	0.53	0.25
	GCLSTM	0.36	0.12	0.40	0.13
	GATGCLSTM	0.26	0.07	0.29	0.09
45min	HA	6.35	4.30	6.32	4.29
	ANN	0.99	0.67	1.02	0.69
	XGBoost	0.96	0.61	0.96	0.61
	LSTM	0.76	0.49	0.82	0.56
	GCN	0.73	0.42	0.76	0.45
	SVM	0.68	0.32	0.66	0.30
	GCLSTM	0.61	0.30	0.62	0.29
	GATGCLSTM	0.25	0.11	0.30	0.12
60min	HA	6.97	4.38	7.00	4.38
	ANN	1.08	0.73	0.99	0.67
	XGBoost	0.90	0.53	0.92	0.53
	LSTM	0.85	0.55	0.84	0.55
	GCN	0.70	0.37	0.77	0.43
	SVM	0.61	0.26	0.63	0.27
	GCLSTM	0.59	0.30	0.49	0.21
	GATGCLSTM	0.29	0.11	0.30	0.11

2. 模型超参数分析

在互联网租赁自行车短时需求预测研究中，模型预测的精度和性能不仅受模型选择和构建的影响，还与模型超参数的选择紧密相关。为进一步验证模型的有效性，考虑改变 GATGCLSTM 模型的网络结构参数，验证不同超参数对模型的影响。模型超参数是指机器学习模型之前需要确定的参数，即超参数的值是人为设定的。若模型的参数设置不当，则会影响预测模型和方法的有效性，使预测精度低于预期。为获得合理的超参数，使模型获得较好的性能，需要利用对互联网租赁自行车借还需求的预测准确率的评估结果作为评价指标，对模型中超参数的取值进行实验。主要分析的模型超参数有：学习率、批尺寸和隐藏层单元数。图 4-14～图 4-16 展示了 60min 预测时间间隔下不同模型超参数实验结果，其中横轴代表模型超参数的取值，纵轴代表模型的误差值，即 RMSE 和 MAE 值。

图 4-14 展示了不同的学习率对模型预测精度的影响。学习率作为神经网络性能调优中的重要超参数，其大小决定了权值更新的速度。当学习率设置过大时，优化在极值附近振荡，模型不收敛；当学习率设置过小时，模型收敛的速度过慢，导致模型优化的效率过低。测试学习率值分别取 0.001、0.002、0.003、0.004 和 0.005 时模型的预测精度变化情况，发现模型的预测精度随着学习率值的增加先增大后减小，当模型的学习率值取 0.001 时，模型的预测精度达到最优。因此，将模型的学习率设置为 0.001。

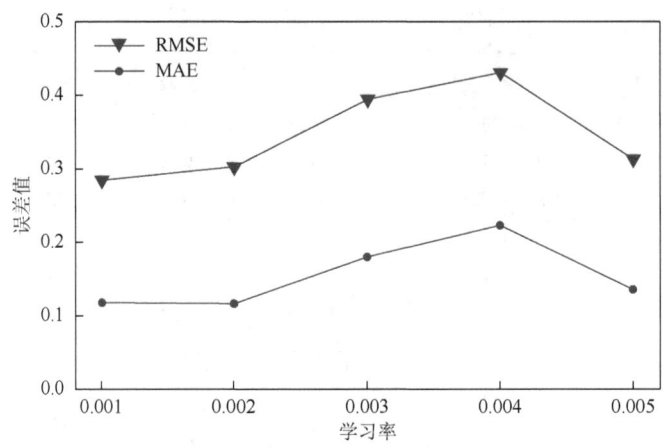

图 4-14　学习率取值对模型预测精度的影响

图 4-15 展示了不同的批尺寸取值对模型预测精度的影响。批尺寸用来确定优化器每次修改模型参数时使用的样本数量，批尺寸的大小将影响预测模型的收敛

速度和优化程度。批尺寸一般设置成 2 的 n 次方，有利于提高训练的效率。若批尺寸设置过大，需要的内存空间较大，训练需要的时间较长。若批尺寸设置过小，模型收敛较难。实验使用 32、64、128 和 256 共四个批尺寸进行实验。图中的结果显示，随着批尺寸个数的增加，模型的 RMSE 和 MAE 值先减小后增大，当模型的批尺寸设置为 64 时，模型的预测结果最好。因此，将模型的批尺寸设置为 64。

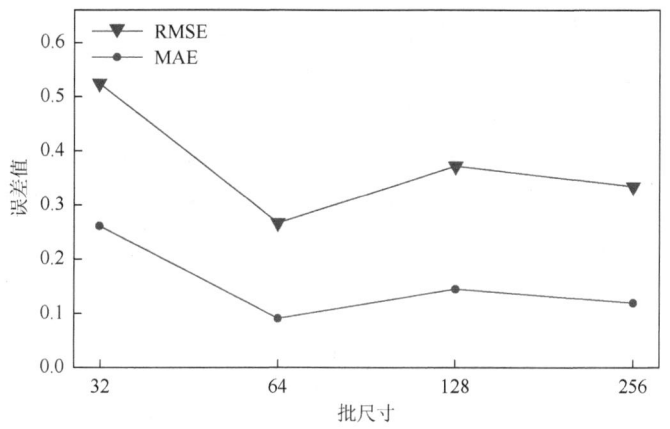

图 4-15　批尺寸取值对模型预测精度的影响

图 4-16 展示了模型中不同隐藏层单元数对预测性能的影响。隐藏层单元数是模型的一个重要参数，不同的隐藏层单元数会对预测精度产生较大影响。因此需

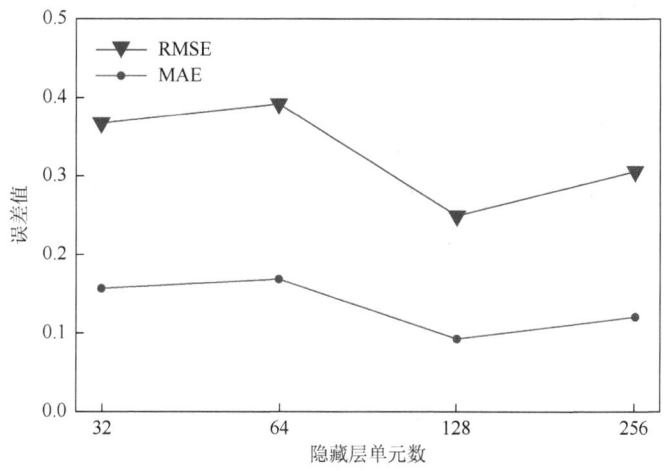

图 4-16　隐藏层单元数取值对模型预测精度的影响

要使用不同的隐藏层单元数进行对比实验，根据模型的预测精度选择最佳值。可以看出，当隐藏层单元数增加时，模型的 RMSE 和 MAE 经历了先增大后减小再增大的过程。当隐藏层单元数设置为 128 时，模型的预测结果最好。因此，将模型的隐藏层单元数设置为 128。

3. 外部变量对预测结果的影响

为了进一步说明外部变量对模型预测精度的影响，对比了 GATGCLSTM 模型考虑与不考虑外部变量的预测结果。如表 4-6 所示，模型参数确定学习率为 0.001，批尺寸为 64，隐藏层单元数为 128。以 15min 预测时间间隔为例，相较于只考虑骑行数据的 GATGCLSTM 模型，考虑了外部变量的模型在预测借车需求时 RMSE 和 MAE 分别减小了 0.12 和 0.02，在预测还车需求时，RMSE 和 MAE 分别减小了 0.11 和 0.03。当 GATGCLSTM 模型融合外部因素数据，可以使得模型的预测性能明显提高，说明天气情况和建成环境等外部在租赁自行车短时需求预测过程中可以发挥重要的作用。

表 4-6 外部变量对模型预测结果的影响

预测时间	借/还车量预测	评价指标	GATGCLSTM（骑行数据）	GATGCLSTM（骑行数据+外部变量）
15min	借车量预测	RMSE	0.15	0.03
		MAE	0.03	0.01
	还车量预测	RMSE	0.16	0.05
		MAE	0.04	0.01
30min	借车量预测	RMSE	0.26	0.15
		MAE	0.07	0.03
	还车量预测	RMSE	0.29	0.18
		MAE	0.09	0.03
45min	借车量预测	RMSE	0.25	0.11
		MAE	0.11	0.01
	还车量预测	RMSE	0.30	0.15
		MAE	0.12	0.05
60min	借车量预测	RMSE	0.29	0.10
		MAE	0.11	0.01
	还车量预测	RMSE	0.30	0.11
		MAE	0.11	0.02

4. 模型预测结果的时空可视化

为了更加直观地说明预测结果的准确性,以 2017 年 9 月 22 日为例,分别可视化互联网租赁自行车预测值和实际值。在时间维度方面,根据 300 个站点按需求量大小排序,选出需求量最小值、下四分位、上四分位和最大值四个站点,以 60min 为预测时长对其借车量和还车量进行全天候需求预测,探讨 GATGCLSTM 模型对不同需求量级站点的预测能力。将全天 24h 的预测值与实际值数据连成折线,分布绘制出互联网租赁自行车借还需求随时间变化的折线图,如图 4-17 所示。可以看出预测值与实际值的变化趋势基本保持一致,体现出模型较好的预测性能。在空间维度方面,根据互联网租赁自行车的出行特征挑选了四个时间段:8:00～9:00、14:00～15:00、17:00～18:00 和 21:00～22:00,分别对选取时段的借车量与还车量进行需求预测,预测结果如图 4-18 所示。可以看出,不同时段各站点的预测需求分布图几乎与实际需求分布图吻合,这说明模型很好地学习了互联网租赁自行车短时流量数据的时空相关性,可以准确地预测站点的短时需求变化。

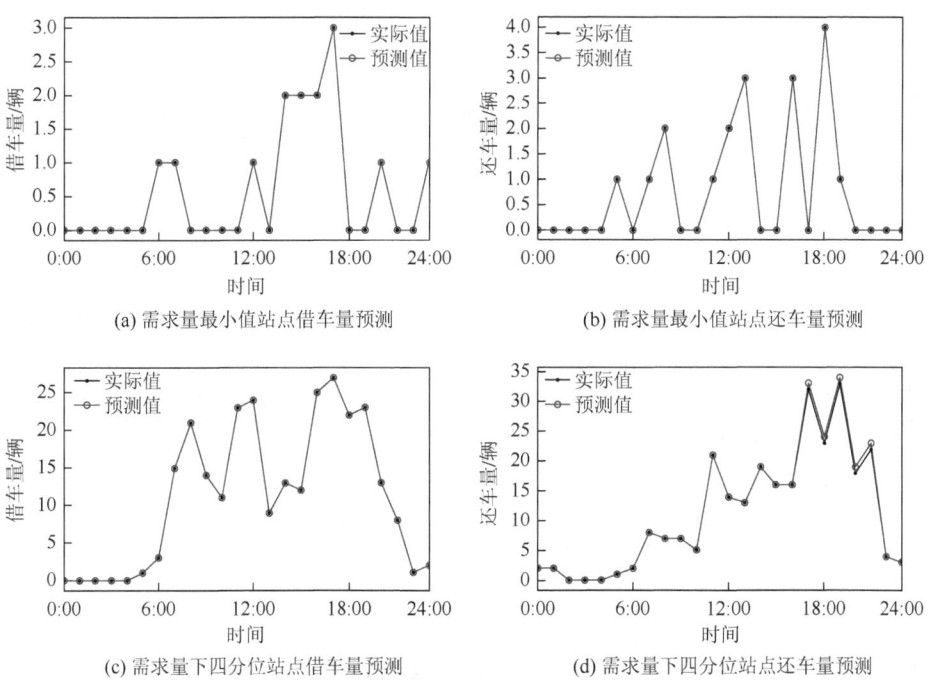

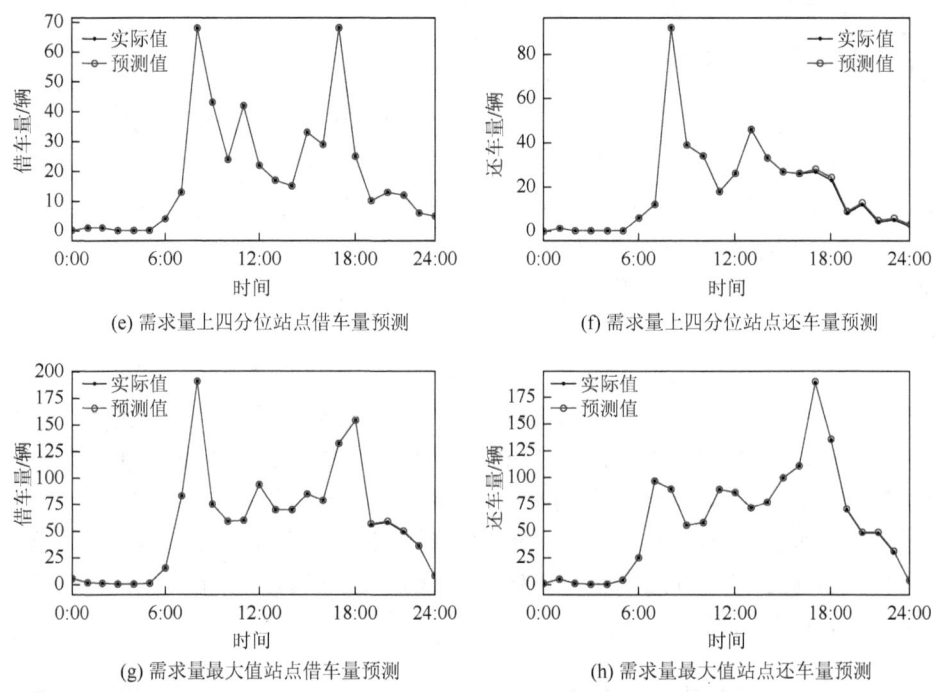

(e) 需求量上四分位站点借车量预测　　(f) 需求量上四分位站点还车量预测

(g) 需求量最大值站点借车量预测　　(h) 需求量最大值站点还车量预测

图 4-17　不同需求量级站点需求预测时间分布图

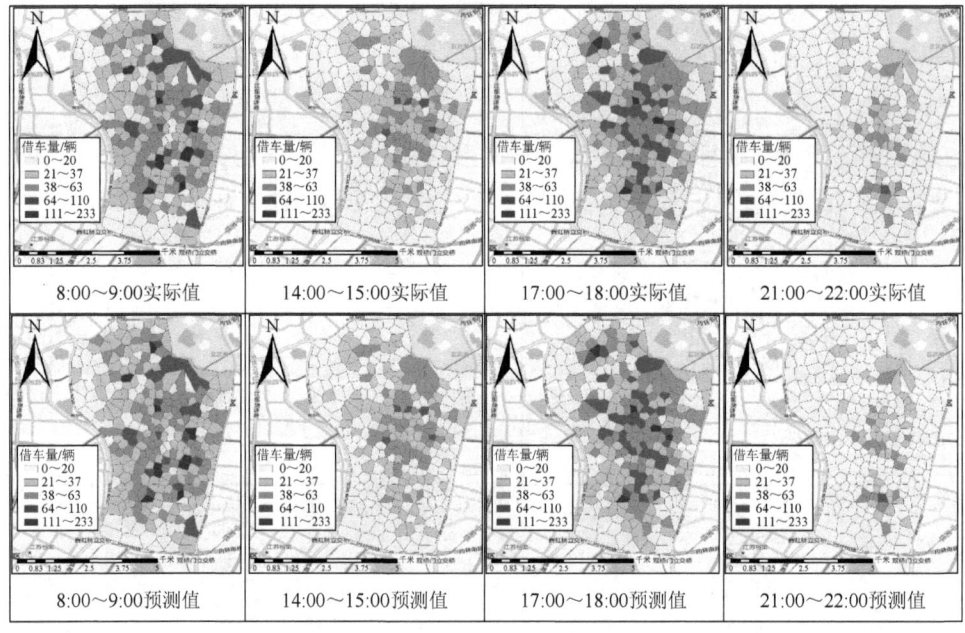

(a) 借车量辆实际值与预测值

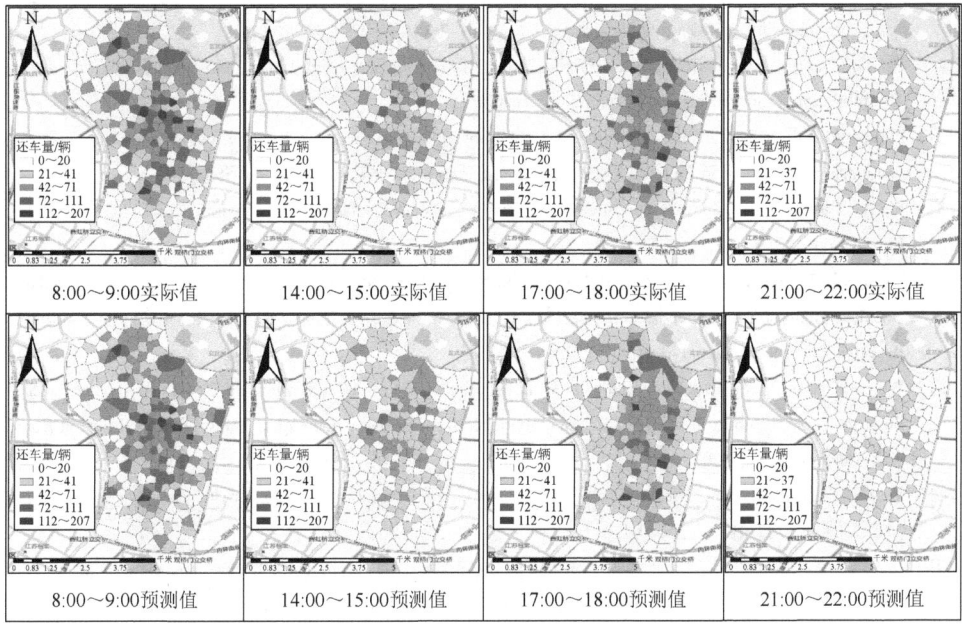

(b) 还车量辆实际值与预测值

图 4-18 不同时段站点需求预测空间分布图

参 考 文 献

[1] Wang C H, Chen N. A geographically weighted regression approach to investigating the spatially varied built-environment effects on community opportunity[J]. Journal of Transport Geography, 2017, 62: 136-147.

[2] 叶显严. 基于地理加权回归的城市出租车客流影响因素分析及建模[D]. 成都：西南交通大学，2017.

[3] Vandenbulcke G, Dujardin C, Thomas I, et al. Cycle commuting in Belgium: spatial determinants and 're-cycling' strategies[J]. Transportation Research Part A: Policy and Practice, 2011, 45 (2): 118-137.

[4] Yang H, Lu X, Cherry C, et al. Spatial variations in active mode trip volume at intersections: a local analysis utilizing geographically weighted regression[J]. Journal of Transport Geography, 2017, 64: 184-194.

[5] Ji Y, Ma X, Yang M, et al. Exploring spatially varying influences on metro-bikeshare transfer: a geographically weighted poisson regression approach[J]. Sustainability, 2018, 10 (5): 1-23.

[6] 方韦唯. 基于地理加权回归的合肥市住宅价格空间分异及影响因素研究[D]. 合肥：合肥工业大学，2016.

[7] Lawson A B. Bayesian Disease Mapping: Hierarchical Modeling in Spatial Epidemiology[M]. New York: Chapman and Hall/CRC, 2018.

[8] Bao J, Liu P, Yu H, et al. Incorporating twitter-based human activity information in spatial analysis of crashes in urban areas[J]. Accident Analysis and Prevention, 2017, 106: 358-369.

[9] 袁长伟, 芮晓丽, 武大勇, 等. 基于地理加权回归模型的中国省域交通碳减排压力指数[J]. 中国公路学报，2016, 29 (6): 262-270.

[10] Brunsdon C, Fotheringham A S, Charlfon M E. et al. Geographically weighted regression: a method for exploring

spatial nonstationarity[J]. Geographical Analysis, 1996, 28 (4): 281-298.

[11] Pal A, Zhang Y, Kwon C. Analysis of free-floating bike sharing and insights on system operations[R]. Center for Transportation, Environment and Community Health, 2018.

[12] Fotheringham A S, Brunsdon C, Charlton M. Geographically weighted regression: the analysis of spatially varying relationships[J]. American Journal of Agricultural Economics, 2004, 86 (2): 554-556.

[13] Ma X, Cao R, Jin Y. Spatiotemporal clustering analysis of bicycle sharing system with data mining approach[J]. Information, 2019, 10 (5): 163.

[14] Lazarus J, Pourquier J C, Feng F, et al. Micromobility Evolution and Expansion: Understanding How Docked and Dockless Bikesharing Models Complement and Compete—A Case Study of San Francisco[C]. Transportation Research Board 98th Annual Meeting, 2019.

[15] Wu C, Kim I, Chung H. A Geographically Weighted Regression Model to Explore the Relationship between Built Environment and Public Sharing Bike Flow: Evidence from Suzhou, China[C]. Transportation Research Board 98th Annual Meeting, 2019.

[16] Wu C, Ye X, Ren F, et al. Check-in behaviour and spatio-temporal vibrancy: an exploratory analysis in Shenzhen, China[J]. Cities, 2018, 77: 104-116.

[17] Ji Y, Fan Y, Ermagun A, et al. Public bicycle as a feeder mode to rail transit in China: the role of gender, age, income, trip purpose, and bicycle theft experience[J]. International Journal of Sustainable Transportation, 2017, 11 (1-5): 308-317.

[18] Fishman E, Washington S, Haworth N. Barriers and facilitators to public bicycle scheme use: a qualitative approach[J]. Transportation Research Part F: Psychology and Behaviour, 2012, 15 (6): 686-698.

[19] 汤洲, 姜晗. 老年人电子产品的无障碍交互设计研究[J]. 包装工程, 2011, 32: 134-136.

[20] Buehler R, Tech V, Chen F. A First Look: Comparison of Users and Usage Patterns of Dockless and Docking-Station-Based Bikeshare Systems in Washington, D.C.[C]. Transportation Research Board 98th Annual Meeting, 2019.

[21] Elman J L. Finding structure in time[J]. Cognitive Science, 1990, 14 (2): 179-211.

[22] Hochreiter S, Schmidhuber J. Long short-term memory[J]. Neural Computation, 1997, 9 (8): 1735-1780.

[23] Luong M, Pham H, Manning C D. Effective Approaches to Attention-based Neural Machine Translation[C]// Proceedings of the 2015 Conference on Empirical Methods in natural Language, Lisbon, 2015, 1412-1421.

[24] Yann L, Léon B. Gradient-based learning applied to document recognition[J]. Proceedings of the IEEE, 1998, 86 (11): 2278-2324.

[25] Lin L, He Z, Peeta S. Predicting station-level hourly demand in a large-scale bike-sharing network: a graph convolutional neural network approach[J]. Transportation Research Part C: Emerging Technologies, 2018, 97: 258-276.

[26] Hammond D K, Vandergheynst P, Gribonval R. Wavelets on graphs via spectral graph theory[J]. Applied and Computational Harmonic Analysis, 2011, 30 (2): 129-150.

[27] Kipf T N, Welling M. Semi-Supervised Classification with Graph Convolutional Networks[C]//Proceedings of the ICLR, 2017.

[28] 徐冰冰, 岑科廷, 黄俊杰, 等. 图卷积神经网络综述[J]. 计算机学报, 2020, (5): 755-780.

[29] 郭晟楠, 林友芳, 金文蔚, 等. 基于时空循环卷积网络的城市区域人口流量预测[J]. 计算机科学, 2019, 46 (S1): 385-391.

[30] 杨永健, 聂瑜, 吴洋, 等. 基于SVM新的情感计算方法[J]. 吉林大学学报(信息科学版), 2017, (4): 438-442.

[31] Ke J, Zheng H, Yang H, et al. Short-term forecasting of passenger demand under on-demand ride services: a spatio-temporal deep learning approach[J]. Transportation Research Part C: Emerging Technologies, 2017, 85: 591-608.

[32] 赵明. 基于机器学习的装备制造企业投资价值评估研究[D]. 长春: 吉林大学, 2018.

[33] 聂子临. 基于改进 RFM 模型的 D 公司理财产品用户挖掘研究[D]. 北京: 北京交通大学, 2019.

[34] Sathishkumar V E, Park J, Cho Y. Using data mining techniques for bike sharing demand prediction in metropolitan city[J]. Computer Communications, 2020, 153: 353-366.

[35] 金秀玲, 柯荣泰. 基于 Boruta-SVM 的软件缺陷预测[J]. 山西大同大学学报(自然科学版), 2019, (4): 34-37.

第 5 章　互联网租赁自行车投放量优化

在充分了解互联网租赁自行车出行特征和互联网租赁自行车出行需求的基础上，需要对互联网租赁自行车投放量进行测算。本章将首先对互联网租赁自行车投放量测算的必要性进行阐述；从用户和运营企业的角度，分析互联网租赁自行车投放量的影响因素；构建互联网租赁自行车投放量测算的单目标最优化数学模型并提出模型求解方法；最后进行互联网租赁自行车投放量实例测算及结果验证。

5.1　互联网租赁自行车投放量影响因素分析

5.1.1　问题描述

互联网租赁自行车交通设施承载负荷度过大，且空间区域分布不均衡，导致互联网租赁自行车在使用过程中带来一些问题：

（1）互联网租赁自行车的停放问题：在城市很多区域，互联网租赁自行车停车设施承载力无法满足高峰时段互联网租赁自行车的停车需求，造成互联网租赁自行车停放的秩序混乱。互联网租赁自行车停车容量不足和互联网租赁自行车停放区域不明确造成大量的互联网租赁自行车乱停乱放问题，不仅对城市市容造成影响，也对城市相关部门的管理工作带来挑战。

（2）互联网租赁自行车的行车安全问题：对于道路网络承载力不足的区域，在互联网租赁自行车用车高峰时段，非常容易出现互联网租赁自行车占用机动车道的现象，高峰时段机动车流量大，机非混行存在巨大的安全隐患。

（3）互联网租赁自行车用车高峰的潮汐问题：互联网租赁自行车灵活性强，流动性强，高峰时段互联网租赁自行车的使用需求分布不均衡，给互联网租赁自行车企业运营带来很大压力。互联网租赁自行车企业运营工作如果无法满足互联网租赁自行车的使用需求，会造成部分区域无车可用，而其他区域由于车辆堆积无停车区域停放车辆的情况。

要解决上述问题，需要从以下两个方面入手：

（1）需要改善互联网租赁自行车停车设施承载力和道路网络承载力。首先要合理划定互联网租赁自行车停放区域，引导用户规范停放。其次划分非机动车专用道及自行车专用道，减少机动车对非机动车的干扰。但是对于历史悠久且城市发展成熟的大城市来说，城市发展集约化程度高，土地资源紧张，城市交通承载力的改善空间十分有限。

（2）互联网租赁自行车有计划地投放是解决互联网租赁自行车交通设施承载负荷度过大的关键途径。因此，需要对交通分区内每个时段的互联网租赁自行车投放量进行科学合理的规划，在满足互联网租赁自行车整体借还需求量的前提下，对交通分区内的互联网租赁自行车借还需求进行合理的引导，缓解互联网租赁自行车借还需求在空间的严重不均衡分布现象，减轻部分区域互联网租赁自行车交通设施的承载负荷。

5.1.2 互联网租赁自行车投放量影响因素

影响互联网租赁自行车投放量的因素有用户和企业两方面的因素[1-3]，具体来说，有如下影响因素。

1. 互联网租赁自行车出行需求

交通分区内的互联网租赁自行车投放量需要满足互联网租赁自行车的出行需求。交通分区内的互联网租赁自行车出行需求包括借车出行的需求和还车出行的需求。互联网租赁自行车的借还需求会随时间的变化而发生变化，而且不同的交通分区内互联网租赁自行车借还需求的变化情况也不相同。因此，在测算互联网租赁自行车投放量时，需要充分考虑互联网租赁自行车借还需求量的时间和空间变化情况。

2. 互联网租赁自行车交通设施承载力

交通分区内互联网租赁自行车的投放量受到交通设施承载力的限制。互联网租赁自行车交通设施承载力包括道路网络承载力和停车设施承载力。因此，在互联网租赁自行车投放的过程中，需要在满足研究区域内互联网租赁自行车借还需求量的基础上，充分考虑各交通分区内道路网络承载力和停车设施承载力对于互联网租赁自行车投放量的限制。

3. 互联网租赁自行车用户出行成本

用户出行成本的降低是与用户相关的影响互联网租赁自行车投放量的因素，科学合理的互联网租赁自行车投放方案应在满足互联网租赁自行车出行的基础上，尽量降低用户的总出行成本。假设所有互联网租赁自行车潜在需求全都选择互联网租赁自行车出行（用户选择互联网租赁自行车出行的意愿不会改变，如果出现用户的出行起点交通分区无车可借的情况时，用户会选择继续等待或者前往该邻近交通分区),这将对以交通分区为单位的互联网租赁自行车的投放量产生影响,实现用户总的出行成本最低。

用户广义出行成本包括出行费用和出行时间两项因素,互联网租赁自行车用户出行成本除了上述两项因素外,还包括骑行的体能消耗。然而由于用户在城市中的步行速度差别不大,本章将用户的出行距离来代表用户出行成本。

4. 互联网租赁自行车车辆成本

互联网租赁自行车一般都装备有智能车锁、铝制车身、太阳能电池板、GPS定位器、防爆轮胎等一系列能够满足用户方便快捷的使用诉求和轻松安全的骑行体验的"黑科技"产品,虽然互联网租赁自行车不需要设置专用的租赁点和借还车车桩,但由于科技含量较高,其生产的造价成本也较为昂贵。另外,互联网租赁自行车公司在运营过程中,需要进行车辆维护和车辆调度工作,也将耗费一定的人力和资金成本。因此,在测算互联网租赁自行车投放量时,需要在满足互联网租赁自行车出行需求的前提下,尽量减少车辆成本。

5. 互联网租赁自行车调度成本

调度的工作水平会直接影响整个互联网租赁自行车系统的正常运营。互联网租赁自行车的出行具有一定的空间和时间不均衡性,若调度的工作效率不够高,互联网租赁自行车系统将难以正常运转,影响互联网租赁自行车用户体验。

若将调度工作维持在较高的水平,需要耗费一定的成本,即为调度成本。互联网租赁自行车调度成本主要由调度工作所需的人力资源、调度的车辆和调度的设备及其所需的使用费用构成。一般来说,互联网租赁自行车调度成本和调度工作的工作量两者呈正相关的关系,调度的工作量越大,调度成本也越大。在现实运营时,可以通过优化调度工作的措施,达到降低调度成本的目的。

5.2　互联网租赁自行车交通设施承载力测度方法

要达到建立合理的互联网租赁自行车投放方案的目的,在充分了解互联网租赁自行车借还需求的客流产生机理的基础上,还需要从交通基础设施供给的角度,考虑互联网租赁自行车交通设施承载力的限制。本节首先对城市交通设施承载力进行概述,再分别构建互联网租赁自行车道路网络承载力和停车设施承载力测度模型,最后以南京市为例,测度南京市互联网租赁自行车道路网络承载力和停车设施承载力,并结合互联网租赁自行车需求预测结果,分析交通设施承载负荷情况。

5.2.1 城市交通设施承载力概述

城市交通承载力指的是在一定的时段内,对于一定的土地利用,当城市交通系统的功能与结构不恶化、城市环境满足可持续发展的需求时,城市交通系统所能够承受的城市交通最大发展规模。城市交通承载系统包含城市交通支持(交通供给)部分、表现(需求)部分和约束(承载)部分,如图 5-1 所示。支持部分为城市交通系统的自我维持和调节能力及城市交通系统资源的供给;表现部分为城市交通系统的发展能力,主要为交通需求,为城市交通被承载的对象;约束部分则为交通环境和交通设施的承压能力,表现为交通环境承载力和交通设施承载力[4]。

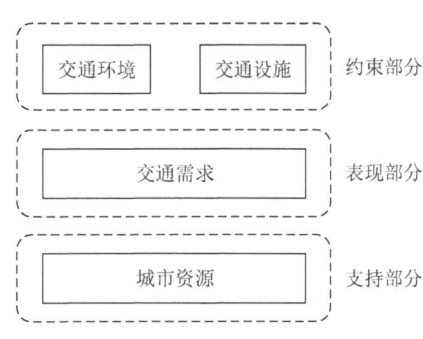

图 5-1 城市交通承载系统[4]

城市交通设施的目的是承担人或物的移动。城市交通设施容量定义为一定的条件下,城市交通设施系统能够完成的人或物的运输量。由此延伸,可将城市交通设施承载力定义为在一定的条件下和一定时期内,满足服务水平和其他约束的情况下,城市交通设施能够承受的交通系统的最大发展规模。城市交通环境承载力指的是在一定的时段和一定的空间区域内,对于某一特定的交通结构,在交通环境的功能及其结构不会恶化的前提下,交通环境能够承受的城市交通系统的最大发展规模。当城市交通环境容量一定时,城市交通环境承载力受到单位交通量的污染物排放、自然资源消耗、出行者心理承受情况和经济发展水平等限制[4]。

互联网租赁自行车交通是"绿色交通"的一种,其与机动车出行不同,出行过程中不会产生尾气排放、噪声污染、光污染等一系列环境污染问题。因此,本节只针对互联网租赁自行车的城市交通设施承载力展开研究,对于交通环境承载力部分不予考虑。

对于互联网租赁自行车交通来说,城市交通设施承载力包括互联网租赁自行车道路网络承载力和停车设施承载力。本节从道路网络设施和停车设施两个方面构建互联网租赁自行车承载力的测度方法并进行实例测度。

5.2.2 互联网租赁自行车道路网络承载力测度方法

互联网租赁自行车道路网络承载力指的是在一定的空间范围和时间范围之

内，城市道路交通设施能够通过的最大互联网租赁自行车交通个体数量。

本节采用基于时空消耗的互联网租赁自行车道路网络承载力测算方法，根据城市道路网络设施在一定的时间和空间上的供给总量及单位互联网租赁自行车一次出行所消耗的时间和空间需求，测算互联网租赁自行车道路网络承载力。

城市非机动车道路网络设施的小时时空总资源计算方法如下

$$C_r = L \cdot T \quad (5\text{-}1)$$

式中，C_r 为城市非机动车道路网络设施的小时时空总资源，km·h；L 为城市非机动车道路网络设施的总长度，km；T 为测算非机动车道路网络设施服务时间，h。

非机动车交通个体的时空消耗为

$$C_v = h_v \cdot t_{ave} = \frac{l_{ave}}{c} \quad (5\text{-}2)$$

式中，C_v 为城市非机动车交通个体的时空消耗，km·h/辆；h_v 为城市非机动车的平均车头间距，km/辆；t_{ave} 为城市非机动车交通个体的平均出行时间，h；l_{ave} 为城市非机动车交通个体的平均出行距离，km；c 为城市非机动车道单向的平均通行能力，辆/h。

城市非机动车道路网络设施承载力为

$$C_{R_{i,t}} = \frac{C_{r,i}}{C_v} = \frac{L_i \cdot T \cdot c}{l_{ave}} \quad (5\text{-}3)$$

式中，$C_{R_{i,t}}$ 为非机动车道路网络承载力，取小时作为道路的单位服务时间，辆；$C_{r,i}$ 为第 i 个交通分区的非机动车道路网络时空总资源，km·h；L_i 为第 i 个交通分区的非机动车道路设施总长度，km。

非机动车道路的有效时空资源会受到交叉口绿信比、路旁干扰、车流混合干扰、道路布局形式及机动车道与非机动车道隔离形式的影响。

$$C_{r,i} = \sum_{k=1}^{5}(l_{i,k} \cdot \eta_{k,1} \cdot \eta_{k,2} \cdot \eta_{k,3}) \cdot T \quad (5\text{-}4)$$

式中，$C_{r,i}$ 为第 i 个交通分区的非机动车道路有效时空总资源，km·h；$l_{i,k}$ 为第 i 个交通分区内第 k 类非机动车道路的长度，km；$\eta_{k,1}$ 为非机动车道路的交叉口折减系数；$\eta_{k,2}$ 为第 k 类非机动车道路的综合折减系数；$\eta_{k,3}$ 为第 k 类非机动车道路的有效车道系数。

信号交叉口配时在设置时，主要依据是机动车的道路流量和道路等级，非机动车道路的交叉口折减系数设定依据为同一进口道的机动车道路等级。在信号各类道路类型的交叉口折减系数如表 5-1 所示。

表 5-1 交叉口折减系数[5, 6]

同向道路类型	主干路	次干路	支路	街巷
交叉口折减系数	0.55~0.6	0.4~0.5	0.4~0.5	0.4~0.5

除交叉口折减系数以外，城市道路上，机动车、行人和非机动车之间会互相产生干扰，城市道路的隔离形式将会影响路网的整体效能。因此，需考虑机动车和行人对非机动车的干扰影响，采用道路综合折减系数指标来体现，道路综合折减系数由不同断面形式下城市道路的路旁干扰系数及其在不同断面形式的比例加权平均后确定。道路综合折减系数取值如表 5-2 所示。

表 5-2 道路综合折减系数[5, 6]

非机动车道路类型	廊道	集散道	连通道	休闲道	街巷
综合折减系数	1	0.85~0.95	0.7~0.75	1.0	0.7~0.9

则非机动车道路网络承载力变为

$$C_{R_{i,t}} = \frac{C_{r,i}}{C_v} = \frac{L_i \cdot T \cdot c}{l_{ave}} = \frac{\sum_{k=1}^{5}(l_{i,k} \cdot \eta_{k,1} \cdot \eta_{k,2} \cdot \eta_{k,3}) \cdot T \cdot c}{l_{ave}} \quad (5\text{-}5)$$

非机动车道的通行能力 c 和平均出行距离 l_{ave} 需要具体计算，国内非机动车道的运行车辆有电动自行车、共享单车、公共自行车和私人自行车。其中，共享单车、公共自行车和私人自行车的体积、运行空间、骑行速度、使用特性等指标基本无差异。而电动自行车与自行车（包括共享单车、公共自行车和私人自行车）混合行驶时，两者之间的相互干扰将不能忽略。

这里引入电动自行车和自行车的换算系数概念，车辆换算系数的定义为当道路和交通条件一定时，某辆卡车或者公共汽车能够用一定数量的小汽车代替，这里的代替量就称为当量小汽车换算系数[7]。当道路和交通条件一定时，某辆电动自行车能够用一定数量的自行车代替，这里的代替量就称为电动自行车对自行车的换算系数[8]。根据叶晓飞等[8]在南京市针对电动自行车和自行车的行驶调查及相应测算结果，电动自行车与自行车之间的换算系数为 1.2995。

根据 Zhou 等在杭州市开展的关于城市道路上非机动车道路通行能力的研究结果，非机动车道路的通行能力为 2512 辆/h，电动自行车的占比约 66.75%[9]。

An 等在上海市针对电动自行车的大量调查显示，电动自行车通勤出行的平均用时为 27.3min，非通勤出行的平均用车时间为 25.0min；电动自行车通勤出行占比为 42.7%，非通勤出行占比为 57.3%；电动自行车平均出行距离为

9.54km[10]。据此,可计算出电动自行车的平均用车时长为 $27.3 \times 42.7\% + 25.0 \times 57.3\% = 25.98$min,电动自行车的平均用车距离为 $9.54 \times 42.7\% + 25.0 \times 57.3\% \times 9.54 \div 27.3 = 9.08$km。

由此,非机动车道路通行能力为

$$c = c \cdot (1-\beta) + c \cdot \beta \cdot \alpha \tag{5-6}$$

式中,α 为电动自行车对自行车的换算系数;β 为电动自行车占非机动车交通流的比例。

非机动车交通流的平均用车距离为

$$l_{ave} = \beta \cdot l_{ave,e\text{-}bike} + (1-\beta) \cdot l_{ave,bike} \tag{5-7}$$

式中,$l_{ave,e\text{-}bike}$ 为电动自行车的平均用车距离,km;$l_{ave,bike}$ 为自行车的平均用车距离,km。

将电动自行车换算成自行车,非机动车个体时空消耗为

$$C_v = h_v \cdot t_{ave} = \frac{l_{ave}}{c} = \frac{\beta \cdot l_{ave,e\text{-}bike} + (1-\beta) \cdot l_{ave,bike}}{c \cdot (1-\beta) + c \cdot \beta \cdot \alpha} \tag{5-8}$$

最终,非机动车道路网络承载力为

$$C_{R_{i,t}} = \frac{C_{r,i}}{C_v} = \frac{L_i \cdot T \cdot c}{l_{ave}} = \frac{\sum_{k=1}^{5}(l_{i,k} \cdot \eta_{k,1} \cdot \eta_{k,2} \cdot \eta_{k,3}) \cdot T}{\beta \cdot l_{ave,e\text{-}bike} + (1-\beta) \cdot l_{ave,bike}} \cdot c \cdot [(1-\beta) + \beta \cdot \alpha] \tag{5-9}$$

上式中计算出的非机动车道路网络承载力的交通个体为自行车,实际上,非机动车交通流中,自行车占总体的比例为 $\frac{1-\beta}{\beta \cdot \alpha + (1-\beta)}$。根据《2017 年共享单车与城市发展白皮书》发布的数据,共享单车占自行车出行的比例 ε 为 $6.8/11.6 = 58.62\%$[11]。

则共享单车的道路网络承载力为

$$C_{R_{i,t}}^{bikesharing} = \frac{\varepsilon(1-\beta)}{\beta \cdot \alpha + (1-\beta)} C_{R_{i,t}}$$

$$= \frac{\varepsilon(1-\beta)}{\beta \cdot \alpha + (1-\beta)} \cdot \frac{\sum_{k=1}^{5}(l_{i,k} \cdot \eta_{k,1} \cdot \eta_{k,2} \cdot \eta_{k,3}) \cdot T}{\beta \cdot l_{ave,e\text{-}bike} + (1-\beta) \cdot l_{ave,bike}} \cdot c \cdot [(1-\beta) + \beta \cdot \alpha] \tag{5-10}$$

$$= c \cdot \varepsilon(1-\beta) \cdot \frac{\sum_{k=1}^{5}(l_{i,k} \cdot \eta_{k,1} \cdot \eta_{k,2} \cdot \eta_{k,3}) \cdot T}{\beta \cdot l_{ave,e\text{-}bike} + (1-\beta) \cdot l_{ave,bike}}$$

5.2.3 互联网租赁自行车停车设施承载力测度方法

目前由于共享单车或非机动车停车区域划分不明确,共享单车乱停乱放的现象严峻。而城市中共享单车及非机动车停车区域较多且分布零散,实地统计城市

中的相关数据需要耗费大量的时间和人力。与乱停乱放行为相比，当共享单车停放在规范区域时，车辆停放相对紧凑且数量较多，据此，本节提出一种基于共享单车停车定位数据的停车容量识别方法以测度共享单车停车设施承载力。

本节采用考虑噪声的基于密度的空间聚类算法（density-based spatial clustering of application with noise，DBSCAN），识别共享单车停车区域，并据此统计出各交通分区内共享单车停车容量，进而测度共享单车停车设施承载力。

DBSCAN算法在机器学习和数据挖掘等领域有广泛的应用，特点是按照密度将区域划分为簇。DBSCAN算法的基本定义如下[12]：

（1）ε近邻：对于任意一点p，其半径为ε范围的领域称为p点的ε近邻。

（2）核对象：在点集合D中，对于对象点p，若其ε近邻内含有的点数至少为满足邻域密度阈值数量MinPts，则称对象p为核对象。

（3）直接密度可达：在点集合D内，若对象q是对象p的ε近邻，且对象p为核对象，则对象q到对象p基于MinPts直接密度可达，如图5-2（a）所示。

（4）密度可达：在点集合D内，若存在点链$p_1, p_2, \cdots, p_n$，对于$p_i \in D(1 \leqslant i \leqslant n)$，满足$p_{i+1}$从$p_i$基于MinPts直接密度可达，那么对象$p_n$从对象$p_1$基于MinPts直接密度可达，如图5-2（b）所示。

（5）密度相连：若存在对象$o \in D$，对象p和对象q都和对象o基于ε和MinPts直接密度可达，则对象p和对象q基于ε和MinPts密度相连，如图5-2（c）所示。

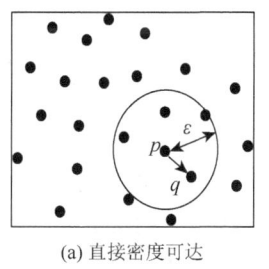
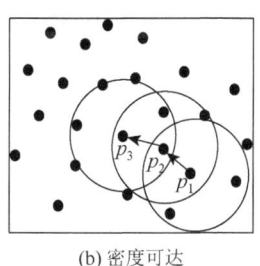
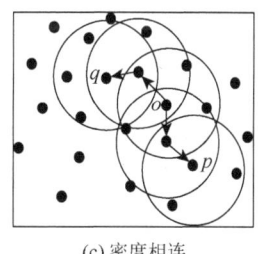

(a) 直接密度可达　　　　　　(b) 密度可达　　　　　　(c) 密度相连

图5-2　DBSCAN算法基本定义

DBSCAN算法的输入参数分别有簇最小点数量MinPts和领域半径ε，输出为样本点的聚类结果和噪声数据。

DBSCAN即为寻找一些密度相连的对象簇，以实现密度可达的最大化。DBSCAN算法的具体步骤如下[13]：

步骤1　对于样本集合D，随机取其中的一个未被处理的对象p，若在对象p的ε近邻内有数量大于MinPts个点，则对象p为核对象。

步骤2　取样本集合D内所有与对象p密度可达的对象，作为一个簇。

步骤 3 通过密度相连的过程，产生最终的簇。

步骤 4 对于未处理的对象，重复步骤 2 和步骤 3，直到所有的对象都经过处理。

本节获取了摩拜单车的数据，据此，利用 ArcGIS 的空间连接工具，可得到每个交通分区内摩拜停车位置。而实际上，不规范停车也可能出现少量的堆积现象，影响 DBSCAN 算法的识别效果。互联网能够获取的非机动车停车位置信息为经纬度定位数据，一个停车区域通常对应一个坐标点。在此基础上，利用 ArcGIS，将识别出的停车区域位置与地图上实际的非机动车停车位置对比，能够确认识别出的停车区域是否为实际的非机动车停车区域，将不落在实际非机动车停车位置的停车区域识别结果删除，可得到较为准确的共享单车停车设施容量。

交通分区内共享单车停车设施容量为

$$P_i = \frac{P_{\text{mobike},i}}{r_j} \quad i=1,2,\cdots,n, \quad j=1,2,\cdots,7 \tag{5-11}$$

式中，P_i 为交通分区 i 的共享单车停车设施容量，辆；$P_{\text{mobike},i}$ 为交通分区 i 的摩拜停车位置的数量；r_j 为第 j 个行政区划的摩拜单车占共享单车的比例，取值根据上文所述。

共享单车停车设施承载力需要关注每个停车位在一定的时间内能承载的共享单车停车次数。这里引入停车位周转率的概念，停车位周转率为一定时段内平均每个停车位停放车辆的次数。共享单车停车设施承载力为

$$C_{P_i,t} = P_{i,t} \cdot \lambda_{j,t} = \frac{P_{\text{mobike},i}}{r_j} \cdot \lambda_{j,t} \tag{5-12}$$

式中，$C_{P_i,t}$ 为共享单车停车设施承载力，辆/h；$\lambda_{j,t}$ 为第 j 个行政区划在 t 时段内的共享单车停车位周转率。

共享单车停车设施承载力是共享单车停车设施所能够承载的最大值。因此，在本节中，共享单车停车位周转率统一取最大值。根据索源在针对北京市海淀区核心地段（该区域商业、科教文化、办公、住宅等设施分布密集，吸引了大量共享单车出行）的研究中，取共享单车停车位周转率 $\lambda_{j,t} = 2/\text{h}$ [2]。

共享单车停车设施承载力计算公式为

$$C_{P_i,t} = P_{i,t} \cdot \lambda_{j,t} = 2\frac{P_{\text{mobike},i}}{r_j} \tag{5-13}$$

5.2.4 互联网租赁自行车承载力测度实例

1. 道路网络承载力

利用南京市路网数据，采用 ArcGIS 统计出各交通分区内不同等级道路的长

度,并根据上述道路网络承载力测度方法,计算研究区域内 193 个交通分区的道路网络承载力,统计数据如表 5-3 所示。

表 5-3　共享单车道路网络承载力统计数据

统计类型	道路网络承载力/(辆/h)
总和	179490
平均值	930
最大值	7266
最小值	109

将以交通分区为单位测度的道路网络承载力在空间进行可视化,如图 5-3 所示。道路网络承载力在研究区域内的变化特征是随着市中心向外围扩散,道路网络承载力越大。计算出单位面积下的共享单车道路网络承载力密度,单位为辆/$(h \cdot km^2)$。道路网络承载力和道路网络承载力密度在空间上的分布特征呈现相反的变化规律,距市中心越近,共享单车道路网络承载力密度越大。

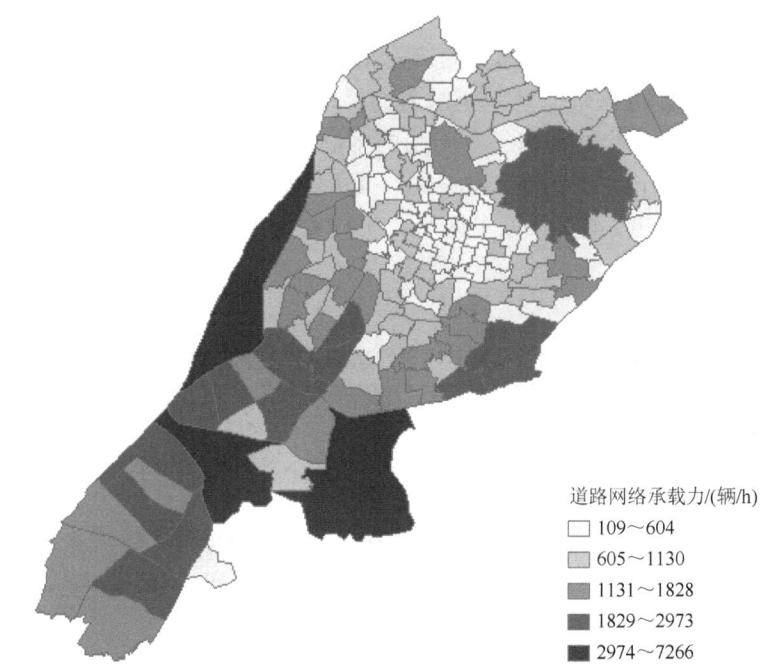

图 5-3　共享单车道路网络承载力空间分布

2. 停车设施承载力

本节中使用的数据为摩拜单车的停车定位数据，没有研究范围内的非机动车停车区域数据，因此，这里根据摩拜单车的停车定位数据进行共享单车停车区域识别，根据实地调查结果进行停车区域识别结果检验，最后测度共享单车停车设施承载力。

1) 共享单车停车区域识别

使用 2018 年 9 月 26 日（工作日）一天中，摩拜车辆数据最多时刻（凌晨 01:01:24）的停车定位数据。停车定位数据来自摩拜 APP，数据包含日期及时刻、车辆编号、车辆定位经度、车辆定位纬度。南京市摩拜单车运营区域内共 124316 条数据。数据结构如表 5-4 所示。

表 5-4 摩拜单车停车定位数据结构（部分）

经度/(°)	纬度/(°)	时间	车辆编号
118.5938	32.0338	2018/9/26 1:01	8640277384#
118.5942	32.0477	2018/9/26 1:01	8621501857#

运用 Python 语言，调用机器学习库 sklearn 中的 DBSCAN 算法。使用 ArcGIS 软件，筛选出坐标落在研究区域范围内的停车定位数据，共 67348 条。运行程序，输出每个定位点的类别和每个类别的中心，输出的类别数据如表 5-5 所示。在南京市运营区域内，共分成 7461 类，其中类别名称 -1 的数据为噪声点，共 33593 个，共识别出 7460 个停车区域，平均每个停车区域有 4.52 辆摩拜单车停放。

表 5-5 DBSCAN 算法运行结果示例数据（部分）

车辆编号	经度/(°)	纬度/(°)	时间	cluster_db
0256550986#	118.747338	31.91800043	2018/9/26 1:01	-1
8640004318#	118.7708832	31.92306191	2018/9/26 1:01	0
0256552290#	118.7457386	32.02727309	2018/9/26 1:01	2721
0256011313#	118.7828595	32.12932094	2018/9/26 1:01	7459

2) 停车区域识别结果检验

本节提出利用 DBSCAN 算法识别停车区域，目的是识别出停放在划定停车区域内的共享单车数量，从而得出交通分区内的共享单车停车容量大小。因此，可通过调研不规范停车的比例，以验证 DBSCAN 算法的识别效果。

利用 DBSCAN 算法识别出的噪声点为停放位置较为分散的个别车辆，为没有停放在共享单车停车区域的车辆，这些共享单车为乱停乱放车辆。根据停车区域识别结果，DBSCAN 算法运行得出的噪声点共有 33593 个，即识别出的乱停乱放车辆占所有停车数量的 49.88%。根据 2018 年 9 月在南京市公司、学校、商业地点、公共交通站点、住宅区、风景名胜区等区域关于共享单车不规范停车的调查，观测到 470 次共享单车停放行为，其中，共享单车乱停乱放行为（未停放于划定停车区域内）有 228 次，约占总数的 48.51%。停车识别结果与实地调查结果相差不大，DBSCAN 算法对于共享单车停车区域的识别效果较好。

3）停车设施承载力测度

根据前述的共享单车停车设施承载力测度方法，计算出各交通分区的停车设施承载力。由于摩拜单车运营范围的限制，得出 183 个交通分区的停车设施承载力，统计数据如表 5-6 所示。183 个交通分区中，停车设施承载力平均值为 1561 辆/h。

表 5-6 共享单车停车设施承载力统计数据

统计类型	停车设施承载力/(辆/h)
总和	285663
平均值	1561
最大值	40646
最小值	17

将计算得出的共享单车停车设施承载力呈现在研究区域范围内，如图 5-4 所示。在城市中心区域，停车设施承载力普遍较小，图中颜色最深的两个区域为南京绿博园和菊花台公园附近，这些区域停车容量较大，共享单车承载力也较大。计算出单位面积下的共享单车停车设施承载力密度，单位为辆/(h·km^2)。城市中心区的共享单车停车设施承载力密度相对较低，这是由于城市中心区土地利用较为紧凑，能够用于停车的土地面积相对较小，因此共享单车停车设施承载力密度相对较低。用地开阔的风景区附近停车设施承载力密度较大。南京绿博园和菊花台公园附近的承载力密度仍旧在研究范围内属于最大区间，这些公园区域一般都会预留较多的非机动车停车位。另外，图中停车设施承载力密度次高的两片区域为长江观音景区和莫愁湖公园附近。

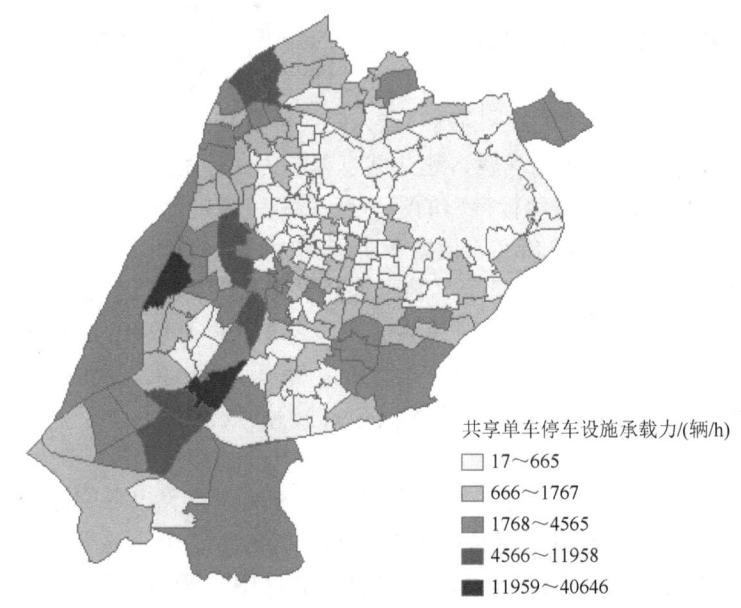

图 5-4 共享单车停车设施承载力空间分布

5.2.5 互联网租赁自行车交通设施承载负荷分析

在交通设施承载力一定的条件下，交通需求的变化会使得交通设施呈现出不同状态。侯德劭提出了城市交通承载负荷度或承压度的概念：表示城市交通承载大小和城市交通承载力的计算值之比[4]。类似地，对于共享单车交通设施来说，共享单车道路网络和停车设施承载负荷度能够反映实际的共享单车需求强度与共享单车交通设施承载力之比，呈现出交通设施的承载状态，检验共享单车交通设施承载力是否能够满足交通需求。

共享单车道路网络承载负荷度计算公式如下

$$I_{R_{i,t}} = \frac{N_{i,t}}{C_{R_{i,t}}^{\text{bikesharing}}} \qquad (5\text{-}14)$$

式中，$I_{R_{i,t}}$ 为第 i 个交通分区 t 时段内的共享单车道路网络承载负荷度；$N_{i,t}$ 为第 i 个交通分区 t 时段内的共享单车出行量；$C_{R_{i,t}}^{\text{bikesharing}}$ 如前文所述，为第 i 个交通分区 t 时段内共享单车的道路网络承载力。

共享单车停车设施承载负荷度计算公式如下

$$I_{P_{i,t}} = \frac{N_{P_{i,t}}}{C_{P_{i,t}}} \qquad (5\text{-}15)$$

式中，$I_{P_{i,t}}$ 为第 i 个交通分区 t 时段内的停车设施承载负荷度；$N_{P_{i,t}}$ 为第 i 个交通

分区 t 时段内的共享单车停车需求量；$C_{P,i,t}$ 如前文所述，为第 i 个交通分区 t 时段内共享单车的停车设施承载力。需要注意的是，对于停车设施承载负荷度来说，停车需求由使用状态的共享单车停车需求与投放的共享单车停车需求组成。由于本节使用的全日摩拜单车数据为订单数据，无法获得准确的共享单车投放量，计算公式中共享单车的停车需求量需要间接获得。认为每次还车都产生一次停车需求，每个时段停车状态的车辆都能够满足该时段的借车需求，以此间接计算停车需求。这里考虑一种停车设施负荷度较小的情况，假设现状投放的共享单车均被使用，则停车需求量为借车与还车需求量之和。

统计 2018 年共享单车的高峰时段（8:00~9:00）借还需求量，并与承载力进行对比，计算出高峰时段的交通设施承载负荷度，如表 5-7 所示。从研究区域总体来看，停车设施承载力勉强满足高峰时段共享单车借还需求，道路网络承载力已经无法满足共享单车的使用需求。

表 5-7 高峰时段共享单车交通设施承载负荷度

共享单车借还需求总和/次	共享单车借还需求最大值/次	共享单车停车设施承载力/(辆/h)	停车设施承载负荷度	共享单车道路网络承载力/(辆/h)	道路网络承载负荷度
282970	203094	285581	1.0	162939	1.2

将停车设施和道路网络的承载负荷度进行空间可视化呈现，如图 5-5 和图 5-6 所示。从空间分布来看，多数交通分区的停车设施承载负荷度和道路网络承载负荷

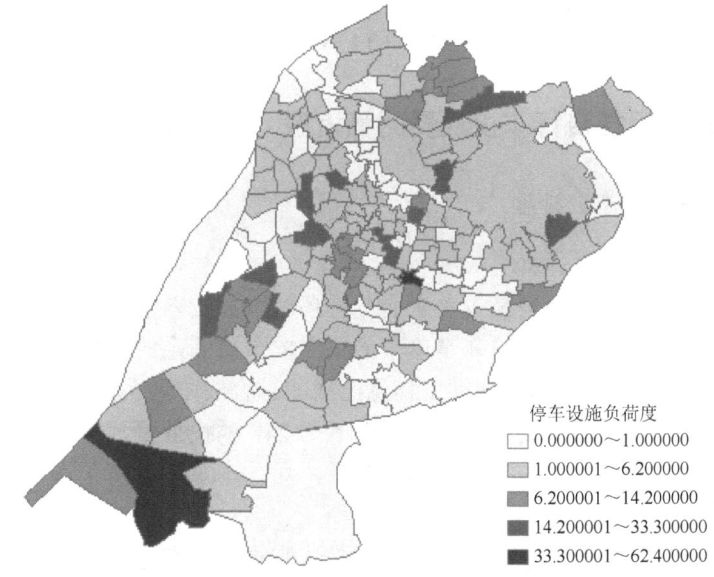

图 5-5 停车设施承载负荷度空间分布

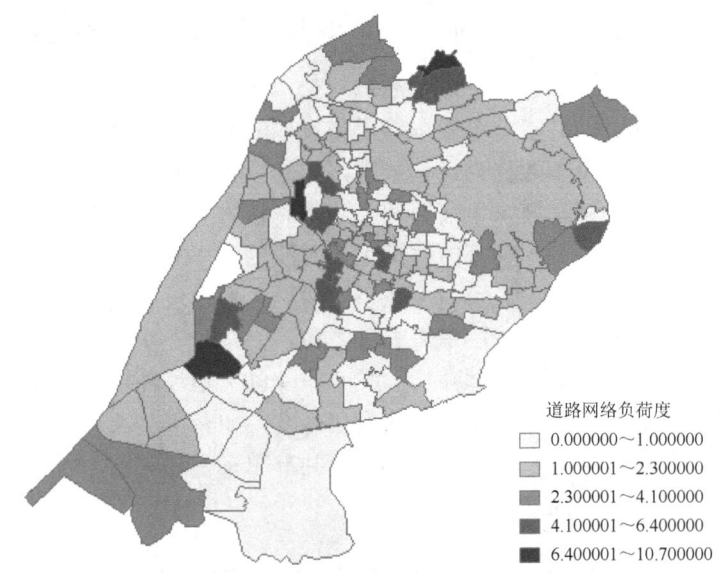

图 5-6 道路网络承载负荷度空间分布

度已经超过了 1.0，无法满足共享单车借车需求。交通设施承载负荷度的空间分布极不均衡。道路网络承载负荷度较高的交通分区达到了 6~10，而在很多区域，停车设施承载负荷度已经达到了 10.0 甚至 30.0 以上。总体来说，共享单车交通设施承载负荷度过大，且空间区域分布不均衡。

5.3 互联网租赁自行车投放量优化模型

5.3.1 互联网租赁自行车投放量测算模型

1. 模型假设与参数设置

1）模型目标与模型假设

本模型需要解决的问题是每个交通分区各时段需投入的共享单车数量。模型的主要目标是求解交通分区的共享单车借还需求全被满足的条件下，共享单车用户出行成本、投入车辆成本和调度工作量组成的综合成本最小的最优化数学模型。本节拟解决的问题是基于交通分区的共享单车 24h 的投放量，投放量以交通分区为单位，且研究重点在于共享单车的投放量，对共享单车调度工作量不予考虑。因此，对模型做出如下假设：

（1）假设每个交通分区内的共享单车借还需求都于交通分区重心的质点产生和满足。

（2）调度工作的水平无限高，完全能够满足共享单车在需求不平衡的交通分区之间瞬时重新分布。

2）模型参数设置

（1）集合

$M = \{1, 2, \cdots, m\}$ ——交通分区集合；

$K = \{0, 1, \cdots, k\}$ ——研究时段集合；

（2）常量

i ——交通分区编号，$i \in M$；

j ——交通分区编号，$j \in M$；

t ——作时刻时，指某一时的量；作时段时，指上一时刻至该时刻之间的量；

$d_{ij}(i \in M, j \in M)$ ——交通分区 i 和交通分区 j 重心之间的距离，m；

O_i^t ——t 时段内，交通分区 i 的借车需求，辆/h；

D_i^t ——t 时段内，交通分区 i 的还车需求，辆/h；

λ ——共享单车停车位/车辆周转率（共享单车不需要固定的停车桩位，视为每辆共享单车都是移动的停车桩位，因此这里认为共享单车停车位和共享单车车辆周转率相等）；

c ——每辆共享单车的造价成本，元/辆；

p ——共享单车的调度成本，元/辆；

α ——步行距离换算为成本的换算系数，元/m；

μ ——企业成本与用户成本的权重比例；

（3）决策变量

$O_j^{t,i}$ ——t 时段内，交通分区 j 内选择交通分区 i 的借车需求，辆/h；

$D_j^{t,i}$ ——t 时段内，交通分区 j 内选择交通分区 i 的还车需求，辆/h；

B_i^t ——t 时刻，交通分区 i 的共享单车保有量，辆；

S_i^t ——t 时刻，交通分区 i 需要调度的共享单车数量，辆。

$B_{\max}$ ——研究区域内投放量的最小建议值。

2. 模型构建

在共享单车出行借还需求和交通设施承载力已知的情况下，构建如下单目标最优化模型：

$$\min \left\{ \left[\alpha \cdot \sum_{t=1}^{k} \sum_{j=1}^{m} \sum_{i=1}^{m} (d_{ij} \cdot O_j^{t,i} + d_{ij} \cdot D_j^{t,i}) \right] + \mu \cdot (c \cdot B_{\max} + p \cdot \sum_{t=1}^{k} \sum_{i=1}^{m} |S_i^t|) \right\} \quad (5\text{-}16)$$

$$\text{St.} \sum_{i=1}^{m} O_j^{t,i} = O_j^t \tag{5-17}$$

$$\sum_{i=1}^{m} D_j^{t,i} = D_j^t \tag{5-18}$$

$$B_i^t = B_i^{t-1} - \frac{\sum_{j=1}^{m} O_j^{t-1,i}}{\lambda} + \frac{\sum_{j=1}^{m} D_j^{t-1,i}}{\lambda} - S_i^{t-1} \quad (t > 1) \tag{5-19}$$

$$\lambda(B_i^t - S_i^t) \geqslant \sum_{j=1}^{m} O_j^{t,i} \quad (t > 0) \tag{5-20}$$

$$\max\left(\sum_{j=1}^{m} O_j^{t,i}, \sum_{j=1}^{m} D_j^{t,i}\right) \leqslant C_{R_{i,t}}^{\text{bikesharing}} \tag{5-21}$$

$$\sum_{j=1}^{m} D_j^{t,i} \leqslant C_{P_{i,t}} - \lambda(B_i^t - S_i^t) \tag{5-22}$$

$$B_{\max} = \max\left[\sum_{i=1}^{m}(B_i^t - S_i^t)\right] \tag{5-23}$$

$$S_i^t = \begin{cases} < 0 & \text{调入交通分区} i, \quad |S_i^t| \leqslant \dfrac{C_{P_{i,t}}}{\lambda} - B_i^t \\ \geqslant 0 & \text{调出交通分区} i, \quad S_i^t \leqslant B_i^t \end{cases} \tag{5-24}$$

$$O_j^{t,i} \in N, \ D_j^{t,i} \in N, \ \forall i,j \in M, \forall t \in K \tag{5-25}$$

$$O_i^t \in N, \ D_i^t \in N, \ \forall i \in M, \forall t \in K \tag{5-26}$$

$$B_i^t \in N, S_i^t \in Z, \forall i \in M, \forall t \in K \tag{5-27}$$

在模型中，

式（5-16）为目标函数。优化目标包括共享单车用户出行成本最小，包括共享单车用户的借车步行距离和还车步行距离。投入车辆成本即为研究区域内共享单车投放量，调度工作量即为研究区域内全天需要调度的共享单车数量。

式（5-17）约束研究区域内所有交通分区内的借车需求都被研究区域内的交通分区满足。

式（5-18）约束研究区域内所有交通分区内的还车需求都被研究区域内的交通分区满足。

式（5-19）约束各交通分区内的共享单车投放量在不同时刻之间的逻辑关系。

式（5-20）约束交通分区内共享单车投放量需满足该分区内本时段内的借车需求。

式（5-21）约束交通分区内共享单车的出行需求不超过交通分区的道路网络承载力。

式（5-22）约束交通分区内共享单车的停车需求不超过交通分区内的停车设施承载力。

式（5-23）为在所有的研究时段内，研究区域内共享单车保有量的最大值，即为整个研究区域内共享单车的最小投放量。

式（5-24）约束当将共享单车调入某交通分区时，交通分区内的共享单车投放量受到本分区的共享单车停车设施承载力限制；当将共享单车调出某交通分区时，调出的车辆数量不能超过本交通分区内初始时刻的共享单车保有量。

式（5-25）约束所有被满足的借车和还车需求量均为自然数。

式（5-26）约束所有交通分区内共享单车的借还需求量均为自然数。

式（5-27）约束所有交通分区内共享单车的配置量在各时段内均为自然数。

5.3.2 模型求解

该模型为单目标混合整数规划最优化问题，尽管 MATLAB 能够求解简单的最优化问题，但存在一些缺陷：①MATLAB 内置的函数不能做混合优化的问题，无法求解大规模的问题；②建模时，所有变量及约束条件都通过一个矩阵输入，当变量数据量达到几百上千时，难以建模；③使用时，需要用户预先明确所需优化的问题类型，再找到对应的函数并调用。对于这些缺陷，使用 YALMIP 工具箱调用 CPLEX 可以补足[14]。

YALMIP 是免费的优化求解工具，由 Lofberg 开发，YALMIP 集成了多种外部最优化求解器，并将其统一成一种建模求解的语言。YALMIP 自带 BNB 和 BMIBNB 两种求解混合整数优化问题的求解器。YALMIP 的优点如下：①开源而且免费；②可以求解混合整数优化，解决了 MATLAB 求解最优化问题时无法求解混合优化的问题；③具有专用的建模方式，能够方便地解决多变量或多约束的复杂问题；④模型求解时，可以自动选择合适的求解器[14, 15]。

CPLEX 是由 IBM 公司开发的一款功能强大的优化引擎，能够用于求解大规模的线性规划（LP）问题、二次规划（QP）问题、二次约束二次规划（QCQP）问题、二阶锥规划（SOCP）等 4 类基本规划问题，以及混合整数规划（MIP）问题。其优点如下：①能够解决非常困难的规划问题；②求解速度很快；③能够提供超线性加速的功能[14, 16]。

本节的模型为单目标混合整数规划问题，目标函数较为复杂，涉及的决策变量和约束条件数量非常大，这里运用 MATLAB 中的 YALMIP 工具箱，调用 CPLEX 求解。通过在 MATLAB 中编写代码，可得到模型优化结果。

5.3.3 互联网租赁自行车投放量测算实例

本节以南京市为例,结合前文共享单车的需求预测模型和交通设施承载力测算模型,进行共享单车投放量实例测算。

1)获取交通分区质心之间的距离矩阵

在求解模型前,需要对参数 d_{ij}(交通分区质心的距离矩阵)进行计算与赋值。这里利用 ArcGIS 软件获取 d_{ij},步骤如下:

步骤1 使用 ArcGIS 软件中"数据管理工具"的"要素"—"要素转点"功能,将交通分区面要素提取成点要素,并保留字段属性和内容。

步骤2 将生成的交通分区质心点要素文件图层导出,复制一个相同的图层。

步骤3 使用 ArcGIS 软件中"分析工具"的"领域分析"—"点距离"功能,计算交通分区质心之间的距离,形成交通分区质心的距离矩阵。

2)投放量测算模型参数赋值

在进行模型求解步骤之前,先对模型中利用的参数进行赋值,如表 5-8 所示[2, 17]。

表 5-8 模型参数赋值

参数符号	赋值	参数符号	赋值
m	183	c	1000
k	24	p	0.5
λ	2	α	1

模型输入的常数有:① d_{ij},$m \times m$ 的矩阵;② $O_j^t, j \in M, t \in K$,k 个 $1 \times m$ 的向量;③ $D_j^t, j \in M, t \in K$,k 个 $1 \times m$ 的向量;④ $C_{P_{i,t}}, i \in M$,$1 \times m$ 的向量;⑤ $C_{R_{i,t}}^{bikesharing}, i \in M$,$1 \times m$ 的向量。其中,常数 O_j^t 和 D_j^t 的值由需求预测获得,$C_{P_{i,t}}$ 及 $C_{R_{i,t}}^{bikesharing}$ 取值由 5.2 节中承载力测算得到。共享单车高峰时段出行需求量为道路网络承载力的 1.2 倍,停车设施承载力基本符合共享单车高峰时段出行量,因此,需适当增大停车设施和道路网络承载力。

模型输出的决策变量有:① $O_j^{t,i}$,k 个 $m \times m$ 的矩阵;② $D_j^{t,i}$,k 个 $m \times m$ 的矩阵;③ B_i^t,k 个 $1 \times m$ 的向量;④ S_i^t,k 个 $1 \times m$ 的向量。

3)投放量测算结果

道路网络和停车设施承载力的扩大空间有限,也需要耗费一定的资金和人力,因此,应在满足出行需求的基础上尽量减少承载力的增大程度。将道路网络和停车设施承载力的总量依次增大为现状的 1.5 倍、1.6 倍、1.7 倍、1.8 倍，当承载力小于原始的 1.8 倍，模型为不可行解，说明承载力仍旧无法满足共享单车出行需求。当增大共享单车道路网络承载力和停车设施承载力均为原来的 1.8 倍时，模型能够得到最优解。

运用配置为 Intel®Core™i7-8550CPU@1.80Hz 2.00GHz，2.00GHz，16.0GB RAM 的 64 位计算机运行上述程序，求解运行时长为 3h 左右。设置初始的共享单车保有量 B_i^1 需满足每个交通分区内的借车需求，初始的共享单车调度量 S_i^1 为 0。根据模型的输出结果 B_i^t 和 S_i^t，能够得到交通分区内每个时段的车辆投放量。每个时段的车辆投放量计算公式为

$$V_i^t = B_i^t - S_i^t \tag{5-28}$$

式中，V_i^t 为第 i 个交通分区在 t 时段初所需的共享单车投放量，辆。

最终，得到整个研究区域的共享单车建议投放量为 72749 辆。

计算得出研究区域内全天各时段的初始车辆保有量、所需的共享单车车辆总调度量和计算得出的车辆投放量，如表 5-9 所示。工作日全天所需累计车辆调度量为 310645 辆，车辆累计投放量为 629167 辆。

表 5-9 研究区域内 24h 投放量

时段	初始车辆保有量/辆	车辆总调度量/辆	车辆投放量/辆
1:00	2149	0	2149
2:00	2510	1275	1543
3:00	1909	1046	1069
4:00	1294	602	866
5:00	994	625	1327
6:00	1401	3579	4912
7:00	4483	15463	19672
8:00	16568	41172	57276
9:00	49612	27393	72749
10:00	74326	45446	34632
11:00	34117	11822	27337
12:00	26922	10950	34362
13:00	32902	9606	34530
14:00	36007	8890	31017
15:00	31427	8200	30161
16:00	30011	7432	33607
17:00	30519	10635	38052
18:00	37093	23864	59167

续表

时段	初始车辆保有量/辆	车辆总调度量/辆	车辆投放量/辆
19:00	53457	17507	50130
20:00	50752	21654	31236
21:00	35843	14841	23608
22:00	26294	10424	18654
23:00	21283	10347	12902
24:00	15315	7872	8209

同时能够得到各交通分区内 24h 内所需的投放量,以 48 号交通分区为例,图 5-7 为该交通分区 24h 的投放量。

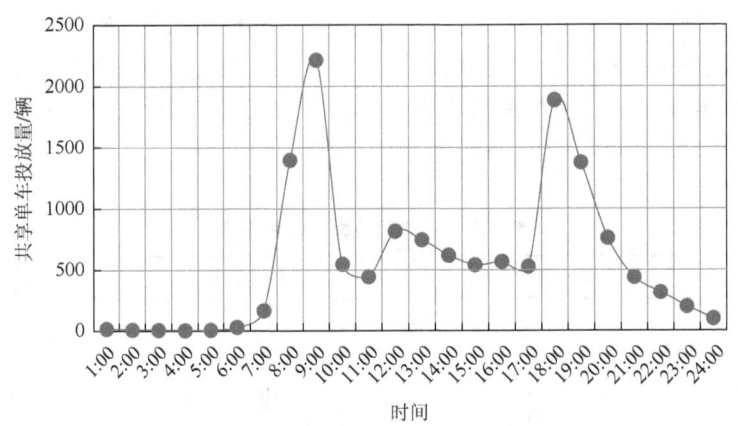

图 5-7 案例交通分区内 24h 的投放量

4) 投放量测算结果校验

由于高峰时段出行需求量大,共享单车交通设施承载力负荷度达到一日之内最高,高峰时段的投放量为全日投放量测算的关键环节。本节预期投放量测算结果能够有效优化共享单车交通设施承载负荷。因此,以共享单车出行量最大的时段(8:00~9:00)为例,对比投放量优化前后高峰时段共享单车交通设施承载负荷情况,校验投放量测算结果的有效性。

根据投放量测算结果,重新计算交通分区内共享单车道路网络和停车设施承载负荷度,计算公式如式(5-14)和式(5-15)所示。其中式(5-15)中的停车需求 $N_{P_{i,t}} = \lambda(B_i^t - S_i^t) + \sum_{j=1}^{m} D_j^{t,i}$,$(B_i^t - S_i^t)$ 即为第 i 个交通分区 t 时段内的投放量 V_i^t。优化前后的道路网络和停车设施承载负荷度统计数据如表 5-10 所示。优化前,183个交通分区内,道路网络和停车设施承载负荷度最大值及平均值均大于 1。优化共享单车投放量后,183 个交通分区内,道路网络和停车设施承载负荷度均未超过 1。优化后的共享单车投放量能够明显改善共享单车交通设施承载负荷度,说明投放量测算结果达到预期目标,投放量模型合理有效。

表 5-10 优化前后交通设施承载负荷度

指标	优化前		优化后	
	道路网络承载负荷度	停车设施承载负荷度	道路网络承载负荷度	停车设施承载负荷度
最大值	10.701	62.398	1.000	1.000
最小值	0.001	0.012	0.007	0.029
平均值	1.785	4.468	0.629	0.896

参 考 文 献

[1] Frade I,Ribeiro A. Bicycle sharing systems demand[J]. Procedia-Social and Behavioral Sciences,2014,(111):518-527.

[2] 索源. 基于出行需求波动的共享单车停放点选址规划研究[D]. 北京:北京交通大学,2018.

[3] 秦孝敏. 城市公共自行车租赁点布局及配置优化研究[D]. 成都:西南交通大学,2015.

[4] 侯德劭. 城市交通承载力研究[D]. 上海:同济大学交通运输工程学院,2008.

[5] 刘贝贝. 历史城区自行车交通需求分析及网络规划方法研究[D]. 南京:东南大学,2016.

[6] 王炜,徐吉谦. 城市交通规划理论及其应用[M]. 南京:东南大学出版社,1998.

[7] 美国交通研究委员会. 道路通行能力手册[M]. 任福田,译. 北京:人民交通出版社,2008.

[8] 叶晓飞,陈峻,顾姗姗. 城市道路路段电动自行车相对于自行车的换算系数[J]. 公路交通科技,2012,29(10):109-116.

[9] Zhou D,Xu C,Wang D,et al. Estimating Capacity of Bicycle Path on Urban Roads in Hangzhou,China[C]. Proceedings of the 94th Annual Meeting of the Transportation Research Board,Washington,DC,2015.

[10] An K,Chen X,Xin F,et al. Travel characteristics of e-bike users:survey and analysis in Shanghai[J]. Procedia-Social and Behavioral Sciences,2013,96(1):1828-1838.

[11] 北京清华同衡规划设计研究院,摩拜单车. 2017 年共享单车与城市发展白皮书[EB/OL]. http://www.199it.com/archives/581592.html. 2018-12-16.

[12] 冯振华. 基于 DBSCAN 聚类算法的研究与应用[D]. 无锡:江南大学,2016.

[13] 李宗林. 基于 DBSCAN 的自适应聚类算法研究[D]. 长沙:长沙理工大学,2015.

[14] 王凌. 智能优化算法及其应用[M]. 北京:清华大学出版社,2001.

[15] The MathWorks,Inc:YALMIP[EB/OL]. https://yalmip.github.io/allsolvers/. 2020-03-12.

[16] International Business Machines Corporation. CPLEX Optimizer[EB/OL]. https://www.ibm.com/analytics/cplex-optimizer. 2020-03-12.

[17] Eastland. 给"共享单车"算一笔账[EB/OL]. https://www.huxiu.com/article/186217.html?f=chouti. 2018-12-20.

第 6 章　互联网租赁自行车智能调度优化

互联网租赁自行车智能调度优化主要包括夜间静态调度和日间动态调度。互联网租赁自行车的夜间静态调度目的是保障次日早高峰时段的用户借还车需求。由于夜间静态调度过程中几乎不存在用户借还车行为，因此调度过程中无须考虑调度需求变化与调度时效性等问题。而在互联网租赁自行车系统运营过程中，高峰时段用户借还车需求具有很强的波动性，容易造成站点的车辆供需不平衡。为了使得系统的需求达到动态平衡，运营企业需要通过合理的日间动态调度方法使供过于求的站点中盈余的车辆流动到供不应求的站点，以保证系统中各站点恢复供需平衡状态。本章综合考虑用户需求与调度成本，分别构建了基于调度子区划分的静态调度优化模型和考虑站点重要度的动态调度优化模型，设计相应的智能优化算法求解所构建的模型，并以实际应用案例验证了模型和算法的可行性，为互联网租赁自行车优化管理决策提供科学依据和技术支持。

6.1　互联网租赁自行车调度量确定

互联网租赁自行车调度需求量确定是进行静态和动态调度子区划分和制定调度路线的基础。本节主要介绍互联网租赁自行车夜间静态调度和日间动态调度的调度需求量确定方法。

6.1.1　静态调度的调度量确定

本节基于互联网租赁自行车早高峰结束前各时段借还需求预测结果，构建了站点的夜间静态调度需求量确定模型，以最大程度满足用户的用车需求。调度需求量确定模型的决策变量和参数符号说明见表 6-1。

表 6-1　调度需求量确定模型的决策变量和参数符号说明

符号	参数符号说明
S	研究范围内站点的集合
T	调度时段集合，$T = \{1, 2, 3\}$，分别表示 06:00～09:00 期间以每小时为间隔的 3 个时段
$rent_{i,t}$	站点 i 在 t 时段的借车量（单位：辆）

续表

符号	参数符号说明
$\text{return}_{i,t}$	站点 i 在 t 时段的还车量（单位：辆）
$\text{avail}_{i,t}$	站点 i 在 t 时段内的可用车辆数（单位：辆）
$\text{avail}'_{i,t}$	站点 i 在 t 时段开始时刻的车辆数（单位：辆）
alloc_i	站点 i 在调度结束后的车辆数（06:00 的车辆数），即调度的目标值（单位：辆）
$\text{rent}_{i,t}^{\text{pred}}$	站点 i 在 t 时段的借车需求量（单位：辆）
$\text{return}_{i,t}^{\text{pred}}$	站点 i 在 t 时段的还车需求量（单位：辆）
init_i	站点 i 在 00:00 的车辆数（单位：辆）
C_i	站点 i 能够容纳车辆的最大容量（单位：辆）
Q	调度的总车辆数（单位：辆）

将最小化超出调度服务安全阈值上限的车辆数（站点最大容量的80%）和低于调度服务安全阈值下限的车辆数（站点最大容量的20%）作为调度需求量确定模型的两个目标函数，以尽可能避免车辆堆积和车辆短缺的情况出现。此外，为了最大限度满足用户早高峰出行需求，将最大化满足用户借车需求作为模型第三个目标函数。

$$\min Z_1 = \sum_{i \in S}\sum_{t \in T} \max\{0, \text{avail}'_{i,t} - 0.8 C_i\} \tag{6-1}$$

$$\min Z_2 = \sum_{i \in S}\sum_{t \in T} \max\{0, 0.2 C_i - \text{avail}'_{i,t}\} \tag{6-2}$$

$$\max Z_3 = \sum_{i \in S}\sum_{t \in T} \text{rent}_{i,t} \tag{6-3}$$

式（6-1）～式（6-3）为模型的目标函数，其中式（6-1）和式（6-2）的目标为最小化，式（6-3）的目标为最大化，对三个目标函数赋予一定的权值，将多目标问题转化为单目标问题求解，构建新的目标函数，完整模型构建如下：

$$\min Z = \lambda_1 Z_1 + \lambda_2 Z_2 - \lambda_3 Z_3 \tag{6-4}$$

$$\sum_{i \in S} \text{alloc}_i = Q \tag{6-5}$$

$$\text{avail}'_{i,t} = \begin{cases} \text{alloc}_i & t=1 \\ \text{avail}'_{i,t-1} + \text{return}_{i,t-1} - \text{rent}_{i,t-1} & \forall t \in T 且 t \geq 2 \end{cases} \quad \forall i \in S \tag{6-6}$$

$$\text{avail}_{i,t} = \text{avail}'_{i,t} + \text{return}_{i,t} \quad \forall i \in S, \quad \forall t \in T \tag{6-7}$$

$$\text{rent}_{i,t} = \min\{\text{rent}_{i,t}^{\text{pred}}, \text{avail}_{i,t}\} \quad \forall i \in S, \quad \forall t \in T \tag{6-8}$$

$$\text{return}_{i,t} = \text{return}_{i,t}^{\text{pred}} \quad \forall i \in S, \forall t \in T \tag{6-9}$$

式（6-4）是调度需求量确定模型的目标函数，Z_1 与 Z_2 均表示站点在安全阈值之外的车辆总数；Z_3 表示用户的借车总数；λ_1、λ_2、λ_3 是加权系数，均为正数，且 $\lambda_1 + \lambda_2 + \lambda_3 = 1$；约束条件（6-5）表示站点 i 在 06:00 的车辆数总和为调度的总车辆数；约束条件（6-6）表示站点 i 在 t 时段开始时刻的车辆数，等于该站点在 $t-1$ 时段开始时刻的车辆数加上 $t-1$ 时段内该站点的还车量并减去借车量；约束条件（6-7）表示站点 i 在 t 时段内的可用车辆数，等于站点 i 在 t 时段内的车辆数加上该站点 t 时段内的还车量；约束条件（6-8）表示站点 i 在 t 时段的借车量，取站点 i 在 t 时段的借车需求与该站点在该时段内的车辆数的最小值；约束条件（6-9）表示站点 i 在 t 时段的还车量，为该站点在该时段内的还车需求。

根据调度需求量模型求解出站点 i 的调度的目标值 alloc_i 后，可根据式（6-10）求得站点 i 的调度需求量 demand_i：

$$\text{demand}_i = \text{alloc}_i - \text{init}_i \tag{6-10}$$

式中，alloc_i 表示站点 i 的调度目标值；init_i 表示站点 i 在 00:00 的车辆数。当 $\text{demand}_i > 0$ 时，表示站点 i 需要调入 demand_i 辆车；当 $\text{demand}_i < 0$ 时，表示站点 i 需要调出 $-\text{demand}_i$ 辆车。

6.1.2 动态调度的调度量确定

调度需求量的确定是解决动态调度问题的关键。调度需求量确定后，租赁自行车的动态调度问题可以转化为带有取送货、容量限制与时间窗等其他约束的车辆路径问题。目前针对租赁自行车动态调度过程中调度需求量确定的研究较少。大多数研究只是简单地要求调度完成后站点的自行车数量达到最大容量的 50% 左右[1]，没有考虑完成调度后到高峰时段结束期间用户借还行为对站点的影响，容易导致站点在短时间内出现多次调度需求，严重影响调度效率。因此，应使得站点在完成调度后的车辆数在高峰时段结束前维持在合理范围内，避免同一个站点在高峰时段内被调度车辆服务多次，浪费调配资源。

在讨论调度需求量确定方法时，将研究范围限定为一个滚动时域内，设滚动时域的初始时刻为 t_0，长度为 τ，并且每个滚动时域被等间隔地划分成 $n = \tau/l$ 个长度为 l 的滚动时段，即 $[t_0, t_0+l], [t_0+l, t_0+2l], \cdots, [t_0+(n-1)l, t_0+nl]$。假设站点 i 在第 m 个滚动时段 $[t_0+(m-1)l, t_0+ml]$ 的初始时刻的车辆数为 $\text{init}_{i,m}$，则站点 i 在时段 $[t_0+(m-1)l, t_0+\tau]$ 内任意时刻 t 的车辆数 $\text{avail}_{i,m}(t)$ 如下：

$$\text{avail}_{i,m}(t) = \max\{0, \text{init}_{i,m} - v_{i,m} \cdot [t - t_0 - (m-1)l]\} \quad t_0+ml \leqslant t \leqslant \tau, m=1,\cdots,n$$

$$\tag{6-11}$$

式中，$v_{i,m}$ 为 i 站点在第 m 个滚动时段 $[t_0+(m-1)l, t_0+ml)$ 的借还速率差，其计算公式如下：

$$v_{i,m} = \lambda v_{i,m,l}^{\text{past}} + (1-\lambda)v_{i,m,\tau}^{\text{pred}} \quad (0 \leqslant \lambda \leqslant 1) \tag{6-12}$$

式中，λ 为加权系数；$v_{i,m,l}^{\text{past}}$ 表示站点 i 在 $[t_0+(m-2)l, t_0+(m-1)l)$ 时段内，根据历史借还量计算得到的借还速率差，其计算方式如式（6-13）所示；$v_{i,m,\tau}^{\text{pred}}$ 表示站点 i 在 $[t_0+(m-1)l, t_0+\tau)$ 时段内，根据预测借还量计算得到的借还速率差，其计算公式如下：

$$v_{i,m,l}^{\text{past}} = \frac{N_{i,m,l}^{\text{past,rent}} - N_{i,m,l}^{\text{past,return}}}{l} \tag{6-13}$$

$$v_{i,m,\tau}^{\text{pred}} = \frac{N_{i,m,\tau}^{\text{pred,rent}} - N_{i,m,\tau}^{\text{pred,return}}}{\tau - (m-1)l} \tag{6-14}$$

式中，$N_{i,m,l}^{\text{past,rent}}$ 和 $N_{i,m,l}^{\text{past,return}}$ 分别表示站点 i 在 $(t_0+(m-2)l, t_0+(m-1)l)$ 时段内的历史借车量和还车量；$N_{i,m,\tau}^{\text{pred,rent}}$ 和 $N_{i,m,\tau}^{\text{pred,return}}$ 分别表示站点 i 在 $(t_0+(m-1)l, t_0+\tau)$ 时段内的预测借车量和还车量。

当 $v_{i,m} > 0$ 时，站点车辆数在当前滚动时段内随时间逐渐减少，站点总体处于借出状态，称该站点为借出站点；当 $v_{i,m} < 0$ 时，站点车辆数在当前滚动时段内随时间逐渐增加，站点总体处于还入状态，称该站点为还入站点。随着时间的延长，站点 i 在当前滚动时段内某一时刻的车辆数将可能达到调度服务安全阈值上限或降至调度服务安全阈值下限，称这一时刻为站点 i 当前滚动时段内的调度预警时刻，记作 $\text{tw}_{i,m}$，其计算公式如下：

$$\text{tw}_{i,m} = \begin{cases} t_0+(m-1)l + \dfrac{\text{init}_{i,m}-0.2C_i}{v_{i,m}} & v_{i,m}>0, \text{init}_{i,m}>0.2C_i \\ t_0+(m-1)l + \dfrac{\text{init}_{i,m}-0.8C_i}{v_{i,m}} & v_{i,m}<0, \text{init}_{i,m}<0.8C_i \\ t_0+(m-1)l & \text{init}_{i,m} \leqslant 0.2C_i \text{或} \text{init}_{i,m} \geqslant 0.8C_i \end{cases} \tag{6-15}$$

图 6-1（a）和（b）展示了站点车辆数随时间变化的曲线。其中，图 6-1（a）中，虚线展示了在不进行调度的情况下借出站点车辆数随时间变化的过程。在 $t=\text{tw}_{i,m}$ 时，站点车辆数降至调度安全阈值下限；图 6-1（b）中，虚线展示了在不进行调度的情况下还入站点车辆数随时间变化的过程。在 $t=\text{tw}_{i,m}$ 时，站点车辆数到达调度安全阈值上限。

对各站点进行调度的目标是使得该站点达到调度服务安全阈值上限或降至调度服务安全阈值下限的时间延迟至滚动时域结束。假设调度过程不会影响用户的出行意愿，即各站点在调度前后的变化曲线斜率保持不变[2]，那么对借出站点进行车辆调入，可看作站点车辆数-时间曲线的上移，如图 6-1（a）中上方曲线所示；对还入站点进行车辆调出，可看作站点车辆数-时间曲线的下移，如图 6-1（b）中的下方曲线所示。站点经调度后，车辆数在滚动时域结束前将始终维持在调度安全阈值的范围内。

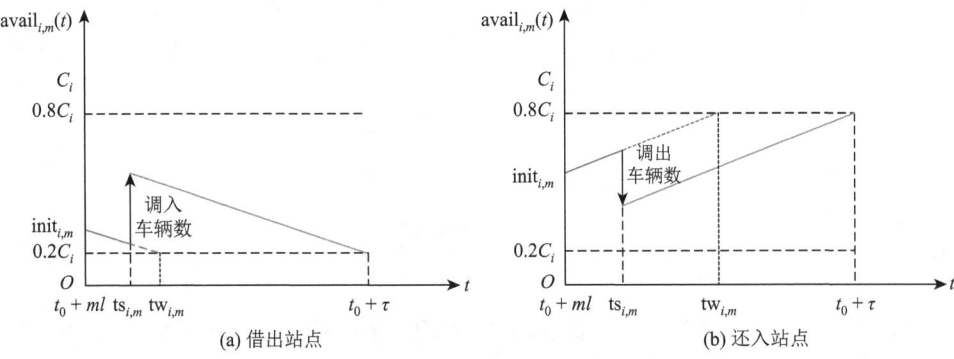

图 6-1 站点车辆数随时间变化曲线

对于借出站点，即 $v_{i,m}>0$ 的站点，假设调度车辆在 $\text{ts}_{i,m}$ 时刻到达站点进行调度，此时，站点 i 的车辆数如下：

$$\text{avail}_{i,m}(\text{ts}_{i,m}) = \text{init}_{i,m} - v_{i,m} \cdot (\text{ts}_{i,m} - t_0 - ml) \quad v_{i,m} > 0 \quad (6\text{-}16)$$

为保证在滚动时域结束前，站点车辆数均不低于调度安全阈值下限，站点 i 的调入车辆数 $\text{demand}_{i,m}$ 应满足：

$$\frac{\text{avail}_{i,m}(\text{ts}_{i,m}) + \text{demand}_{i,m} - 0.2C_i}{v_{i,m}} = (t_0 + \tau) - \text{ts}_{i,m} \quad v_{i,m} > 0 \quad (6\text{-}17)$$

由式（6-16）与式（6-17）可解得调度需求量 $\text{demand}_{i,m}$

$$\begin{aligned}
\text{demand}_{i,m} &= v_{i,m}[(t_0 + \tau) - \text{ts}_{i,m}] + 0.2C_i - \text{avail}_{i,m}(\text{ts}_{i,m}) \\
&= v_{i,m}(t_0 - \text{ts}_{i,m}) + v_{i,m}\tau + 0.2C_i - [\text{init}_{i,m} - v_{i,m} \cdot (\text{ts}_{i,m} - t_0 - ml)] \quad (6\text{-}18) \\
&= v_{i,m}(\tau - ml) - \text{init}_{i,m} + 0.2C_i
\end{aligned}$$

对于还入站点，即 $v_{i,m}<0$ 的站点，假设调度车辆在 $\text{ts}_{i,m}$ 时刻到达站点进行调度，此时，站点 i 的车辆数如下：

$$\text{avail}_{i,m}(\text{ts}_{i,m}) = \text{init}_{i,m} - v_{i,m} \cdot (\text{ts}_{i,m} - t_0 - ml) \quad v_{i,m} < 0 \quad (6\text{-}19)$$

为保证滚动时域结束前，站点车辆数均不高于调度安全阈值上限，站点 i 的调出车辆数 $\text{demand}_{i,m}$ 应满足

$$\frac{0.8C_i - [\text{avail}_{i,m}(\text{ts}_{i,m}) + \text{demand}_{i,m}]}{-v_{i,m}} = (t_0 + \tau) - \text{ts}_{i,m} \quad v_{i,m} < 0 \quad (6\text{-}20)$$

由式（6-19）与式（6-20）可解得调度需求量 $\text{demand}_{i,m}$

$$\begin{aligned}\text{demand}_{i,m} &= v_{i,m}[(t_0+\tau)-\text{ts}_{i,m}]+0.8C_i-\text{avail}_{i,m}(\text{ts}_{i,m})\\ &= v_{i,m}(t_0-\text{ts}_{i,m})+v_{i,m}\tau+0.8C_i-[\text{init}_{i,m}-v_{i,m}\cdot(\text{ts}_{i,m}-t_0-ml)]\\ &= v_{i,m}(\tau-ml)-\text{init}_{i,m}+0.8C_i\end{aligned} \quad (6\text{-}21)$$

当 $\text{demand}_{i,m}>0$ 时，表示站点 i 在滚动时段 m 需要调入 $\text{demand}_{i,m}$ 辆车；当 $\text{demand}_{i,m}<0$ 时，表示站点 i 在滚动时段 m 需要调出 $-\text{demand}_{i,m}$ 辆车。

6.2 互联网租赁自行车调度子区划分方法

针对大型的互联网租赁自行车系统，统一调度不仅很难及时满足站点的调度服务请求，而且调度车辆的服务范围过大会导致调度车辆的服务时间和调度费用增加。因此，对互联网租赁自行车系统进行调度前，有必要将大规模站点间的调度分解为多个小规模站点间的调度，以降低调度路径规划求解的计算复杂度。

传统的调度子区划分通常采用基于行政区区域的静态划分方法，以每个城市的行政区作为划分单元，即一个行政区作为一个划分区域。这种方法虽然避免了区域划分带来的政策矛盾和决策问题，有利于整个城市各区的协调管理，但由于该方法未考虑各个站点的实时需求信息，可能会导致调度子区间的租赁自行车调出和调入的请求严重不平衡，降低了调度的效率和自行车的周转率[3]。考虑到租赁自行车站点实时调度需求及站点间距离等因素，一些学者提出了基于空间聚类算法的多阶段租赁自行车调度子区动态划分方法[3-11]。此类算法首先利用 K-means 或 K-medoids 聚类算法对站点进行基于实际距离的第一次聚类划分，随后通过站点间的关联规则或者以交换站点的方式调整分区内的供需平衡。基于聚类算法的调度子区划分方法虽然能够快捷地划分调度子区，但会出现难以确定调度子区数量、划分结果难以评价和需要多阶段操作计算等问题[9, 12]。

不同于聚类算法，社团发现算法在对租赁自行车调度子区进行划分时，无须事先指定调度子区的数目，且可以充分考虑各调度子区间调度工作量的平衡性，其分区效果优于空间聚类算法和近邻传播（affinity propagation）算法等其他方法[12]。因此，本节提出了一种基于社团发现算法的互联网租赁自行车调度子区动态划分方法，该方法综合考虑自行车站点空间距离关系和站点调度需求量，一方面使得距离相近的站点从属于同一区域，另一方面将调度需求量互补的站点聚类成自平衡调度子区，在满足服务点自身需求特性的基础上，提高调度效率、降低调度成本。

6.2.1 非重叠社团发现概念

互联网租赁自行车系统生成虚拟站点后，可根据各站点之间自行车的需求关系将其抽象为一个具有社团结构的复杂网络。整个网络由若干个社团组成,社团之间的连接相对稀疏,社团内部的连接相对稠密[13]。

社区发现是指在图 $G=\langle V,E\rangle$ 中确定 $n(n\geqslant 1)$ 个社区:

$$C=\{C_1,C_2,\cdots,C_n\} \quad (6\text{-}22)$$

式中,V 表示图的节点,即互联网租赁自行车系统的站点;E 表示图中的边,用于连接各站点。各个社区 $C_i(i=1,\cdots,n)$ 的顶点集合构成 V 的一个覆盖。若任意两个社区的顶点集合的交集均为空,则称 C 为非重叠社团;否则称为重叠社团。由于不考虑调度子区之间的车辆调度,因此属于考虑非重叠社区的情形,非重叠社区结构示意图如图 6-2 所示。

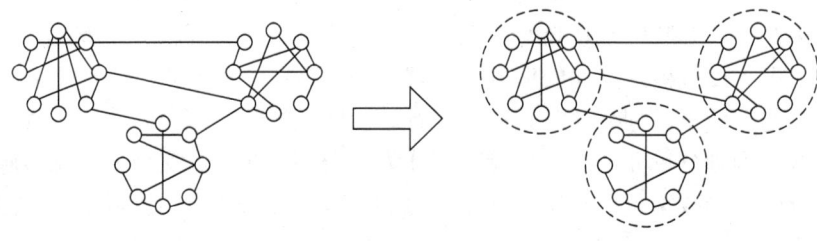

图 6-2 非重叠社区结构示意图

在划分互联网租赁自行车调度子区时,为使得各调度子区的调度需求量尽量达到平衡,根据各站点的调度需求量和站点间的距离构造站点相似度矩阵,作为划分调度子区的依据。将需要调度的 n 个站点组成一个复杂网络,构造站点间的距离矩阵 **Dis** 和站点间的调度需求量矩阵 **Dem**

$$\textbf{Dis}=\begin{bmatrix} d_{11} & d_{12} & d_{13} & \cdots & d_{1n} \\ d_{21} & d_{22} & d_{23} & \cdots & d_{2n} \\ d_{31} & d_{32} & d_{33} & \cdots & d_{3n} \\ \vdots & \vdots & \vdots & & \vdots \\ d_{n1} & d_{n2} & d_{n3} & \cdots & d_{nn} \end{bmatrix} \quad (6\text{-}23)$$

$$\textbf{Dem}=\begin{bmatrix} \text{demand}_1 \\ \text{demand}_2 \\ \text{demand}_3 \\ \vdots \\ \text{demand}_n \end{bmatrix} \quad (6\text{-}24)$$

由站点间的距离矩阵 **Dis** 和各站点的调度需求量 **Dem** 可计算出站点间的相似度矩阵 W。由于站点间空间距离与调度需求量都是有各自量纲的数据,在将调度需求量数据和空间距离进行整合时应先进行数据归一化处理。

$$x_{\text{scale}} = \frac{x - x_{\min}}{x_{\max} - x_{\min}} \tag{6-25}$$

式中，x 表示数据集中空间距离或调度需求量的数据集合；$x_{\min}$ 表示该组特征的最小值，$x_{\max}$ 表示该组特征的最大值；x_{scale} 表示空间距离或调度需求量数据归一化后的结果，取值在[0, 1]。

完成数据归一化处理后，计算站点 i 和站点 j 之前的相似度 w_{ij}^{t+1}，计算方法如下[14]：

$$w_{ij}^{t+1} = \begin{cases} \dfrac{e^{-|\text{demand}_i^{t+1} + \text{demand}_j^{t+1}|}}{d_{ij}} & \text{demand}_i^{t+1} \cdot \text{demand}_j^{t+1} < 0 \\ 0 & \text{otherwise} \end{cases} \tag{6-26}$$

式中，w_{ij}^{t+1} 表示站点 i 和站点 j 之间在 $t+1$ 时刻的权重；d_{ij} 表示站点 i 和站点 j 之间的距离；demand_i^{t+1} 表示站点 i 在 $t+1$ 时刻的调度需求量。

站点间的相似度矩阵可表示为

$$W = \begin{bmatrix} w_{11} & w_{12} & w_{13} & \cdots & w_{1n} \\ w_{21} & w_{22} & w_{23} & \cdots & w_{2n} \\ w_{31} & w_{32} & w_{33} & \cdots & w_{3n} \\ \vdots & \vdots & \vdots & & \vdots \\ w_{n1} & w_{n2} & w_{n3} & \cdots & w_{nn} \end{bmatrix} \tag{6-27}$$

6.2.2 非重叠社团发现算法

非重叠社团发现算法中的每个节点有且仅属于一个社团。下面主要介绍两种典型的社团发现算法，具体包括模块度优化算法（Louvain 算法）和信息论方法（Infomap 算法）[13]。运用上述两种方法进行租赁自行车调度子区划分时不需要像聚类算法一样事先指定社团的个数，且分区效果好于聚类算法[12, 15]。

1. Louvain 算法

本节将介绍由 Newman 提出的基于模块度的 Louvain 算法[16]。Louvain 算法利用模块度来量化评价社区划分结果的好坏。模块度指网络中社区内部总权重与网络总边数的比值，减去相同社区结构下随机网络的比值，其具体公式如下

$$Q = \frac{1}{2m} \sum_{i,j} \left[w_{ij} - \frac{k_i k_j}{2m} \right] \delta(c_i, c_j) \tag{6-28}$$

式中，$m = \dfrac{1}{2} \sum_{i,j} w_{ij}$ 表示网络中的所有权重；w_{ij} 表示节点 i 和节点 j 之间的权重；

$k_i = \sum_j w_{ij}$ 表示所有与节点 i 连接的边的权重之和;c_i 表示节点 i 被分配到的社区;$\delta(c_i, c_j)$ 用于判断节点 i 与节点 j 是否被划分在同一个社区中,若是,则为 1,否则为 0。

模块度的公式定义可作如下简化

$$Q = \frac{1}{2m} \sum_{i,j} \left[w_{ij} - \frac{k_i k_j}{2m} \right] \delta(c_i, c_j)$$
$$= \frac{1}{2m} \left[\sum_{i,j} w_{ij} - \frac{\sum_i k_i \sum_j k_j}{2m} \right] \delta(c_i, c_j) \quad (6\text{-}29)$$
$$= \frac{1}{2m} \sum_c \left[\sum_{\text{in}} - \frac{\left(\sum_{\text{tot}} \right)^2}{2m} \right]$$

式中,$\sum_{\text{in}}$ 为该社区内部的连接权重之和;$\sum_{\text{tot}}$ 为所有与该社区相连的边的权重之和。

Louvain 算法可以分为两个阶段反复迭代计算:在第一阶段,首先假设存在一个具有 n 个节点的有权网络,将该网络中每个节点均视作一个独立的社区,并进行编号。对每个节点 i,通过计算其加入邻居节点 j 所在社区后模块度增量 ΔQ 的变化,如果 $\Delta Q > 0$,则将其归入对应模块度变化最大的邻居节点所在的社区,否则,维持原状。模块度增量计算公式如下

$$\Delta Q = \left[\frac{\sum_{\text{in}} + k_{i,\text{in}}}{2m} - \left(\frac{\sum_{\text{tot}} + k_i}{2m} \right)^2 \right] - \left[\frac{\sum_{\text{in}}}{2m} - \left(\frac{\sum_{\text{tot}}}{2m} \right)^2 - \left(\frac{k_i}{2m} \right)^2 \right] \quad (6\text{-}30)$$

式中,$\sum_{\text{in}}$ 表示社区 c 内部连边的权重之和;$\sum_{\text{tot}}$ 表示指向社区 c 中节点的连边的权值之和;k_i 为指向节点 i 的连边的权重之和;$k_{i,\text{in}}$ 表示节点 i 与社区 c 内部节点之间的连边的权重之和。

在第二阶段,利用第一阶段发现的社区构建新的网络,将上一阶段发现的社区视为新的节点,并对社区内的节点进行压缩。新节点之间的权重值由社区内部节点间的权重值之和决定。当新的网络建立完成后,重复第一阶段的过程直到得到局部模块度最大的社区为止。

Louvain 算法的具体流程可表述为[17]:

步骤 1 将网络中每个节点均视作一个独立的社区。

步骤 2 对每个节点 i,依次尝试将节点 i 分配到其邻居节点所在社区,并计算分配前后对应的模块度的增量 ΔQ,记录 ΔQ 最大的节点,如果 $\max \Delta Q > 0$,则将节点分配到该邻居节点所在的社区,否则保持不变。

步骤 3 重复步骤 2,直到所有节点的社区归属不再发生变化。

步骤 4 对网络进行压缩,将属于同一个社区的节点压缩成新节点,社区内

节点间的权重之和转化为新的节点的自环权重，社区间的边权重之和转化为新节点间的边权重。

步骤5 重复步骤1至步骤4，直至整个社区的模块度不再发生变化。

2. Infomap 算法

本节将介绍由 Rosvall 等提出的基于信息编码理论的 Infomap 算法[18]。Infomap 算法利用随机游走功能进行网络上的信息传播。对网络中的各个节点进行哈夫曼（Huffman）编码[19]，每个节点都有一个对应的编码，将随机游走者生成的路径中每一个节点的编码依次排列，形成一个序列，该序列的长度即为编码长度。假设网络存在一个社区划分 M，它将网络划分成 m 个社区，$i=1,2,\cdots,m$，则其对应的编码长度 $L(M)$ 定义如下：

$$L(M) = q_{\curvearrowright} H(Q) + \sum_{i=1}^{m} p_{\circlearrowleft}^{i} H(p^{i}) \tag{6-31}$$

$$H(Q) = -\sum_{i=1}^{m} \frac{q_{i\curvearrowright}}{\sum_{j=1}^{m} q_{j\curvearrowright}} \lg\left(\frac{q_{i\curvearrowright}}{\sum_{j=1}^{m} q_{j\curvearrowright}}\right) \tag{6-32}$$

$$H(P^{i}) = -\frac{q_{i\curvearrowright}}{p_{\circlearrowleft}^{i}} \lg\left(\frac{q_{i\curvearrowright}}{p_{\circlearrowleft}^{i}}\right) - \sum_{\alpha \in i} \frac{p_{\alpha}}{p_{\circlearrowleft}^{i}} \lg\left(\frac{p_{\alpha}}{p_{\circlearrowleft}^{i}}\right) \tag{6-33}$$

式（6-31）～（6-33）中，$H(Q)$ 则表示随机游走者在社区间转移相应的信息熵；$H(P^i)$ 表示第 i 个社区内节点间跳转行为的信息熵；$q_{\curvearrowright}$ 表示随机游走任意一步在模块社区间转移的概率；$p_{\circlearrowleft}^{i} = q_{i\curvearrowright} + \sum_{\alpha \in i} p_{\alpha}$ 表示离开社区 i 的概率加上社区内节点间的转移概率总和；p_{α} 表示随机游走者离开节点 α 的概率；$q_{i\curvearrowright}$ 表示游走者离开第 i 个社区的概率。

采取二级 Huffman 编码方法将网络的社区划分问题转化成最优编码问题，即寻找随机游走者在网络中游走路径的最小编码长度。编码长度可分为路径在社区间的信息熵和社区内节点的信息熵，分别对应社区编码长度和节点编码长度[20]。

6.2.3 调度子区划分评价指标

为评价互联网租赁自行车调度子区动态划分算法的效果，选取了四个指标：调度子区内离散度、子区间离散度、调度子区内站点数量不平衡度、调度子区内调度需求不平衡度[6]。

1. 调度子区内离散度和子区间离散度

划分后的调度子区内站点的相似度应尽量高，调度子区间的站点相似度尽量低。给定站点间的距离矩阵 $\boldsymbol{D}=\{d_{ij}\}_{n\times n}$，点 p 到类 c 的平均距离 D_{pc} 为

$$D_{pc}=\sqrt{\frac{1}{N_c}\sum_{q\in c}d_{pq}^2} \tag{6-34}$$

类 c_1、c_2 间的平均距离为

$$D_{c_1c_2}=\sqrt{\frac{1}{N_{c_1}N_{c_2}}\sum_{\substack{p\in c_1\\q\in c_2}}d_{pq}^2} \tag{6-35}$$

若 $c=c_1\cup c_2$，点（类）k 到类 c 的平均距离为

$$D_{kc}=\sqrt{\frac{N_{c_1}}{N_{c_1}+N_{c_2}}D_{kc_1}^2+\frac{N_{c_2}}{N_{c_1}+N_{c_2}}D_{kc_2}^2} \tag{6-36}$$

基于平均距离的类 c 的类内离散度为

$$S_{N_c}=\sqrt{\frac{2}{N_c-1}\sum_{k\in c}\sum_{\substack{j\in c\\k\neq j}}d_{kj}^2} \tag{6-37}$$

基于平均距离的类 c_1、c_2 的类间离散度为

$$S=\sqrt{\frac{N_{c_1}+N_{c_2}}{N_{c_1}N_{c_2}}\sum_{k\in c_1}\sum_{j\in c_2}d_{kj}^2} \tag{6-38}$$

子区内离散度越小，子区间离散度越大，调度子区划分越合理。

2. 调度子区内站点数量不平衡度

每个区域都含有一定数量的有调度需求的站点，为了衡量不同区域站点数量的差距，定义类 c 的站点数量不平衡度如下：

$$\mathrm{IN}_c=|N_c-\bar{N}| \tag{6-39}$$

$$\bar{N}=\left[\frac{N}{m}+0.5\right] \tag{6-40}$$

式中，$\bar{N}$ 为所有区域内的站点数量的平均值；m 为区域的数量。站点数量不平衡度值越小，调度子区划分越合理。

3. 调度子区内调度需求不平衡度

为了使划分调度子区内部尽量达到自平衡，在进行调度子区划分时，将具有自行车调入需求的服务点和具有调出需求的互补服务点放入同一个区域，使得调度子区内调度需求量总和趋近于最小值，尽量达到区域内的自平衡。区域内站点的需求分为两种类型，一种是请求调出的车辆需求（正值），另一种是请求调入的车辆需求（负值）。为使得每个区域内的调入和调出需求能够最大限度地相互平衡抵消，定义类 c 的站点需求不平衡度

$$\mathrm{IR}_c = \left| \sum_{k \in c} r_k \right| \tag{6-41}$$

式中，r_k 为站点集对应的调度需求量。调度需求不平衡度越小，调度子区划分越合理。

6.3 互联网租赁自行车静态调度优化模型

6.3.1 问题描述

互联网租赁自行车调度问题与传统的车辆路径问题（vehicle routing problem，VRP）相似[21]，如图 6-3 所示，该问题可以描述为：由于用户使用需求不均衡，租赁自行车系统中各站点车辆分布不均匀，需要调入或调出车辆。调度车辆从调度车场出发，在容量、最长行驶距离等约束下，确定最佳的调度路径，使各站点的调度需求得到满足，最终回到调度车场。调度的目标是使车辆的运输成本达到最低，最大程度满足用户借还需求，确保调度结束后每个站点的自行车数量尽可能达到调度目标值。

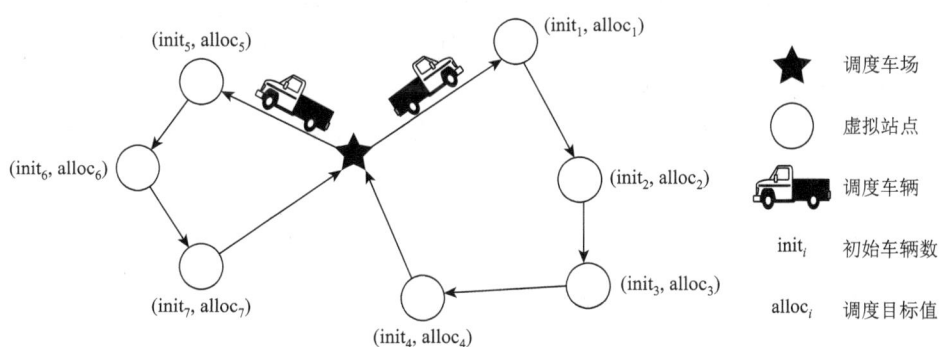

图 6-3 调度车场租赁自行车调度问题示意图

本节的研究对象为互联网租赁自行车夜间静态调度，其目的是使得站点的车辆分布尽量满足第二天早高峰的实际需求量。通过分析互联网租赁自行车借还需求的时间分布特征，可知 00:00～06:00 这一时段几乎没有出行需求，租赁自行车的借还量很低，其对各站点平衡情况干扰能够忽略不计。同时，夜间车辆行驶通畅，调度时间充裕，因此夜间静态调度不考虑需求变化及调度时间要求等约束。在确定调度需求量时，充分考虑早高峰用户借车需求并尽可能避免车辆堆积和车辆短缺的情况出现；在调度方案制定过程中，存在调度需求的站点仅被一辆配送卡车服务一次，调度时不需要所有的站点都严格按照事先给定的自行车配备数量进行调度，综合考虑满足用户需求最大化目标及调度成本最小化目标，对配送卡车调度线路进行优化。

6.3.2 模型构建

调度路径优化模型的目的是在已知各站点调度需求量的情况下，寻找一条同时兼顾调度成本和用户需求的调度路线。

1. 模型假设

互联网租赁自行车的实际调度中受到诸多因素的影响，为了保障互联网租赁自行车静态调度优化模型的可操作性，构建理论模型时，在尽可能考虑主要影响因素的基础上，结合互联网租赁自行车系统实际调度情况，做出如下假设：

（1）每个调度子区内只有一个调度车场，调度车场内有一定数量的调度车辆，且不考虑调度子区间的跨区调度。

（2）各调度车辆车型一致，具有相同的容量，单次启动的成本相同，且车场内调度车辆数能够保证该片区的调度工作顺利进行。

（3）各个站点的位置一定，站点、调度车场与道路形成完整的网络，节点和线网一直在调度执行过程中，调度运输车具有固定的运行速度，且不考虑道路交通拥堵、天气状况等的影响。

（4）00:00~06:00 期间各站点具有较小的借还车需求，因此假设调度期间各站点的调度需求不会发生变化。

2. 符号说明

静态调度路径优化模型的决策变量和参数符号说明见表 6-2。

表 6-2 静态调度路径优化模型的决策变量和参数符号说明

符号	参数符号说明
S_c	调度子区的车场
S	调度子区内的站点集合
S_0	调度子区内的站点及调度车场集合，$S_0 = S \cup \{s_c\}$
K	卡车集合
$x_{i,j,k}$	$x_{i,j,k} \in \{0,1\}$，如果卡车 k 从站点 i 前往站点 j，则 $x_{i,j,k}=1$，否则 $x_{i,j,k}=0$
y_k	$y_k \in \{0,1\}$，如果卡车 k 参与了调度，则 $y_k=1$，否则 $y_k=0$

续表

符号	参数符号说明
$q_{i,k}^+$	卡车 k 到达 i 站点时,卡车剩余车辆数(单位:辆)
$q_{i,k}^-$	卡车 k 离开 i 站点时,卡车剩余车辆数(单位:辆)
$l_{i,k}$	卡车 k 在 i 站点装卸的车辆数(单位:辆) $l_{i,k}>0$,向站点 i 投放 $l_{i,k}$ 辆车 $l_{i,k}<0$,从站点 i 收集 $-l_{i,k}$ 辆车(单位:辆)
twork$_{i,k}$	卡车 k 在 i 站点的装卸车辆时间(单位:h)
demand$_i$	站点 i 的调度需求量(单位:辆) demand$_i>0$,表示站点 i 需要调入 demand$_i$ 辆车 demand$_i<0$,表示站点 i 需要调出 $-$demand$_i$ 辆车
U	卡车的容量(单位:辆)
v	卡车的行驶速度(单位:km/h)
dis$_{i,j}$	站点 i 和站点 j 之间的距离(单位:km)
ω_r	卡车的启动成本[单位:元/(次·辆)]
ω_{st}	装卸车辆时间成本(单位:元/h)
ω_d	单位时间车辆行驶成本(单位:元/h)
D	卡车可以行驶的最大距离(单位:km)

3. 模型结构

模型的目标函数包括调度成本和实际调度量与调度目标值的偏离量。

1)调度成本最小化

调度成本由卡车行驶成本 $\omega_d \sum_{i\in S_0}\sum_{\substack{j\in S_0\\j\neq i}}\sum_{k\in K} x_{i,j,k} \cdot \dfrac{\text{dis}_{i,j}}{v}$、卡车启动成本 $\omega_r \sum_{k\in K} y_k$ 和装卸车辆时间成本 $\omega_{st} \sum_{i\in S_0}\sum_{\substack{j\in S\\j\neq i}}\sum_{k\in K} x_{i,j,k} \cdot \text{twork}_{j,k}$ 组成,调度成本最小化对应的目标函数如下:

$$\min F_1 = \omega_d \sum_{i\in S_0}\sum_{\substack{j\in S_0\\j\neq i}}\sum_{k\in K} x_{i,j,k} \cdot \frac{\text{dis}_{i,j}}{v} + \omega_r \sum_{k\in K} y_k + \omega_{st} \sum_{i\in S_0}\sum_{\substack{j\in S\\j\neq i}}\sum_{k\in K} x_{i,j,k} \cdot \text{twork}_{j,k} \quad (6\text{-}42)$$

其中,卡车行驶成本是卡车行驶过程中所产生的成本,与卡车行驶的距离和速度有关;卡车启动成本是启动卡车需要的固定成本,与启动卡车的数量有关;

装卸车辆时间成本是指在站点进行车辆投放和收集工作时产生的时间成本,该成本与装卸车辆数和装卸车辆时间有关。不同于传统的有桩公共自行车,互联网租赁自行车没有设置固定桩位,因此,站点的车辆收集时间与车辆散布程度有关。利用骑行数据中的起始点位置数据可以计算站点的车辆散布度 $S_e(i)$[22],计算公式如下:

$$S_e(i) = \frac{R_w(i) \cdot \sigma^2(i)}{R_i \cdot \bar{X}_i} \tag{6-43}$$

式中,X_i 为站点 i 内各车辆到站点形心的距离集合;$R_w(i)$ 是集合 X_i 的极差;$\sigma^2(i)$ 是距离集合 X_i 的标准差;$\bar{X}_i$ 是距离的平均数;R_i 为站点 i 的半径。

选取各站点散布程度的平均值作为平均散布度 $\bar{S}$,对所有站点的散布度作归一化处理,站点 i 的相对散布度 $S(i)$ 如下:

$$S(i) = \frac{|S| S_e(i)}{\sum_{j \in S} S_e(j)} \tag{6-44}$$

因此,卡车 k 在站点 i 的装卸车辆时间的计算公式如下:

$$\text{twork}_{i,k} = \begin{cases} t_{sc} |l_{i,k}| S(i) & l_{i,k} \leq 0 \\ t_{sp} |l_{i,k}| & l_{i,k} > 0 \end{cases} \tag{6-45}$$

式中,t_{sc} 表示站点平均车辆收集时间;t_{sp} 表示站点平均车辆投放时间;$S(i)$ 为站点 i 的相对散布度。

2)实际调度量与调度目标值的偏离量最小化

将实际调度量与调度目标值的偏离量最小化作为优化目标,使得各站点调度后的车辆数尽可能接近调度目标值。实际调度量与调度目标值的偏离量最小化对应的目标函数如下:

$$\min F_2 = \sum_{i \in S_0} \sum_{\substack{j \in S \\ j \neq i}} \sum_{k \in K} x_{i,j,k} \cdot (\text{demand}_j - l_{j,k}) \tag{6-46}$$

式(6-42)和(6-46)为模型的两个目标函数,目标均为最小化,对两个目标函数赋予一定的权值,将多目标问题转化为单目标问题求解,构建新的目标函数,完整模型构建如下

$$\min F = \phi_1 F_1 + \phi_2 F_2 \tag{6-47}$$

$$l_{i,k} = \begin{cases} \min\{\text{demand}_i, q_{i,k}^+\} & \text{demand}_i > 0 \\ -\min\{-\text{demand}_i, U - q_{i,k}^+\} & \text{demand}_i < 0 \end{cases}, \forall i \in S, \forall k \in K \tag{6-48}$$

$$q_{i,k}^- = q_{i,k}^+ - l_{i,k} \quad \forall i \in S, \forall k \in K \tag{6-49}$$

$$q_{i,k}^+ = \sum_{j \in S} x_{j,i,k} \cdot q_{j,k}^- \quad \forall i \in S, \forall k \in K \tag{6-50}$$

$$q_{s_c,k}^- = 0 \quad \forall k \in K \tag{6-51}$$

$$\sum_{j \in S} x_{s_c,j,k} = \sum_{j \in S} x_{j,s_c,k} \leqslant 1 \quad \forall k \in K \qquad (6\text{-}52)$$

$$x_{i,j,k} \in \{0,1\} \quad \forall i,j \in S_0, i \neq j, \forall k \in K \qquad (6\text{-}53)$$

$$\sum_{k \in K} \sum_{\substack{j \in S_0 \\ j \neq i}} x_{i,j,k} = 1 \quad \forall i \in S \qquad (6\text{-}54)$$

$$\sum_{k \in K} \sum_{\substack{j \in S_0 \\ j \neq i}} x_{j,i,k} = 1 \quad \forall i \in S \qquad (6\text{-}55)$$

$$y_k = \sum_{j \in S} x_{s_c,j,k} \quad \forall k \in K \qquad (6\text{-}56)$$

$$\sum_{i \in S_0} \sum_{\substack{j \in S_0 \\ j \neq i}} x_{i,j,k} \cdot \mathrm{dis}_{i,j} \leqslant D \quad \forall k \in K \qquad (6\text{-}57)$$

式（6-47）是静态调度优化模型的目标函数，包括最小化调度成本和实际调度量与调度目标值的偏离量，F_1 表示调度成本；F_2 表示实际调度量与调度目标值的偏离量；ϕ_1、ϕ_2 是加权系数，均为正数，且 $\phi_1 + \phi_2 = 1$。约束条件（6-48）表示卡车 k 在 i 站点装卸的车辆数，在该站点所投放的实际车辆数为该站点需调入的车辆数与卡车到达该站点时车上所装载的车辆数的最小值；在该站点所收集的实际车辆数为该站点需调出的车辆数与卡车到达该站点时车上所剩余容量的最小值。约束条件（6-49）表示卡车离开站点时，所装载车辆数的更新。约束条件（6-50）表示卡车到达站点时，所装载车辆数为其离开上一站点时所装载的车辆数。约束条件（6-51）表示卡车从调度车场空车出发。约束条件（6-52）表示卡车从调度车场出发，调度完成后回到调度车场。约束条件（6-53）表示卡车是否前往各站点的决策变量的取值只能为 0 或 1（1 表示前往，0 表示不前往）。约束条件（6-54）和约束条件（6-55）表示在一次调度过程中，各站点将被服务且仅被服务一次。约束条件（6-56）表示卡车一旦参与调度，则一定从调度车场出发。约束条件（6-57）表示卡车行驶距离不能超过卡车的最大行驶距离。

6.3.3 模型求解

需求量确定模型是一个复杂的非线性整数规划问题，调度路径优化问题属于典型的 NP-hard 问题[6, 23, 24]，求解上述模型可采用多种算法，不同算法的求解时间与求解精度也不相同。目前，针对 50 个站点以下的小规模的租赁自行车调度路径优化模型[2, 25]，多采用 LINGO、CPLEX 等优化问题求解工具对模型进行精确求解[26-28]。而针对规模较大的租赁自行车调度路径优化模型，多采用智能优化算法。其中，遗传算法在租赁自行车路径优化问题的求解中被广泛使用，其求解效果得到了充分验证[5, 29]。通过对遗传算法进行改进，引入生物免疫系统的免疫算子，提出了免疫遗传算法对模型进行求解。

1. 遗传算法

遗传算法（genetic algorithm）是一种元启发式方法[30]，是进化算法中最具代表性的算法之一。遗传算法受到生物进化论中关于基因突变、交叉和选择过程中的优胜劣汰思想的启发，在不断迭代的过程中，在优化和搜索问题中提供较高质量解决方案。遗传算法的操作对象为问题的一组可行解，每个可行解对应于生物学中的一条染色体，可行解中的每一个编码位对应于染色体上的基因，一组可行解称为种群。在每一轮迭代进化中，种群之间将按照概率进行交叉或变异，产生新的可行解；同时，每个种群在一次进化中都将通过适应度函数及选择策略筛选出优秀的染色体，在进化过程中保留下来，相应地，淘汰表现不佳的染色体。在进化次数达到一定规模时，算法趋于稳定并逐渐收敛。

2. 人工免疫算法

人工免疫算法（artificial immune algorithm）是一个自适应算法[31]，该算法受到人体免疫学和免疫功能原理和模型的启发，被应用于解决各类工程问题。人工免疫算法通过抗体和抗原结合，在抗体的克隆、变异、选择和记忆的过程中，逐步达到抗体优化。人工免疫算法可用于求解优化问题。其中，抗原对应优化问题中的目标函数，抗体对应于优化问题中的可行解。抗原和抗体之间的亲和力能够表征可行解和目标函数间的匹配程度，而抗体与抗体之间的亲和度表征可行解的多样性。在计算抗体预期存活率后，算法促进较优抗体进行遗传和变异，择优得到可行解，这些解称为记忆细胞，其作用是防止不断出现类似的局部最优解，并加快找到全局最优解的速度。与此同时，当再次面对类似的问题时，该问题的较优解甚至最优解就能快速求解得到。表 6-3 展示了免疫系统与人工免疫算法各要素间的映射关系。

表 6-3　免疫系统和人工免疫算法各要素间的映射关系

免疫系统	人工免疫算法
抗原	要解决的问题
抗体	最佳解向量
抗原识别	问题识别
从记忆细胞产生抗体	联想过去的成功
淋巴细胞分化	优良解（记忆）的保持
细胞抑制	剩余候选解的消除
抗体增加	利用算子产生新抗体

3. 免疫遗传算法

本节在人工免疫算法中加入遗传算法的交叉和变异策略，同时将免疫概念及其理论应用于遗传算法，在保留原算法优良特性的基础上，有针对性地利用待解决问题的特性对优化过程中可能出现的退化现象进行一定程度的抑制。与此同时，在算法的遗传部分，特别是交叉和变异策略中，针对调度问题的特性，选择适用于该问题的策略，有效降低陷入局部最优的风险[32]，提高了算法的收敛速度。图 6-4 是遗传算法和免疫遗传算法混合的实现流程，从算法执行的过程中可以看到，免疫遗传算法相较于遗传算法而言，增加了记忆单元的更新，这是免疫算法本身所具有的最重要的特性之一。当抗原入侵时，免疫系统会产生大量抗体，通过增殖和分化来抵抗。使用免疫遗传算法对优化问题进行求解，将目标函数与各项约束作为抗原，优化问题的解作为抗体。因此，由免疫遗传算法求解优化问题的过程类似于生物免疫系统中的抗体消灭抗原的过程。

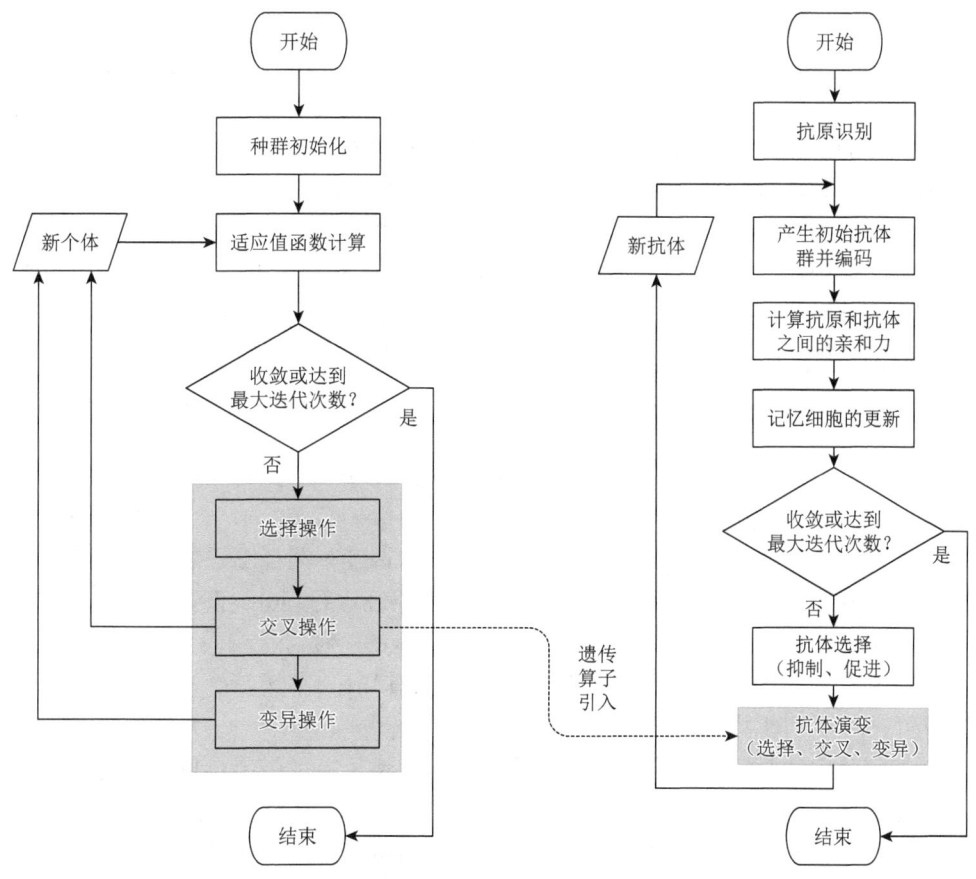

图 6-4　免疫遗传算法引入遗传算子示意图

4. 算法步骤

采用的免疫遗传算法，共分为 6 个步骤，具体如下：

步骤 1 抗原识别。将优化问题对应的目标函数和各项约束条件作为抗原。需要求解的两个模型的抗原识别结果为调度需求量确定模型和静态调度路径优化模型这两个模型的目标函数，分别对应于式（6-42）和式（6-47）。

步骤 2 产生初始抗体。由表 6-3 可知，初始抗体对应着问题的初始可行解。可行解的产生需要满足问题的相关约束，在领域相关问题中有严格的限制。另外，可行解的数量与编码方式直接相关。

具体来说，对于调度需求量确定模型，采用站点车辆数直接编码的方式，每一种车辆数的分配组合对应一个可行解，可行解中的每一位对应于为该站点分配的车辆数。若站点 i 的最大容量为 C_i，则全部可行解个数为 $\prod_{i=1}^{N} C_i$，这样的个数随着站点规模的增加，呈现指数级增长，很难保证在初始时生成足够多样且满足问题约束的可行解。控制初始解为可行解的方式有较多成熟的方式，最常见的是对于不符合条件的初始解先行接受，但对这样的解赋予极大的惩罚值，使其在"优胜劣汰"的进化过程中自然被淘汰。但随着问题规模增加，在迭代次数有限的情况下，算法有可能始终处于淘汰阶段而不能获得可行解。因而，有效降低问题的可行解空间的规模是解决约束条件下初始解产生的关键，在初始解产生时，采用抗体解向量中单位编码代表 20 辆自行车的方法，这样上下界为 0～300 的整数规划问题的规模就转化为 0～15 的目标优化问题，降低产生可行解的难度。为了保证问题的精度不受影响，在求解时对可行解向量每一位的精度要求达到 10^{-7}，而 1 辆自行车在进行 20 倍放缩时，体现在解向量结果上的差距 $\frac{1}{20}=0.05 \gg 10^{-7}$。例如，对于 3 个站点进行车辆分配表示的抗体[3.2, 5.25, 4]，其对应的车辆数为 64、105、80。

对静态调度路径优化模型，采用车辆路径与调度车混合编码的方式。站点编号为 1～300，使用从 –1 开始的递减数，对调度路径进行划分。例如，对 8 个站点的调度系统（编码为 0～8），使用 3 辆调度车调度的一种可行编码为[1,4,6,–1,2,3,5,–2,7,8]，对应调度路径为[车场]→1→4→6→[车场]；[车场]→2→3→5→[车场]；[车场]→7→8→[车场]。

值得注意的是，在编码中并没有将车场放入路径中。由于对每辆车而言，其行驶起止的车场是相同的，因此，在优化求解的过程中，统一添加车场到第一站及最后一站回到车场两部分的成本，寻求最优路线。另外，在产生路线时，结合问题的实际情况，对所有需要调度的站点产生一定数量的不重复全排列，这一过程是随机的,即每次运算产生的初始抗体群是不相同的。待产生各抗体后,将路线分隔的编码位平均插入各站点之间。为了避免卡车间调度站点数目严重不均的情况,在插入分割位时,较平均地为各辆卡车分配站点数,并根据调度总量添加或减少 0~3 的随机偏移量 δ,确保解的多样性。

步骤 3 亲和力与抗体浓度计算。亲和力用于表征免疫遗传算法中抗原与抗体、抗体与抗体之间的相关性。采用的抗体 v 与抗原的亲和力 A_v 的计算公式如式(6-58)所示,其中 F 表示抗体 v 下的目标函数值,分别对应于目标函数(6-42)和(6-47)。

$$A_v = \frac{1}{F} \tag{6-58}$$

抗体之间的亲和力方面,采用杰卡德相似系数的理念[33]。集合 A 与集合 B 的交集元素个数与二者并集元素个数之比称为集合 A 与集合 B 的杰卡德相似系数,用符号 $J(A,B)$ 表示:

$$J(A,B) = \frac{|A \cap B|}{|A \cup B|} \tag{6-59}$$

杰卡德相似系数能够作为两个集合之间的相似性的一个度量指标。如果将集合看作免疫遗传问题中的抗体,即可得到抗体之间亲和力 $S_{v,s}$ 的表达式,如式(6-60)所示,其中 $k_{v,s}$ 为两个抗体之间相同位的个数,L 是免疫遗传算法中的抗体长度。

$$S_{v,s} = \frac{k_{v,s}}{L} \tag{6-60}$$

在得到上述结果各抗体之间的亲和力后,则可以计算出抗体浓度 C_v,如式(6-61)所示:

$$C_v = \frac{|D|-1}{|N|-1} \tag{6-61}$$

式中,分子表示全部抗体集合 N 中,与抗体 v 的亲和度超过某一给定阈值 T 的抗体组成的抗体集合 D 的元素个数减一,即

$$D = \{s | s \neq v, s \in N, S_{v,s} > T\} \tag{6-62}$$

分母则表示全部抗体个数减一,此处对分子分母的减一操作,均表示对自身与自身相似情况的特殊处理。

步骤 4 记忆单元更新。在求解最小化问题时,与抗原具有较大亲和力的抗体将加入记忆细胞。根据式(6-58)可知,与抗原较大亲和力的抗体,在目标函数值域为 $(0, +\infty]$ 时,代入目标函数计算后对应较小的目标函数值;相应地,具有

较小亲和力的抗体则对应较大的目标函数值。记忆细胞的大小是有限的,随着迭代的进行,将不断有记忆细胞中的抗体被替代。

步骤5 抗体的抑制与促进。抗体的亲和力越高,其与抗原分子的决定簇起反应的能力越高,对应目标函数越向最小值靠拢。这样的抗体作为优秀的抗体,应当顺应进化算法中"优胜劣汰"的原则,被保留下来。然而,一味地保留最佳抗体将造成算法的"早熟",即过于倾向地保留某些优秀抗体,从而导致解的多样性下降,最终抗体过于单一,算法陷入局部最优。为了避免这样的问题出现,免疫遗传算法对抗体浓度较高的抗体采用抑制策略,降低其在抗体种群中存活的概率。具体说来,对每一个抗体,计算一个期望繁殖率 P_v,它由抗体抗原亲和力与抗体浓度共同决定,计算公式如下:

$$P_v = \alpha \cdot \frac{A_v}{\sum\limits_{v=1}^{N} A_v} + (1-\alpha) \cdot \frac{C_v}{\sum\limits_{v=1}^{V} C_v} \quad (6\text{-}63)$$

式中,α 为多样性评价指数,即抗体抗原重要性与抗体浓度重要性对是否将该抗体保留在种群中所起到作用的权重;A_v 为式(6-58)计算出的抗体和抗原的亲和力;C_v 为式(6-61)计算出的抗体浓度。

步骤6 遗传操作。在利用上述算法对免疫算法中各个抗体的保留概率进行计算后,引入遗传算法的各项算子,对抗体进行选择交叉和变异操作。不仅保证了种群向适应度高的方向发展,同时保证了抗体的多样性。更重要的是,针对本节的路径规划问题,简单的遗传算子不能很好地满足产生新解的需求,需要采用一定的策略设计这些算子,下面分别介绍本节中遗传算子的设计,包括选择算子、交叉算子和变异算子。

(1)选择算子。选择算子可以从种群中选出适应度高的个体作为交叉、变异操作的父代,增大父代基因遗传到下一代的概率,保留适应度较高的个体。

在求解时,采用轮盘赌算法[34]对个体进行选择操作。在轮盘赌算法中,以每条染色体的适应度函数值与种群中所有染色体的适应度函数值之和的比值作为该染色体被选择进入下一代的概率。因此,该染色体的适应度函数值越高,被选中的概率也就越高,遗传到下一代的概率也越高。

(2)交叉算子。对于调度需求量确定模型,采用单点交叉的方式,即按照交叉率,选择某一个位置,相互交换分配的自行车个数。

对于静态调度路径优化模型,由于编码中包含路径信息,因此不能简单进行任意位置的交叉,否则可行解的原有约束将不能得到满足。例如,毫无限制地进行单点交叉产生的路径可能无法保证没有重复站点。参考一些学者的方法[35, 36],采用旅行商问题(TSP)中的顺序交叉法,通过保留子代基因一部分不变,剩余部分按照原先在基因中的相对顺序,顺次插入对方的指定位置中。例如图6-5中,

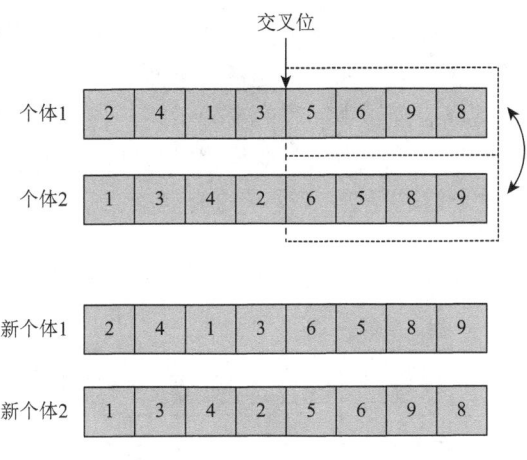

图 6-5 单点交叉示意图

分隔位之间的基因,在交叉后完全被保留,算法随后从分隔位后的第一个基因开始(个体 1 中 6 的位置),依次选择基因位,从另一条个体的对应位置开始(个体 2 中 3 的位置),向该个体插入本基因位,插入的过程中,如果该个体中的分隔位内已经存在这一基因,那么顺延一位。例如,在刚刚插入基因 6 时发现,个体 2 中的分隔位内已经存在基因 6,此时,放弃插入 6,顺延至个体 1 中的下一个基因位 5,该基因不在个体 2 的分隔位内,因此插入到个体 2 的分隔位之后(图 6-6)。如此循环往复,直到被插入的个体有一组不重复的基因。个体 2 向个体 1 插入的过程类似,此处不再赘述。

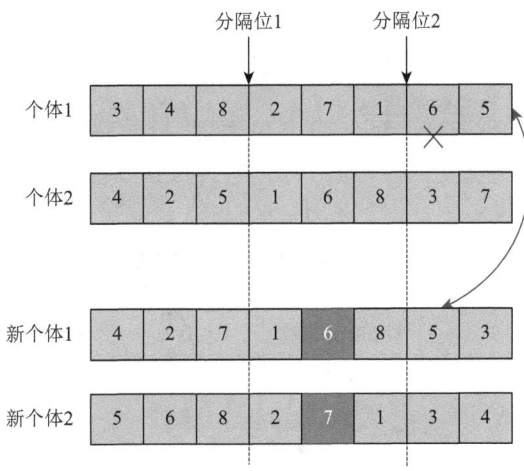

图 6-6 遗传算法顺序交叉示意图

（3）变异算子。变异操作发生在个体内部，个体按照一定概率，选择适当的两个位置进行基因的交换。本节两个模型的变异操作采用 2-opt 算法[36]，对卡车的路线采用 2 分隔位截取后翻转中间段的变异策略，该方法广泛适用于解决旅行商问题，有效避免了旅行商问题中由于变异程度太低，而无法探索出更优路径的问题。图 6-7 展示了对个体进行 2-opt 变异的流程。

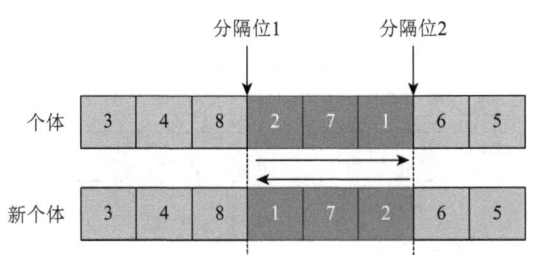

图 6-7　遗传算法 2-opt 变异算子示意图

6.3.4　算例分析

本节对上述模型进行了算例验证与分析，首先求解调度需求量确定模型，确定调度站点的调度目标值，进一步根据调度需求量划分调度子区，最后求解调度路径优化模型，确定调度路线及各站点的实际调度量。实验操作的硬件环境为 Intel®Core™i7-8700 及内存 16GB 的 Windows 10 64 位系统，利用 Python 语言进行编程实现。

1. 调度需求量确定

根据短时需求预测结果，对 2017 年 9 月 22 日早高峰时段 300 个站点的调度需求进行计算，同时统计出 00:00 每个站点的初始车辆数，结果如表 6-4 所示。

表 6-4　各站点初始车辆数与借还需求

站点编号	00:00 车辆数	6:00~7:00 预测借还差/辆	7:00~8:00 预测借还差/辆	8:00~9:00 预测借还差/辆	6:00~9:00 总借还需求/辆
1	12	1	7	44	52
2	24	−1	−4	−22	−27
3	11	1	14	13	28
4	1	2	−4	−6	−8
⋮	⋮	⋮	⋮	⋮	⋮

续表

站点编号	00:00车辆数	6:00~7:00预测借还差/辆	7:00~8:00预测借还差/辆	8:00~9:00预测借还差/辆	6:00~9:00总借还需求/辆
297	15	0	−2	12	10
298	18	4	−4	10	10
299	13	−3	−8	−7	−18
300	0	1	−5	1	−3

为确定各站点的调度需求量，分别采用遗传算法和免疫遗传算法对调度需求量模型进行求解。免疫遗传算法的各项参数设置为：最大迭代次数 2000，亲和度阈值 0.7，多样性评价指数 0.95，多目标加权系数 1。遗传算法的各项参数设置为：遗传算子变异率 0.9，遗传算子交叉率 0.1。其中，免疫遗传算法中的遗传操作，采用与遗传算法相同的参数配置。

表 6-5 展示了免疫遗传算法与遗传算法求解结果对比。可以看出，免疫遗传算法 10 次计算的目标函数值平均值为 15926，优于遗传算法的 15438，目标函数值优化率为 3.16%，证明所设计的免疫遗传算法在优化能力方面优于遗传算法。在运行时间方面，由于免疫遗传算法在选择操作时既采用遗传算法的轮盘赌选择策略，又加入了抗体抑制促进选择操作，因此计算时间相对于遗传算法更高，运行时间增加率为 7.19%。由于夜间调度的时间较为充足，选择目标函数值较优的免疫遗传算法对模型进行求解。

表 6-5 免疫遗传算法与遗传算法求解结果对比

序号	目标函数值		运行时间/s		目标函数值优化率 a/%	运行时间增加率 b/%
	GA	IGA	GA	IGA		
1	15433	15920	2385	2578	3.16	8.09
2	15438	15923	2319	2525	3.14	8.88
3	15438	15921	2334	2543	3.13	8.95
4	15440	15931	2334	2529	3.18	8.35
5	15439	15932	2357	2498	3.19	5.98
6	15433	15921	2346	2501	3.16	6.61
7	15439	15931	2355	2503	3.19	6.28
8	15438	15926	2321	2472	3.16	6.51
9	15439	15925	2385	2490	3.15	4.40
10	15439	15922	2365	2552	3.13	7.91
均值	15438	15926	2350	2519	3.16	7.19

注：目标函数值优化率 $a = |\text{IGA 目标函数值} - \text{GA 目标函数值}|/\text{GA 目标函数值} \times 100\%$
运行时间增加率 $b = |\text{IGA 运行时间} - \text{GA 运行时间}|/\text{GA 运行时间} \times 100\%$

选择免疫遗传算法的第一组最优求解结果作为调度需求量确定的结果，可以计算出各站点的调度需求量，即调度目标值与站点初始车辆数之差。当站点调度需求量为正数时，表示站点需要调入车辆；当站点调度需求量为负数时，表示站点需要调出车辆。具体调度需求量如表 6-6 所示。

表 6-6　调度需求量确定结果

站点编号	初始车辆数/辆	调度目标值/辆	站点调度需求量/辆
1	12	40	28
2	24	2	−22
3	11	28	17
4	1	6	5
⋮	⋮	⋮	⋮
297	15	13	−2
298	18	7	−11
299	13	1	−12
300	0	10	10

2. 调度子区划分结果

各站点的调度需求量确定后，分别使用基于 Louvain 算法和 Infomap 算法的社团发现算法对其进行调度子区划分，并使用调度分区评价指标选出最优分区结果。实验使用 Python 作为编程语言，首先计算互联网租赁自行车网络的站点相似度矩阵，利用 networkx 库构建以相似度矩阵为权重的图网络结构，分别使用 community 库提供的 Louvain 算法和 Infomap Online 提供的 Infomap 算法对互联网租赁自行车调度子区进行划分。图 6-8（a）和（b）中分别展示了 Louvain 算法和 Infomap 算法的调度子区划分结果，由图可知，Louvain 算法和 Infomap 算法分别将研究区域划分为 4 个和 3 个调度子区，同一个社团内部站点间联系更为紧密，而不同社团间的联系相对稀疏。

计算这两种算法下调度子区评价指标，结果如表 6-7 所示。由表可知，Louvain 算法的平均调度需求不平衡度、平均调度子区内离散度、平均站点数量不平衡度均低于 Infomap 算法，而平均调度子区间离散度和模块度高于 Infomap 算法。因此 Louvain 算法的调度子区划分结果优于 Infomap 算法。

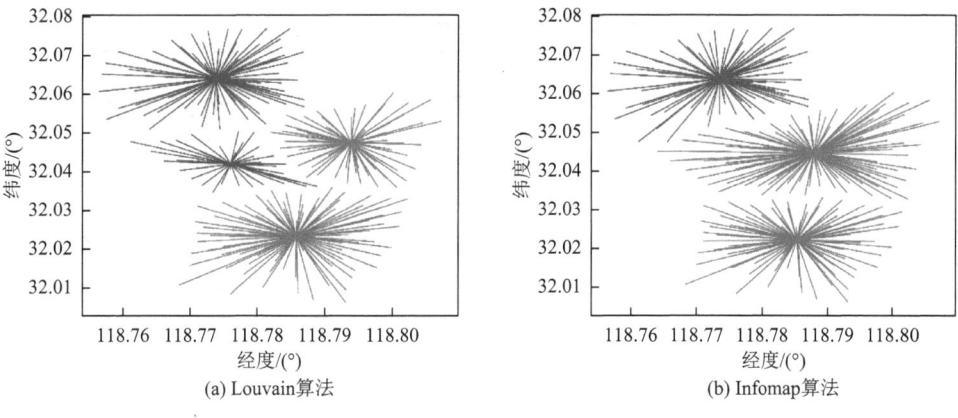

图 6-8 调度子区划分结果示意图

表 6-7 不同分区方法下调度子区评价指标结果

算法	调度子区内平均调度需求不平衡度	平均调度子区内离散度	平均调度子区间离散度	调度子区内平均站点数量不平衡度	模块度
Louvain	226	9.58	25.25	16.25	0.43
Infomap	327	11.95	20.05	17.33	0.41

3. 调度路线确定

根据调度子区划分结果,以第一个调度子区(包含100个站点)为例,分别采用遗传算法和免疫遗传算法对调度路线确定模型进行求解。免疫遗传算法的各项设置参数为:最大迭代次数2000,种群数300,亲和度阈值0.7,多样性评价指数0.95,多目标加权系数1。遗传算法的各项参数设置为:遗传算子变异率0.9,遗传算子交叉率0.1。其中,免疫遗传算法中的遗传操作采用与遗传算法相同的参数配置。

模型参数设置为:参与调度的卡车数量为2辆,卡车夜间行驶速度为30km/h[22],卡车的最大容量为60辆[37],装卸车辆时间成本为40元/h[38],调度车行驶成本为10元/km[39],车辆的启动成本为40元/(次·辆)[29],车辆最大行驶距离为35km[26]。

表6-8展示了免疫遗传算法与遗传算法求解结果对比。可以看出,在优化结果方面,免疫遗传算法10次计算的目标函数值平均值为639.4,优于遗传算法的615.8,目标函数值优化率为3.69%,证明所设计的免疫遗传算法在优化能力方面优于遗传算法。在计算时间方面,免疫遗传算法的计算时间相对于遗传算法更高,运行时间增加率为4.93%。由于夜间调度的时间较为充足,选择目标函数值较优的免疫遗传算法对模型进行求解。

表 6-8 免疫遗传算法与遗传算法求解结果对比

序号	目标函数值		运行时间/s		目标函数值优化率 a/%	运行时间增加率 b/%
	GA	IGA	GA	IGA		
1	609.9	640.7	2052.9	2079.1	4.81	1.28
2	613.9	647.3	2006.7	2084.4	5.16	3.87
3	616.4	638.5	2024.8	2129.3	3.46	5.16
4	622.6	637.9	2026.7	2136.5	2.40	5.42
5	615.1	635.1	2017.2	2123.9	3.15	5.29
6	612.4	633.4	2031.4	2129.7	3.32	4.84
7	611.4	638.2	2029.3	2150.7	4.20	5.98
8	619.4	639.3	2041.5	2152.3	3.11	5.43
9	619.4	640.8	2055.3	2148.7	3.34	4.54
10	617.0	642.9	2033.4	2186.3	4.03	7.52
均值	615.8	639.4	2031.9	2132.1	3.69	4.93

注: 目标函数值优化率 $a = |$GA 目标函数值$-$IGA 目标函数值$|/$GA 目标函数值$\times 100\%$
运行时间增加率 $b = |$IGA 运行时间$-$GA 运行时间$|/$GA 运行时间$\times 100\%$

表 6-8 中，最优解为运行第一次时使用免疫遗传算法求解的结果，其对应的算法迭代收敛曲线如图 6-9 所示。可以看到，在 750 次左右，最优适应值开始收敛，并趋于平稳，直到最大迭代次数 2000 次。

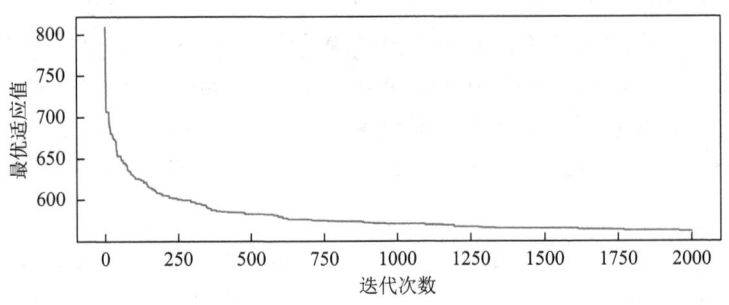

图 6-9 免疫遗传算法迭代收敛图

最优解确定了一条优化的调度路线，按此路线进行调度，各站点的车辆数在调度结束时，与调度目标仍然存在一定的偏差。

表 6-9 展示了第一个调度子区多次调度过程中的路线图和调度结束后站点车辆数与调度目标的偏离量。第一次调度，卡车 1 从调度车场出发，在 74 号站点收集 25 辆车，之后前往 65 号站点，收集 11 辆车，并继续按照调度路线依次前往下

一个站点，最终从 112 号站点回到调度车场；卡车 2 从调度车场出发，在 242 号站点收集 23 辆车，之后前往 52 号站点，收集 25 辆车，并继续按照调度路线依次前往下一个站点，最终从 164 号站点回到调度车场。此时，仍然有 359 个调度需求量未被满足；再次派出 2 辆卡车从调度车场出发，经过类似的调度过程，进一步降低了未被满足的服务需求；最后一次调度时，尚未满足的服务需求为 109 辆，尚未满足服务需求站点为 16 个站点，因此，最后一次调度仅派出一辆卡车进行调度。实验结果表明，第三次调度结束后，所有站点的车辆数都达到了调度目标值。

表 6-9 静态调度路线

调度次序	调度卡车	调度站点顺序	调度路线图
第一次调度	卡车 1	0→74→65→73→6→104→278→57→239→260→114→128→90→175→265→209→293→9→145→200→147→178→18→179→45→258→186→1→282→102→58→149→43→35→144→60→255→110→125→133→276→247→201→96→80→132→136→251→184→36→112→0	
	卡车 2	0→242→52→157→256→116→77→269→199→106→216→67→259→31→279→49→193→277→176→165→12→208→105→16→281→124→99→121→238→192→27→163→243→231→23→159→68→3→61→24→272→234→168→107→220→72→140→221→227→130→164→0	
第二次调度	卡车 1	0→57→67→251→176→12→282→58→149→35→165→239→1→193→144→49→128→0	

续表

调度次序	调度卡车	调度站点顺序	调度路线图
第二次调度	卡车2	0→255→60→102→125→18→112→164→221→199→110→130→200→227→106→243→163→0	
第三次调度	卡车1	0→57→67→251→176→12→282→58→149→35→165→239→1→193→144→49→128→0	

表 6-10 展示了每次调度成本与调度时间与满足的调度需求量。由表可知，第一次调度结束后，80.80%的调度需要已被满足，经过三次调度后，该调度子区的调度需求可以全部被满足。与仅执行第一次调度相比，第三次调度结束后，调度时间增加了 127.21%，调度成本增加了 108.85%，但满足的调度需求量仅增加了 19.20%。因此，为完全达到站点调度目标值进行分阶段调度，在调度时间与成本明显增加的情况下，调度需求量并没有显著提高。

表 6-10 各阶段调度成本与调度时间与满足的调度需求量

调度次序	调度成本/元	累计调度成本/元	调度时间/min	累计调度时间/min	调度车辆数/辆	占调度目标值的百分比/%
第一次调度	250.9	250.9	135.6	135.6	1514	80.8
第二次调度	166.4	417.3	86.4	222.0	1764	94.2
第三次调度	106.7	524.0	86.1	308.1	1873	100

6.4 互联网租赁自行车动态调度优化模型

6.4.1 问题描述

互联网租赁自行车的动态调度是指在各站点用户需求和库存量不断变化的情况下,调度中心根据站点的动态需求变化,实时调整调度方案,以最大程度满足用户需求,降低调度成本,达到站点之间车辆库存相对平衡的过程。为了更合理应对需求的变动,采用基于滚动时域的动态调度策略,将整个调度周期划分为若干时间步长较短的子调度周期,将每一个子调度周期中的调度问题看作静态的调度问题,通过求解若干个静态的调度问题不断滚动更新调度计划。这一方法不仅可以适应实际问题中的动态变化,还能够通过将问题规模缩减到每个滚动时段范围内来减少计算时间[40]。

在基于滚动时域的动态调度策略的流程中,调度计划制定面向的整个调度周期称为滚动时域(rolling horizon),滚动时域被划分为多个滚动阶段(rolling stage),每个阶段包括一段长度为 l 的滚动时段(rolling period),与下一阶段相重叠的重合时段(overlapping period)[41]。图 6-10 展示了一个滚动时域为 $4l$ 的动态调度流程。其中,标有阴影的方块表示滚动时段,此时段的调度计划将在实际调度时被执行;未标记阴影的方块为重合时段,在本阶段制定调度计划时考虑,但在实际调度过程中不会被执行。调度开始前,系统首先面向第一个滚动阶段的站点调度需求量进行调度路径优化,生成调度路线,并依据此路线开始调度。当调度执行至第一阶段滚动时段结束时,系统将会重新计算未服务站点的调度需求量,进行第二滚动阶段的调度路径优化,这一过程如图 6-10 中的箭头 A 所示。生成第二阶

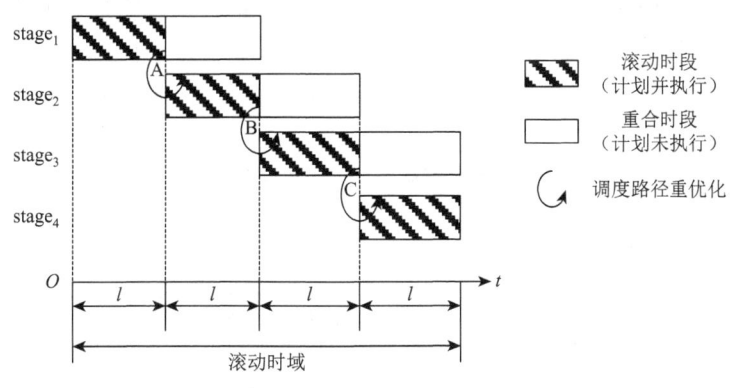

图 6-10 滚动时域流程示意图

段的调度路线后,按照新的调度方案进行调度,直到最后一个滚动阶段的调度任务执行完毕。

6.4.2 模型构建

本节基于滚动时域的动态调度策略,分别构建初始阶段路径优化模型和动态优化阶段路径优化模型。其中,初始阶段路径优化模型对应于滚动时域的第一阶段,动态优化阶段路径优化模型对应于滚动时域的后续各阶段。

1. 初始阶段路径优化模型

在动态调度路径优化模型初始阶段,根据各节点的调度需求量及时间窗,在卡车容量限制、最长行驶距离等约束下规划互联网租赁自行车动态调度初始阶段的最优调度路线。

1)模型假设

互联网租赁自行车的实际调度中受到诸多因素的影响,为了保障互联网租赁自行车动态调度优化模型的可操作性,在构建理论模型时,在尽可能考虑主要影响因素的基础上,结合租赁自行车系统实际调度情况,做出如下假设:

(1)每个调度子区内只有一个调度车场,调度车场内有一定数量的调度车辆,且不考虑调度子区间的跨区调度;

(2)每一个调度子区的车场是当前调度子区中站点重要度最大的站点,在初始阶段,所有的调度车辆都必须从调度车场出发进行调度;

(3)各调度车辆车型一致,具有相同的容量,单次启动的成本相同;

(4)调度卡车具有固定的运行速度,且不考虑道路交通拥堵、天气状况等的影响;

(5)高峰时段各站点的需求量已知,且站点车辆数与时间呈匀速变化关系。

2)符号说明

初始阶段路径优化模型的决策变量和参数符号说明见表 6-11。

表 6-11 初始阶段路径优化模型的决策变量和参数符号说明

符号	参数符号说明
S_c	调度子区的车场
S	调度子区内的站点集合
S_0	调度子区内的站点及调度车场集合,$S_0 = S \cup \{s_c\}$
K	卡车集合

续表

符号	参数符号说明
$x_{i,j,k}$	$x_{i,j,k} \in \{0,1\}$，如果卡车 k 从站点 i 前往站点 j，则 $x_{i,j,k}=1$，否则 $x_{i,j,k}=0$
y_k	$y_k \in \{0,1\}$，如果卡车 k 参与了调度，则 $y_k=1$，否则 $y_k=0$
$l_{i,k}$	卡车 k 在 i 站点装卸的车辆数（单位：辆） $l_{i,k}>0$，表示向站点 i 投放 $l_{i,k}$ 辆车；$l_{i,k}<0$，表示从站点 i 收集 $-l_{i,k}$ 辆车
$q_{i,k}^+$	卡车到达 i 站点时，卡车 k 剩余车辆数（单位：辆）
$q_{i,k}^-$	卡车离开 i 站点时，卡车 k 剩余车辆数（单位：辆）
$t_{i,k}^+$	卡车 k 到达 i 站点的时刻
$t_{i,k}^-$	卡车 k 离开 i 站点的时刻
$twork_{i,k}$	卡车 k 在 i 站点的装卸车辆时间（单位：h）
t_0	滚动时域的初始时刻
ζ	滚动阶段的时长（单位：min）
U	卡车的容量（单位：辆）
v	卡车的行驶速度（单位：km/h）
$dis_{i,j}$	站点 i 和站点 j 之间的距离（单位：km）
ω_r	卡车的启动成本[单位：元/(次·辆)]
ω_{st}	装卸车辆时间成本（单位：元/h）
ω_d	单位时间车辆行驶成本（单位：元/h）
$demand_i$	站点 i 的调度需求量（单位：辆） $demand_i>0$，表示站点 i 需要调入 $demand_i$ 辆车 $demand_i<0$，表示站点 i 需要调出 $-demand_i$ 辆车
C_i	站点 i 能够容纳车辆的最大容量（单位：辆）
p	实际调度量与调度目标值偏离量的单位车辆惩罚成本
g	用户满意度成本变换因子
tw_i	站点 i 的调度预警时刻
D	卡车可以行驶的最大距离（单位：km）
$prior_i$	站点 i 的重要度

3）模型结构

动态调度路径优化模型初始阶段，调度的优化目标由调度成本最小化、用户满意度折算成本最大化及实际调度量与调度目标值的偏离量惩罚成本最小化三部分组成。

（1）调度成本最小化

调度成本包括卡车行驶成本 $\omega_d \sum\limits_{i \in S_0} \sum\limits_{\substack{j \in S_0 \\ j \neq i}} x_{i,j,k} \cdot \dfrac{dis_{i,j}}{v}$、卡车启动成本 $\omega_r \sum\limits_{k \in K} y_k$ 和装卸车辆时间成本 $\omega_{st} \sum\limits_{i \in S_0} \sum\limits_{\substack{j \in S_0 \\ j \neq i}} \sum\limits_{k \in K} x_{i,j,k} \cdot twork_{j,k}$ 组成，如式（6-64）所示。各项成本含义及计算方式与静态优化模型中相同，此处不再赘述。

$$\min W_1 = \omega_d \sum_{i \in S_0} \sum_{\substack{j \in S_0 \\ j \neq i}} x_{i,j,k} \cdot \frac{dis_{i,j}}{v} + \omega_r \sum_{k \in K} y_k + \omega_{st} \sum_{i \in S_0} \sum_{\substack{j \in S \\ j \neq i}} \sum_{k \in K} x_{i,j,k} \cdot twork_{j,k} \qquad (6\text{-}64)$$

（2）用户满意度最大化

对于借出（还入）站点而言，在站点车辆为空（溢出）前满足该站点的需求，可以获得最好的服务效果，进而获得最大的用户满意度。根据站点历史借还数据，可推算出站点车辆为空（溢出）的时刻，即为站点期望服务时间，记作 tu_i^{sat}，其计算公式下：

$$tu_i^{sat} = \begin{cases} t_0 + \dfrac{init_{i,t_0}}{v_i} & v_i > 0 \\[2mm] t_0 + \dfrac{C_i - init_{i,t_0}}{-v_i} & v_i < 0 \end{cases} \qquad (6\text{-}65)$$

式中，$init_{i,t_0}$ 是站点 i 在本次滚动时域初始时刻 t_0 的车辆数；v_i 是初始阶段站点 i 的借还速率差；C_i 是站点 i 的最大容量。

在期望服务时间 tu_i^{sat} 前到达站点，能够获得最大的用户满意度，但实际调度过程中，调度车可能无法在该时间前到达站点进行服务。若调度车稍晚于该时间到达站点提供服务，用户也能够接受，其满意度不会立即降为 0，将用户满意度降为 0 的时刻称为用户可接受时间，记作 tu_i^{acc}。为了更加贴近租赁自行车调度问题的实际，选用单侧时间窗确定站点 i 的满意度，如图 6-11 所示。在期望服务时间 tu_i^{sat} 到来之前，用户满意度为 1。在此之后，满意度开始下降，直到可接受时间 tu_i^{acc} 时，用户满意度降为 0。

用户满意度函数的数学表达式如下：

$$Sat_i(t) = \begin{cases} 1 & t_0 < t \leq tu_i^{sat} \\[2mm] \dfrac{tu_i^{sat} - t}{tu_i^{acc} - tu_i^{sat}} & tu_i^{sat} < t \leq tu_i^{acc} \\[2mm] 0 & t > tu_i^{acc} \end{cases} \qquad (6\text{-}66)$$

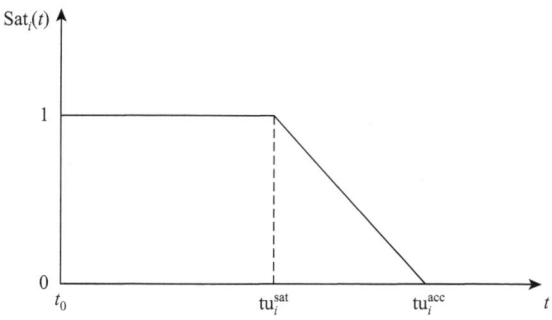

图 6-11　单边时间窗满意度函数

式中，tu_i^{sat} 为期望服务时间；tu_i^{acc} 为可接受时间。

对于重要度较高的站点，其调度需求应当被优先满足，因此在计算滚动时域初始阶段的调度用户满意度时，首先基于 TOPSIS 模型计算各站点的重要度[42]，随后将各站点的满意度乘以站点重要度[43]。同时，参考相关研究，引入用户满意度成本变换因子 g，将满意度转换为相应的费用，$g=\eta\omega_r N$[44]。其中，η 为常数，由决策人员根据经验偏好进行设置，当注重成本时，η 取值较小；当注重社会效益时，η 取值较大。ω_r 为单次调度的启动成本，N 为站点数量，用户满意度折算成本的计算公式如下：

$$\max W_2 = g\sum_{i\in S_0}\sum_{\substack{j\in S \\ j\neq i}}\sum_{k\in K} \mathrm{Sat}_j(t_{j,k}^+)\cdot \mathrm{prior}_j \cdot x_{i,j,k} \tag{6-67}$$

（3）实际调度量与调度目标值的偏离量惩罚成本最小化

将滚动时域第一阶段内的实际调度量与调度目标值的偏离量所产生的惩罚成本最小化作为第三个目标函数，以确保站点在被及时服务的同时，调度需求量能尽可能地被满足。参考相关研究，引入实际调度量与调度目标值偏离量的单位车辆惩罚成本 p，将实际调度量与调度目标值偏离量转换为相应的惩罚费用[45]，其计算公式如下：

$$\min W_3 = p\sum_{i\in S_0}\sum_{\substack{j\in S \\ j\neq i}}\sum_{k\in K} x_{i,j,k}\cdot(\mathrm{demand}_j - l_{j,k}) \tag{6-68}$$

式（6-64）、式（6-67）和式（6-68）为初始阶段路径优化模型的三个目标函数，其中式（6-64）和式（6-68）的目标为最小化，式（6-67）的目标为最大化，对三个目标函数赋予一定的权值，将多目标问题转化为单目标问题求解，构建新的目标函数，完整模型构建如下：

$$\min W = \psi_1 W_1 - \psi_2 W_2 + \psi_3 W_3 \tag{6-69}$$

$$\sum_{i \in S_0} \sum_{\substack{j \in S_0 \\ j \neq i}} x_{i,j,k} \cdot \left(\frac{\mathrm{dis}_{i,j}}{v} + \mathrm{twork}_j \right) \leqslant \xi \quad \forall k \in K \tag{6-70}$$

$$l_{i,k} = \begin{cases} \min\{\mathrm{demand}_i, q_{i,k}^+\} & \mathrm{demand}_i > 0, \\ -\min\{-\mathrm{demand}_i, U - q_{i,k}^+\} & \mathrm{demand}_i < 0, \end{cases} \forall i \in S, \forall k \in K \tag{6-71}$$

$$q_{i,k}^- = q_{i,k}^+ - l_{i,k} \quad \forall i \in S, \forall k \in K \tag{6-72}$$

$$q_{i,k}^+ = \sum_{\substack{j \in S_0 \\ j \neq i}} x_{j,i,k} \cdot q_{j,k}^- \quad \forall i \in S, \forall k \in K \tag{6-73}$$

$$q_{s_c,k}^- = 0 \quad \forall k \in K \tag{6-74}$$

$$t_{i,k}^+ = \sum_{\substack{j \in S_0 \\ j \neq i}} x_{j,i,k} \cdot t_{j,k}^- + \sum_{\substack{j \in S_0 \\ j \neq i}} x_{j,i,k} \cdot \frac{\mathrm{dis}_{j,i}}{v} \quad \forall i \in S, \forall k \in K \tag{6-75}$$

$$t_{i,k}^- = t_{i,k}^+ + \mathrm{twork}_{i,k} \quad \forall i \in S, \forall k \in K \tag{6-76}$$

$$x_{i,j,k} \in \{0,1\} \quad \forall i, j \in S_0, i \neq j, \forall k \in K \tag{6-77}$$

$$\sum_{k \in K} \sum_{\substack{j \in S_0 \\ j \neq i}} x_{i,j,k} = 1 \quad \forall i \in S \tag{6-78}$$

$$\sum_{k \in K} \sum_{\substack{j \in S_0 \\ j \neq i}} x_{j,i,k} = 1 \quad \forall i \in S \tag{6-79}$$

$$y_k = \sum_{j \in S} x_{s_c,j,k} \quad \forall k \in K \tag{6-80}$$

$$\sum_{i \in S_0} \sum_{\substack{j \in S_0 \\ j \neq i}} x_{i,j,k} \cdot \mathrm{dis}_{i,j} \leqslant D \quad \forall k \in K \tag{6-81}$$

式（6-69）是初始阶段路径优化模型的目标函数，W_1 表示滚动时域初始阶段内的调度成本，W_2 表示滚动时域初始阶段内用户满意度折算成本，W_3 表示滚动时域初始阶段内实际调度量与调度目标值的偏离量惩罚成本，ψ_1、ψ_2、ψ_3 是加权系数，均为正数，且 $\psi_1 + \psi_2 + \psi_3 = 1$。约束条件（6-70）表示卡车的总调度时间不能超过滚动时段的长度。约束条件（6-71）表示卡车在站点装卸的车辆数，在该站点所投放的实际车辆数为该站点投放需求量与卡车从上一个站点到达该站点时车上所装载的车辆数的最小值；在该站点所收集的实际车辆数为该站点收集需求量的车辆数与卡车从上一个站点到达该站点时车上所剩余容量的最小值。约束条件（6-72）表示卡车离开站点时，所装载车辆数的更新。约束条件（6-73）表示卡车到达站点时，所装载车辆数为其离开上一站点时所装载的车辆数。约束条件（6-74）表示卡车从调度车场空车出发。约束条件（6-75）表示卡车到达站点的时间，为其离开上一站点时间加上上一站点到本站点的行驶时间。约束条件（6-76）表示卡车离开站点的时间，为其到达本站点时间加上在本站点装卸车的时间。约束条件（6-77）表示决定卡车是否前往各站点的决策变量的取值只能为 0 或 1（1 表示前往，0 表示不前往）。约束条件（6-78）和约束条件（6-79）表示在一次调度过程中，各站将被服务且仅被服务一次。约束条件（6-80）表示卡车一旦参与调度，则一定从调度车场出发。约束条件（6-81）表示卡车行驶距离不能超过每辆卡车的最大行驶距离。

2. 动态优化阶段路径优化模型

一个滚动时段结束后，上一阶段的调度路线将停止执行，系统会根据站点需求的变动对调度方案进行更新，进行调度计划的动态再优化。在上一阶段的滚动时段结束时刻，卡车可能正在前往或正在对某些站点进行调度服务，这些站点称为动态调度的关键点，在动态优化阶段路径优化时需要优先服务。图 6-12 展示了三次调度计划再优化的过程。其中，P_1、P_2 与 P_3 为每个阶段滚动时段结束时刻调度卡车所在位置，深色站点为关键点，实线箭头为实际调度路线，虚线箭头为各滚动时段内的调度计划。第一阶段滚动时段结束时，调度卡车正由 P_1 位置前往关键点 3；第二阶段滚动时段结束时，调度卡车正由 P_2 位置前往关键点 7；第三阶段滚动时段结束时，调度卡车正在关键点 11 处进行调度，这些关键点都作为下一阶段滚动时段的起点。

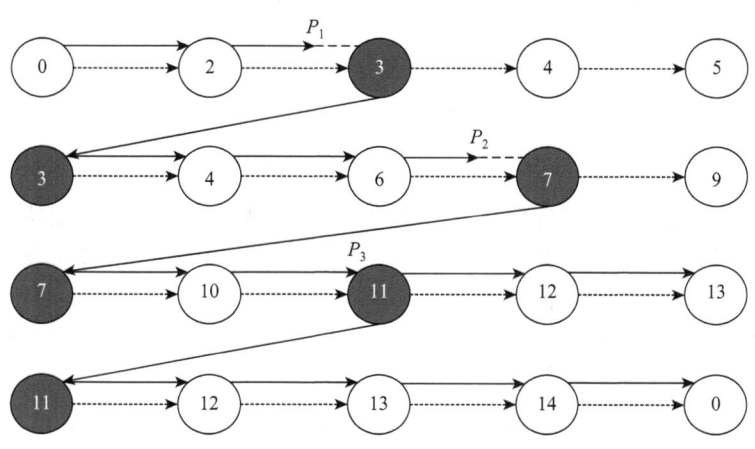

图 6-12 关键点示意图

不同于初始阶段路径优化模型，动态优化阶段路径优化模型在考虑调度成本、用户满意度及实际调度量与调度目标值的偏离量时，加入了对关键点服务的考虑，结合站点的重要度，筛选出滚动时段内需要调度的站点，通过修改上一阶段的调度路线，实现调度计划的动态调整。

1）模型假设

在构建动态优化阶段路径优化模型时，除了初始阶段路径优化模型中的假设条件外，还需增加以下条件：动态路径优化中不考虑本滚动时域内已经被服务的站点的需求[46]。

2）符号说明

动态优化阶段路径优化模型在初始阶段路径优化模型的基础上，新增了决策变量与参数，其参数符号说明见表 6-12。

表 6-12 动态优化阶段路径优化模型新增决策变量和参数符号说明

符号	参数符号说明
S^{truck}	上一阶段滚动时段结束时，卡车所在位置集合
S^{key}	上一阶段滚动时段结束时，关键点集合
S'	上一阶段滚动时段结束时，除关键点外未被服务且存在调度需求量的站点集合
$x_{s_k^{\text{truck}},j,k}$	$x_{s_k^{\text{truck}},j,k} \in \{0,1\}$，如果卡车 k 从当前位置 s_k^{truck} 前往站点 j，则 $x_{s_k^{\text{truck}},j,k}=1$，否则 $x_{s_k^{\text{truck}},j,k}=0$
s_k^{key}	上一阶段滚动时段结束时，卡车 k 对应的关键点
$t_{s_k^{\text{truck}},s_k^{\text{key}}}$	卡车 k 从上一阶段滚动时段结束时的位置前往关键点 s_k^{key} 所需行驶时间
$\text{twork}_{s_k^{\text{key}},k}$	卡车 k 在对应关键点 s_k^{key} 装卸车所需要的时间
s_k^{truck}	上一阶段滚动时段结束时，卡车 k 所在位置

3）模型结构

在动态优化阶段路径优化阶段，模型的优化目标依然由调度成本最小化、用户满意度折算成本最大化及实际调度量与调度目标值的偏离量惩罚成本最小化三部分组成，区别在于初始调度时车辆都是从调度车场出发的，而调度方案更新后的调度路径起点为调度卡车所在位置，且要先完成关键点的调度需求[47]。

（1）调度成本最小化

在初始阶段路径优化模型的基础上，动态优化阶段路径优化的调度成本还需额外考虑前往关键点的行驶成本与在关键点装卸车辆的成本，计算公式如下：

$$\min W_1' = \omega_d \sum_{\substack{i \in S' \\ j \neq i}} \sum_{j \in S'} x_{i,j,k} \cdot \frac{\text{dis}_{i,j}}{v} + \omega_r \sum_{k \in K} y_k + \omega_{st} \sum_{i \in S'} \sum_{\substack{j \in S' \\ j \neq i}} x_{i,j,k} \cdot \text{twork}_{j,k}$$
$$+ \omega_{st} \sum_{k \in K} \text{twork}_{s_k^{\text{key}}}^{\text{key}} + \omega_d \sum_{k \in K} t_{s_k^{\text{truck}},s_k^{\text{key}}} \quad (6\text{-}82)$$

(2) 用户满意度折算成本最大化

在初始阶段路径优化模型的基础上，动态优化阶段路径优化的用户满意度折算成本还需额外考虑关键点调度服务的用户满意度，同时，在 $[t_0+(m-1)l, t_0+ml]$ 时段，用户期望服务时间 tu_i^{sat} 的计算由式（6-65）改为式（6-83）：

$$\text{tu}_i^{\text{sat}} = \begin{cases} t_0 + ml + \dfrac{\text{init}_{i,m}}{v_{i,m}} & v_{i,m} > 0 \\ t_0 + ml + \dfrac{C_i - \text{init}_{i,m}}{-v_{i,m}} & v_{i,m} < 0 \end{cases} \quad (6\text{-}83)$$

在计算得到用户期望服务时间后，根据式（6-66）计算相应的用户满意度，并得到用户满意度折算成本：

$$\max W_2' = g\left(\sum_{\substack{i \in S' \\ j \neq i}} \sum_{j \in S'} \sum_{k \in K} \text{Sat}_j(t_{j,k}^+) \cdot \text{prior}_j \cdot x_{i,j,k} + \sum_{k \in K} \text{Sat}_{s_k^{\text{key}}}(t_{s_k^{\text{key}},k}^+) \cdot \text{prior}_{s_k^{\text{key}}} \right) \quad (6\text{-}84)$$

(3) 实际调度量与调度目标值的偏离量惩罚成本最小化

在初始阶段路径优化模型的基础上，动态优化阶段路径优化的实际调度量与调度目标值的偏离量惩罚成本还需额外考虑关键点实际调度量与调度目标值的偏离量惩罚成本，计算公式如下：

$$\min W_3' = p\left(\sum_{\substack{i \in S' \\ j \neq i}} \sum_{j \in S'} \sum_{k \in K} x_{i,j,k} \cdot |l_{j,k} - \text{demand}_j| + \sum_{k \in K} |l_{s_k^{\text{key}},k} - \text{demand}_{s_k^{\text{key}}}| \right) \quad (6\text{-}85)$$

式（6-82）、（6-84）和（6-85）为动态优化阶段路径优化模型的三个目标函数，其中式（6-82）和（6-85）的目标为最小化，式（6-84）的目标为最大化，为便于计算，对三个目标函数赋予一定的权值，将多目标问题转化为单目标问题求解，构建新的目标函数，完整模型构建如下：

$$\min W' = \rho_1 W_1' - \rho_2 W_2' + \rho_3 W_3' \quad (6\text{-}86)$$

$$x_{s_k^{\text{truck}}, s_k^{\text{key}}, k} = 1 \quad \forall k \in K \quad (6\text{-}87)$$

式（6-86）是动态优化阶段路径优化模型的目标函数，W_1' 表示动态优化阶段一个滚动时段内的调度成本，W_2' 表示动态优化阶段一个滚动时段内的用户满意度折算成本，W_3' 表示动态优化阶段一个滚动时段内的实际调度量与调度目标值的偏离量惩罚成本，ρ_1、ρ_2、ρ_3 是加权系数，均为正数，且 $\rho_1+\rho_2+\rho_3=1$，用于对多目标进行加权；约束条件（6-87）限制了卡车在每一阶段滚动时段的调度都从上一阶段滚动时段结束时的停车位置出发，且必须优先访问关键点。除约束条件（6-74）与约束条件（6-82）外，初始阶段中的其他各项约束依然适用于动态优化阶段，此处不再赘述。

6.4.3 模型求解

动态调度路径优化问题作为车辆路径问题，也是一个 NP-hard 问题[1, 48, 49]。在动态调度中，人工蜂群算法作为新型的仿生智能优化算法，它利用三种蜜蜂角色的相互转化，实现蜂群个体的分工与协作来寻找最优蜜源，能够满足运营企业对于较高求解时间的要求和精度的要求[41, 50]。算法在每次迭代搜索中都进行一次局部搜索和全局搜索，因此增大了算法寻找到最优解的概率，避免了算法陷入局部最优；同时，由于算法设定的参数较少，因此算法的收敛速度快、鲁棒性好，适用于解决无约束和有约束条件的优化问题[51]。

1. 人工蜂群算法

人工蜂群算法（artificial bee colony algorithm）是一种新型的仿生智能优化算法，由 Karaboga 于 2005 年首次提出[52]。该算法基于蜜蜂群智能觅食行为，面向多变量函数优化问题的求解，在计算机科学和运筹学中均有广泛的应用。在人工蜂群算法中，蜜蜂个体存在三种角色，并且角色之间可以互相转化。这三种角色分别是雇佣蜂（employed bee）、观察蜂（onlooker bee）与侦察蜂（scout bee），各类蜂群的工作流程及相互之间的转换关系介绍如下：

（1）雇佣蜂：当探索到良好的蜜源后，雇佣蜂将在特定的食物来源蜂巢收集蜂蜜，收集结束后，它将带着花蜜回到蜂巢，卸下花蜜，并通过在跳舞区表演舞蹈的方式向其他蜜蜂分享良好的蜜源信息，以一定概率招募观察蜂前去采蜜。

（2）观察蜂：有一部分蜜蜂选择在蜂巢中等待，这些蜜蜂称为观察蜂，它们等待被雇佣蜂以一定概率招募，去探索新的蜜源。

（3）侦察蜂：蜜源耗尽后，雇佣蜂或观察蜂将成为侦察蜂，随机搜索新的蜜源。

根据上述三种蜜蜂角色的相互转化，人工蜂群算法采用蜂群个体的分工与协作的思想，寻找最优蜜源，即优化问题中的最优解。表 6-13 展示了人工蜂群算法及目标优化问题各要素间的关系映射。

表 6-13 人工蜂群算法及目标优化问题各要素间的关系映射

蜜蜂群智能觅食系统要素	目标优化算法要素
蜜源	模型的解向量
蜜源优劣评价	模型目标函数倒数的大小
雇佣蜂	解向量的确定性更新
观察蜂	解向量的概率性更新
侦察蜂	防止局部最优的禁忌表

算法开始时,将随机生成满足条件的一组新蜜源,供各类型的蜜蜂进行探索。每一次迭代算法需要经历至少两个阶段:雇佣蜂阶段与观察蜂阶段,若算法在该次迭代中没有陷入局部最优,则不会进入侦察蜂阶段,人工蜂群算法的整体执行流程如图 6-13 所示。

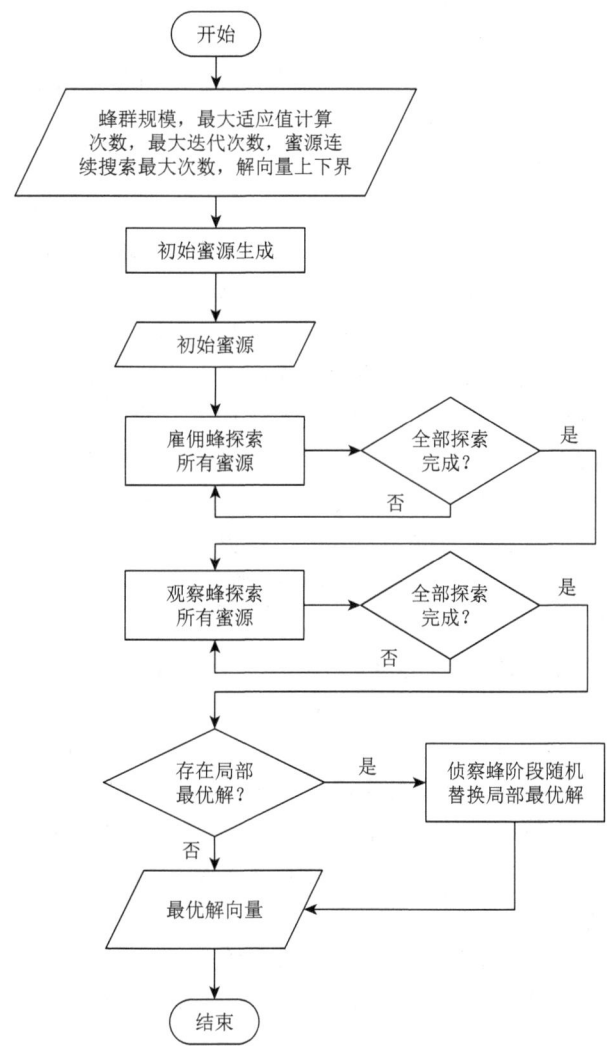

图 6-13 人工蜂群算法流程

2. 算法步骤

本节结合动态调度的特点,分别对初始蜜源生成阶段、雇佣蜂阶段、观察蜂阶段和侦察蜂阶段的算法原理及在本模型中的实际应用方法进行说明。

步骤1 初始蜜源生成阶段。蜜源对应着模型的解向量,在租赁自行车动态路径优化问题中,解向量定义为组成调度路线的调度站点的有序编号。不同卡车对应的调度路线由其编号的相反数进行分割,例如,解向量

$$\alpha = [-1,5,4,7,9,-2,6,8,2,-3,10,1,3,11,12]$$

表示有3辆卡车进行调度,调度的路线分别为:5→4→7→9;6→8→2;10→1→3→11→12。

需要说明的是,初始蜜源的生成在传统的人工蜂群算法求解中,仅包含上下界的限制,还含有如下的约束:

(1)蜜源的第一位必须是–1,用于表征第一辆卡车。若每辆卡车 k_i 对应的路线经过的站点集合记为 S_{k_i},则 $S_{k_i} \cap S_{k_j} = \phi, \forall i \neq j$,即两辆不同的卡车在一次调度期间不允许访问同一个站点。例如,[–1,2,5,–2,5,6]这样的蜜源是不满足约束的,因为站点5重复出现在不同卡车的调度线路中。

(2)同一辆卡车不允许多次访问同一个站点。例如,[–1,2,5,2,–2,5,6]这样的蜜源,不满足约束,因为站点2重复出现在同一卡车的线路中。

实际上,约束2和约束3可以合并为一个约束,即蜜源中的非负位必须各不相同。基于这一发现,设计了一个初始蜜源插入式生成算法。算法执行流程如下:首先对需要调度的站点产生 N 个不同的全排列,从中随机选择1个未被选中过的排列,记为 R_{selected};除去最左侧站点左侧,在 R_{selected} 中剩余的站点中,随机选择 $|k-1|$ 个位置(k 为参与调度的卡车数),分别插入卡车编号的相反数(第一辆卡车除外);在最左侧插入卡车编号–1。

例如,需要调度的站点为[1,2,3,4,5,6,7,8,9,10,11,12],对这一组数字产生4个全排列:

[1,2,3,4,5,6,7,8,9,10,11,12]　　[3,2,7,4,5,6,1,8,9,10,12,11]

[5,4,7,9,6,8,2,10,1,3,11,12]　　[4,2,3,1,6,5,7,8,9,11,10,12]

随机选择第三个排列,进行卡车的插入划分。假设卡车的数量为3,选择9号和6号站点,2号和10号站点之间,分别插入卡车2和卡车3的编号相反数–2和–3;最后在首站的左侧插入–1,得到初始蜜源

$$\alpha = [-1,5,4,7,9,-2,6,8,2,10,1,-3,11,12]$$

为了避免卡车服务站点的不均衡解的产生,在插入时加入了一定的约束。规定两辆卡车随机插空的区间不得小于 $S/2k$,避免某些卡车仅服务很少站点的情况出现。例如,在解 $\alpha = [-1,5,4,7,9,-2,6,-3,8,2,10,1,11,12]$ 中,2号卡车仅调度1站,而3号卡车调度过多的站点,在生成初始解时这样的解将被修正,向后移动3号卡车的插入点,直到与上一辆卡车插入点的距离达到 $S/2k$。修正时从第一个出现问题的卡车插入点出发,向后不断检查,如果修正至最后一辆卡车,剩余站点无法满足 $S/2k$,则放弃本路线,生成新解。

步骤 2 雇佣蜂阶段。雇佣蜂阶段的总体思想是在步骤 1 生成初始蜜源后，随机地将解向量分配给每个雇佣蜂，作为其探索的起点。每一只雇佣蜂在已有初始蜜源的前提下，对手中的蜜源按照某种算子进行修改，以探索出新的解。当新的解产生时，采用贪婪策略，将新解代入适应值函数，若更优则接受新解；否则，不接受新解，并将该解探索失败的次数（trial）增加 1 次。表 6-14 展示传统人工蜂群算法的新蜜源更新操作：随机选择同伴的解向量中的一位，改变其中一位并计算新解对应的适应值，若计算结果更优则更新此解。

表 6-14 人工蜂群算法雇佣蜂阶段算法流程

算法 1：人工蜂群算法雇佣蜂阶段	
输入：目标函数，解向量，解向量的上下界，trial 表	
0：	repeat：选择 1 只未探索过的雇佣蜂 i
1：	随机选择一个非自己的同伴的解向量 X
2：	随机修改同伴向量某一位上的值，得到一个新解 X_{new}^{j}
3：	检查新解 X_{new}^{j} 的各位是否在解向量各参数的上下界范围内，不在则进行修正，更新 X_{new}^{j}
4：	将 X_{new}^{j} 代入适应值函数，并计算评价更新后的适应值是否满足：Fit(X) > Fit(X_{new}^{j})，如果满足更新 X 为 X_{new}^{j}；如果不满足，trial$_i$ 增加 1
5：	until：所有的雇佣蜂均被选择了一次
输出：探索后的新蜜源列表，更新后的 trial 表	

在动态调度路径优化模型求解时，解向量为卡车与站点编号组成的路线，在这种情况下，传统的更新操作是不可行的。因为对路线中站点的任意一位进行修改，必然会与至少一个其他站点相关联。同时，修改的值也不应是随机的，需要满足站点解向量的约束。因此，在进行邻域解探索时，参考 Szeto 等给出的 7 种产生新路线的方案[53]，选择其中三种交换的策略，分别是：单点交换、子序列交换、单点插入，这三种操作示意分别如图 6-14（a）～（c）所示。

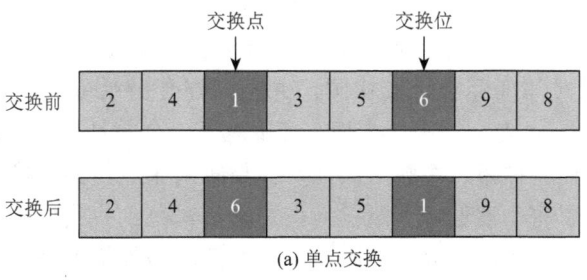

(a) 单点交换

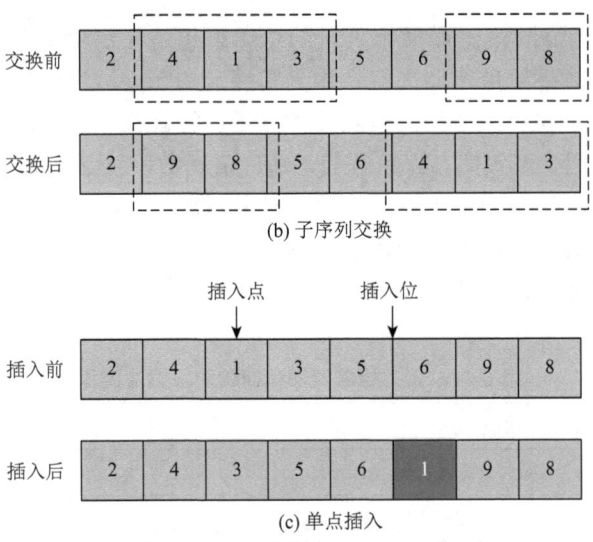

图 6-14 三种交换策略示意图

本算法在探索新解的过程中,还加入了对站点重要度的考虑,将重要站点以较大的概率移动至路线中靠前的位置。这里,仍以上文中生成的初始调度路线为例,对产生新路线的方法进行说明。当雇佣蜂探索到蜜源 α 后,首先对蜜源进行路线解构,找出三辆卡车对应的三条路线 5→4→7→9、6→8→2、10→1→3→11→12,然后随机选择一种方式进行新解的探索。之后根据站点重要度表,采用轮盘赌算法,以各卡车的调度路线中站点的重要度为依据对轮盘进行划分,使得站点重要度较高的站点能够以较高的概率移动至解向量前端。

步骤 3 观察蜂阶段。观察蜂阶段的操作与雇佣蜂阶段的操作类似,不同点在于观察蜂并非一定探索新的蜜源,而是以一定的概率探索新的蜜源,第 i 个解进入观察蜂阶段进行新解探索的概率 prob_i 满足式(6-88)。

$$\text{prob}_i = 0.9 \left(\frac{\text{Fit}_i}{\max\limits_{j=1,\cdots,N_p}(\text{Fit}_j)} \right) + 0.1 \qquad (6\text{-}88)$$

式中,Fit_i 是第 i 个解的适应值;N_p 是蜜源即解向量的个数。算法依次遍历每一个蜜源,先产生一个随机数 rand,如果 rand < prob_i,那么对这个解进行新解探索,更新解的方式与雇佣蜂阶段相同,并且同样会记录更新失败的次数;如果 rand ≥ prob_i,则不对这个解进行探索,尝试对下一个解是否探索进行判断。这里需要说明的是,在尝试下一个解判断前,需要重新生成新的随机数。与雇佣蜂阶段不同,算法要求每个雇佣蜂不断循环遍历蜜源,直到找到一个满足探索条件的新蜜源,而在观察蜂阶段,算法并不要求每个蜜源最终都被进行了新解的探索,

因此多只观察蜂最终选择相同的蜜源探索新解是可能的。表 6-15 展示了观察蜂阶段算法运行的流程。

表 6-15　人工蜂群算法观察蜂阶段算法运行的流程

算法 2：人工蜂群算法观察蜂阶段	
输入：目标函数，解向量，解向量上下界，trial 表，解 i 进行更新的概率 $prob_i$	
0：	repeat：选择 1 只未探索过的雇佣蜂 j
1：	选择 1 个未选择的解 i
2：	生成一个随机数 rand，如果 rand $<$ $prob_i$，转 3，否则转 0
3：	对这个解进行新解探索，得到 X_{new}^j
4：	检查新解 X_{new}^j 的各位是否在解向量各参数的上下界范围内，不在则进行修正，更新 X_{new}^j
5：	将 X_{new}^j 代入适应值函数，并计算评价更新后的适应值是否满足 $Fit(X) > Fit(X_{new}^j)$，如果满足更新 X 为 X_{new}^j；如果不满足，$trial_i$ 增加 1
6：	until：所有的雇佣蜂均被更新了某一个解
输出：探索后的新蜜源列表，更新后的 trial 表	

步骤 4　侦察蜂阶段。侦察蜂阶段是迭代过程中可能不会进入的阶段。在步骤 2、步骤 3 中，如果某些解超过一定次数被选中且更新后总是没有探索出新的更优解，认为这种解可能已经陷入局部最优。因此，这种解将进入第三个阶段——侦察蜂阶段进行处理。处理的方式仍然和前面的方式相同，即通过移位、交换等方式改变该解，以探索出新的解。需要注意的是，进入侦察蜂阶段的解可能是局部最优解，但也可能是整个求解过程中较为优秀的解。因此，在将解放入侦察蜂阶段之前，应当将这个解记录下来，而不是简单地丢弃和替换。

6.4.4　算例分析

本节对上述模型和方法进行了算例验证与分析，首先根据调度需求量确定方法，确定调度站点的调度需求量，进一步根据调度需求量划分调度子区，然后确定站点的重要度，最后求解初始阶段路径优化模型和动态优化阶段路径优化模型，确定调度路线及各站点的调度需求量。实验操作的硬件环境为 Intel®Core™i7-8700 及内存 16GB 的 Windows 10 64 位系统，利用 Python 语言进行编程实现。

1. 调度需求量确定

根据 2017 年 9 月 22 日研究区域内 300 个站点的短时需求预测结果，基于借还速率差计算各站点对应的调度预警时刻，其分布如图 6-15 所示。可以看到，在上午 8:00，大量站点已经处于调度预警时刻，即车辆数已经位于调度服务安全阈值范围外，并且若各站点车辆数继续按照当前速率变化，将有 85.70%的站点车辆数无法在 9:00 前维持在安全阈值范围内。

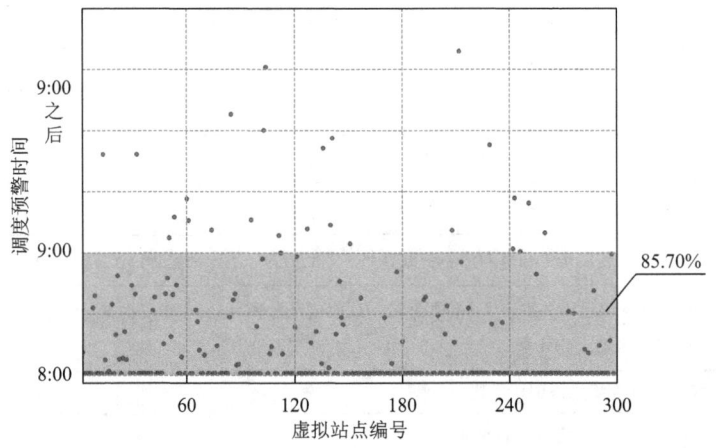

图 6-15 站点调度预警时刻分布图

通过计算各站点的调度预警时刻，利用所提出的调度需求量确定方法，可以得到 300 个站点在 8:00 的调度需求量。各站点的编号、借还速率差、当前站点车辆数与最大容量比、调度预警时刻及调度需求量如表 6-16 所示。其中，站点借还速率差为正，表示该站点车辆数随时间减少；站点借还速率差为负，表示该站点车辆数随时间增加。调度需求量为正，表示该站点需要调入车辆；调度需求量为负，表示该站点需要调出车辆。

表 6-16 站点调度预警和调度需求量

站点编号	站点借还速率差/(辆/min)	当前站点车辆数与最大容量比	调度预警时刻	调度需求量/辆
1	−0.14	0.69	8:07	−30
2	−0.60	0.88	8:00	−31
3	0.23	0.18	8:00	12
⋮	⋮	⋮	⋮	⋮
298	0.28	0.58	9:00	0
299	−0.10	0.91	8:00	−15
300	−0.19	0.59	9:00	0

2. 调度子区划分结果

各站点的调度需求量确定后，分别使用 6.2 节提出的基于 Louvain 算法和 Infomap 算法的社团发现算法对其进行调度子区划分，并使用调度分区评价指标选出最优分区结果。图 6-16（a）和（b）分别展示了 Louvain 算法和 Infomap 算法的调度子区划分结果，由图可知，Louvain 算法和 Infomap 算法将研究区域均划分为四个调度子区，同一个社团内部站点间联系更为紧密，而不同社团间的联系相对稀疏。

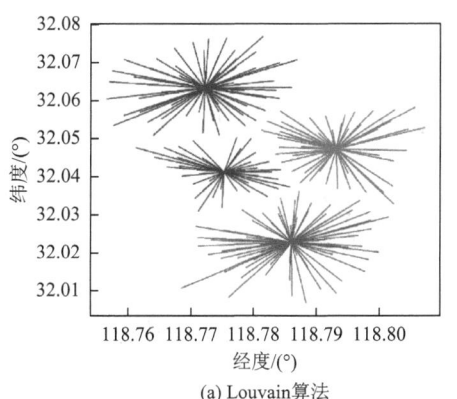
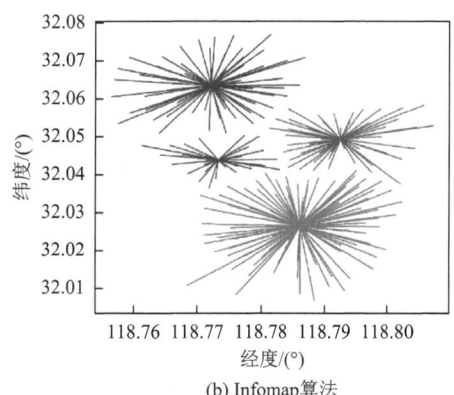

图 6-16　调度子区划分结果

计算 Louvain 和 Infomap 两种算法下调度子区的评价指标，结果如表 6-17 所示。由表可知，Louvain 算法的平均调度子区内离散度、平均站点数量不平衡度和平均调度需求不平衡度低于 Infomap 算法，而平均调度子区间离散度和模块度高于 Infomap 算法。因此 Louvain 算法的调度子区划分结果优于 Infomap 算法。

表 6-17　不同分区方法下调度子区评价指标结果

算法	调度子区内平均调度需求不平衡度	平均调度子区内离散度	平均调度子区间离散度	调度子区内平均站点数量不平衡度	模块度
Louvain	90.75	8.64	19.10	9.50	0.44
Infomap	97.75	8.72	18.63	21.00	0.41

3. 调度路线确定

根据调度子区划分结果，以第一个调度子区为例，对初始阶段路径优化模型和动态优化阶段路径优化模型进行求解分析。首先对比遗传算法和人工蜂群算法求解模型的效果，然后采用较优算法对考虑重要度与不考虑重要度的模型进行求解对比，最后给出优化调度路径。

1）遗传算法和人工蜂群算法结果分析

分别采用遗传算法和人工蜂群算法对考虑重要度的调度路径优化模型进行求解，并分析各算法在优化结果、运行时间上的差异。遗传算法的各项参数设置为：最大迭代次数2000，种群数300，遗传算子变异率0.9，遗传算子交叉率0.1。人工蜂群算法的各项参数设置为：蜂群规模50，最大适应值计算次数20000，局部最优限制次数1000。

模型参数设置为：参与调度的卡车数量为5辆，卡车行驶速度为30km/h[22]，卡车的最大容量为60辆[37]，装卸车辆时间成本为40元/h[38]，调度车行驶成本为10元/km[39]，车辆的启动成本为40元/(次·辆)[29]，卡车最大行驶距离为35km[26]。

表6-18展示了遗传算法与人工蜂群算法在求解考虑重要度的初始阶段路径优化模型结果对比。可以看出，人工蜂群算法10次计算的目标函数值平均值为482.3，较遗传算法的364.7提升了32.25%，证明所设计的人工蜂群算法在优化能力方面优于遗传算法。在计算时间方面，10次遗传算法的平均计算时间为499.2s，而人工蜂群算法的平均计算时间仅为59.4s，运行时间减少率为88.10%。因此，在动态调度过程中，选择人工蜂群算法能够在有限的运算时间内获得更优的调度路线。

表6-18　遗传算法与人工蜂群算法求解结果对比

序号	目标函数值		运行时间/s		目标函数值优化率 a/%	运行时间降低率 b/%
	GA	ABC	GA	ABC		
1	302.2	454.9	500.9	55.6	50.53	88.90
2	397.4	486.3	500.0	60.4	22.37	87.92
3	454.6	507.9	493.6	60.2	11.72	87.80
4	270.0	483.9	498.3	60.1	79.22	87.94
5	396.7	536.5	499.2	60.2	35.24	87.94
6	360.7	479.0	501.2	60.2	32.80	87.99
7	453.2	481.1	498.5	60.8	6.16	87.80
8	232.7	475.8	500.7	57.8	104.47	88.46
9	338.6	451.9	502.4	58.6	33.46	88.34
10	440.5	465.9	497.6	59.8	5.77	87.98
均值	364.7	482.3	499.2	59.4	32.25	88.10

注：目标函数值优化率 a = |ABC目标函数值−GA目标函数值|/GA目标函数值×100%

运行时间减少率 b = |GA运行时间−ABC运行时间|/ABC运行时间×100%

表 6-18 中,最优解为算法运行第 5 次时使用人工蜂群算法求解的结果,其对应的算法迭代收敛曲线如图 6-17 所示。将雇佣蜂、观察蜂、侦察蜂三个阶段计为一次循环,可以看到,在循环 370 次左右,最优适应值开始收敛,并趋于平稳,直到最大循环次数。

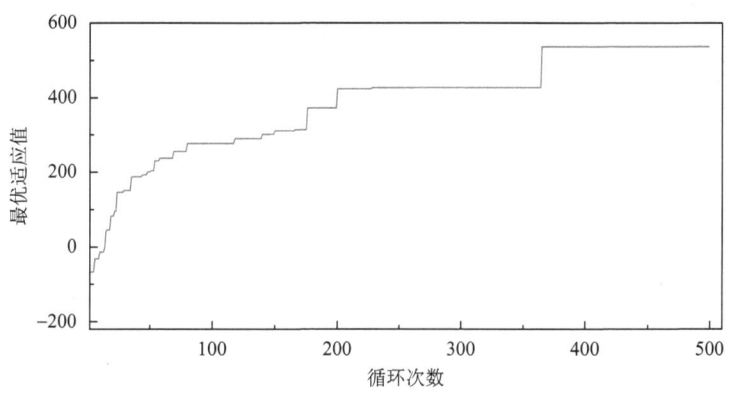

图 6-17 人工蜂群算法迭代收敛图

2) 考虑重要度与不考虑重要度的模型结果分析

为了进一步分析站点重要度对租赁自行车调度路径优化模型的影响,以第一个调度子区的 76 个站点为例,使用人工蜂群算法分别在考虑重要度与不考虑重要度的情况下,对动态调度路径模型进行优化求解。

对不考虑站点重要度的调度优化模型,保持其余目标函数与约束条件不变,将考虑重要度的初始阶段路径优化模型的目标函数(6-67)改变为式(6-89)

$$\max W_2 = m \sum_{i \in S_0} \sum_{\substack{j \in S \\ j \neq i}} \sum_{k \in K} \mathrm{Sat}_j(t_{j,k}^+) \cdot x_{i,j,k} \qquad (6\text{-}89)$$

动态优化阶段路径优化模型中的目标函数(6-84)改为式(6-90)

$$\max W_2' = m \left(\sum_{i \in S'} \sum_{\substack{j \in S' \\ j \neq i}} \sum_{k \in K} \mathrm{Sat}_j(t_{j,k}^+) \cdot x_{i,j,k} + \sum_{k \in K} \mathrm{Sat}_{s_k^{\mathrm{key}}}(t_{s_k^{\mathrm{key}},k}^+) \right) \qquad (6\text{-}90)$$

人工蜂群算法和模型的参数设置与初始阶段路径优化模型求解时相同。表 6-19 展示了考虑重要度与不考虑重要度时模型的求解结果。从表 6-19 中可以看出,4 个滚动时段调度结束后,在总调度量方面,考虑重要度与不考虑重要度的模型相比由 1662 增加到了 1843,说明考虑站点重要度能够在有限时间内满足更多的用户需求;在调度成本方面,考虑重要度与不考虑重要度相比调度成本高出 57.2 元;在用户满意度方面，考虑重要度与不考虑相比的平均用户满意度由 55.03%提高到了 73.00%，说明所构建的考虑站点重要度的互联网租赁自行车动态调度优化模型，能够有效地提高互联网租赁自行车系统的服务水平。

表 6-19　考虑与不考虑重要度的求解结果对比

不同阶段	总调度量/辆		调度成本/元		平均用户满意度/%	
	考虑重要度	不考虑重要度	考虑重要度	不考虑重要度	考虑重要度	不考虑重要度
初始阶段	672	582	173.9	167.0	82.10	61.20
第二个滚动时段	535	568	201.6	166.9	70.60	51.60
第三个滚动时段	384	252	161.2	147.9	70.50	57.30
第四个滚动时段	252	260	139.4	137.1	78.80	50.00
汇总	1843	1662	676.1	618.9	73.00	55.03

4. 调度路线结果

以第一个调度子区为例，对动态调度路径优化模型进行验证。表 6-20 展示了初始阶段的第一个调度子区内各站点的坐标信息、调度需求量、期望服务时刻、可接受时间及站点重要度。

表 6-20　第一个调度子区在初始阶段的调度信息

站点编号	经度/(°)	纬度/(°)	调度需求量/辆	期望服务时刻	可接受时间	站点重要度
1	118.7799	32.0284	−30	8:20	8:25	1.74
3	118.7978	32.0150	−31	8:36	8:41	1.23
6	118.7820	32.0141	−41	8:00	8:05	1.58
⋮	⋮	⋮	⋮	⋮	⋮	⋮
281	118.7781	32.0134	−47	8:00	8:05	2.45
282	118.7708	32.0270	18	8:42	8:47	1.30
293	118.7941	32.0251	40	8:01	8:06	2.29

根据站点重要度，从第一个调度子区的 76 个站点中挑选出排名前 40 的站点，使用所提出的初始阶段路径优化模型得到初始调度方案。该时段共有三辆调度卡车参与调度，总调度量为 672，调度成本为 173.9 元，平均用户满意度为 82.10%。以下以第一辆调度卡车为例，对其具体调度过程进行说明。第一辆卡车从车场出发，初始调度路线为：36→124→186→231→1→72。调度系统每 15min 就会更新

第 6 章 互联网租赁自行车智能调度优化

一次,在最优初始调度方案中,15min 内调度卡车完成了 36、124、186 这三个站点的调度任务,此时调度车辆正在完成租赁站点 231 的调度任务中,站点 231 成为当前滚动时段的关键点(图 6-18)。

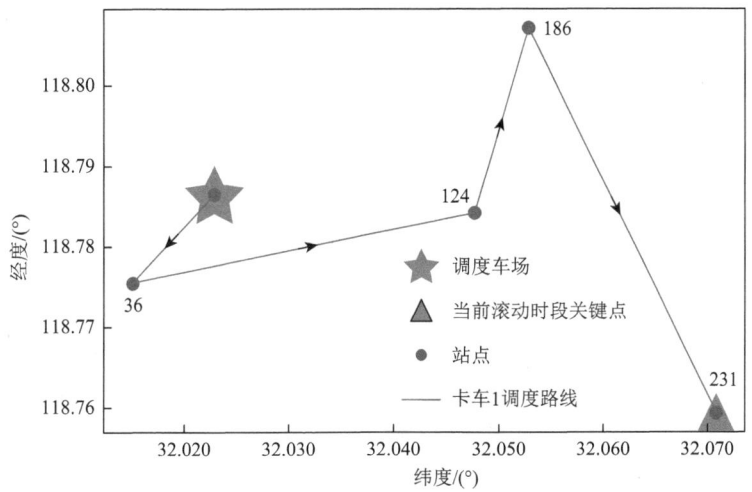

图 6-18　第一辆调度卡车初始阶段调度路线图

调度系统在 8:15 进行了第一次更新,此时系统内各站点的需求和时间窗都发生了变化,表 6-21 展示了第二个滚动时段内尚未被服务的各站点的坐标信息、调度需求量、期望服务时刻、可接受时间及站点重要度。

表 6-21　第一个调度子区在第二个滚动时段的调度信息

站点编号	经度/(°)	纬度/(°)	调度需求量/辆	期望服务时刻	可接受时间	站点重要度
1	118.7799	32.0284	−4	9:00	9:05	1.03
3	118.7978	32.0150	−18	8:15	8:20	1.84
6	118.7820	32.0141	12	8:15	8:20	1.76
⋮	⋮	⋮	⋮	⋮	⋮	⋮
279	118.7707	32.0270	−33	8:15	8:20	2.22
282	118.7708	32.0270	27	8:35	8:40	1.57
293	118.7941	32.0251	7	9:00	9:05	1.15

根据站点重要度,从剩余未被服务的 65 个站点中挑选出排名前 40 的站点,使用所提出的动态优化阶段路径优化模型得到第二个滚动时段的调度方案,该时段共有三辆调度卡车参与调度,总调度量为 535,调度成本为 201.6 元,平均用户

满意度为 70.60%。以下以第一辆调度卡车为例,对其具体调度过程进行说明。第一辆卡车完成上一滚动时段站点 231 的调度任务后,执行第二个滚动时段的调度路线为:163→227→24→67→256→12→107。调度系统每 15min 就会更新一次,在第二个滚动时段的调度方案中,在 15min 内调度车完成了 163、227、24、67 这 4 个站点的调度任务,此时调度车辆正在前往站点 256 途中,站点 256 成为当前滚动时段的关键点(图 6-19)。

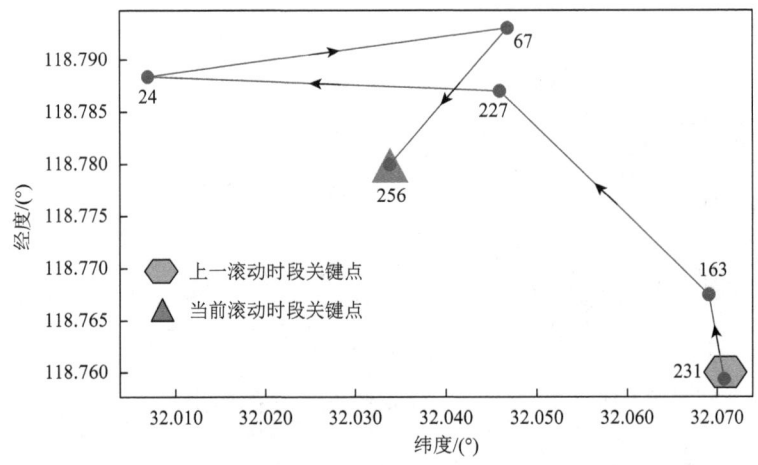

图 6-19 第一辆调度卡车第二个滚动时段调度路线图

调度系统在 8:30 进行了第二次更新,此时系统内各站点的需求和时间窗都发生了变化,表 6-22 展示了第三个滚动时段内尚未被服务的各站点的坐标信息、调度需求量、期望服务时刻、可接受时间及站点重要度。

表 6-22 第一个调度子区在第三个滚动时段的调度信息

站点编号	经度/(°)	纬度/(°)	调度需求量/辆	期望服务时刻	可接受时间	站点重要度
1	118.7799	32.0284	−23	8:30	8:35	1.96
3	118.7978	32.0150	−11	8:30	8:35	1.50
6	118.7820	32.0141	12	8:30	8:35	1.62
⋮	⋮	⋮	⋮	⋮	⋮	⋮
278	118.7915	32.0302	15	8:30	8:35	2.00
281	118.7940	32.0538	5	8:30	8:35	2.33
293	118.7570	32.0650	7	9:00	9:05	1.24

根据站点重要度,从剩余未被服务的 52 个站点中挑选出排名前 40 的站点,

使用所提出的动态优化阶段路径优化模型得到第三个滚动时段的调度方案,该时段共有三辆调度卡车参与调度,总调度量为384,调度成本为161.2元,平均用户满意度为70.50%。以下以第一辆调度卡车为例,对其具体调度过程进行说明。第一辆卡车完成上一滚动时段站点256的调度任务后,执行第三个滚动时段的调度路线为:57→276→133→269→65→266→247→201。调度系统每15min就会更新一次,在第三个滚动时段的调度方案中,在15min内调度车完成了57、276、133、269、65、266这6个站点的调度任务,此时调度车辆正在前往站点247途中,站点247成为当前滚动时段的关键点(图6-20)。

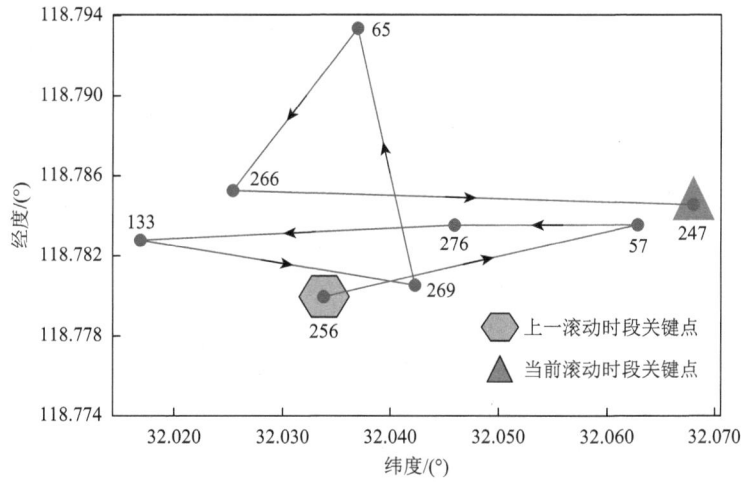

图6-20 第一辆调度卡车第三个滚动时段调度路线图

调度系统在8:45进行了第三次更新,此时系统内各站点的需求和时间窗都发生了变化,表6-23展示了第四个滚动时段内尚未被服务的各站点的坐标信息、调度需求量、期望服务时刻、可接受时间以及站点重要度。

表6-23 第一个调度子区在第四个滚动时段的调度信息

站点编号	经度/(°)	纬度/(°)	调度需求量/辆	期望服务时刻	可接受时间	站点重要度
1	118.7799	32.0284	−17	8:45	8:50	1.76
3	118.7978	32.0150	−13	8:45	8:50	1.59
6	118.7820	32.0141	6	8:45	8:50	1.43
⋮	⋮	⋮	⋮	⋮	⋮	⋮
265	118.7760	32.0406	32	8:45	8:50	2.21
272	118.7842	32.0518	−38	8:45	8:50	2.33
278	118.7915	32.0302	−21	8:45	8:50	1.90

使用所提出的动态优化阶段路径优化模型对未被服务的 31 个站点制定第四个滚动时段的调度方案，该时段共有 3 辆调度卡车参与调度，总调度量为 252，调度成本为 139.4 元，平均用户满意度为 78.80%。以下以第一辆调度卡车为例，对其具体调度过程进行说明。第一辆卡车完成上一滚动时段站点 247 的调度任务后，执行第四个滚动时段的调度路线为：72→68→61（图 6-21），该时段为调度时域中的最后一个时段，执行完该时段后动态调度过程结束。

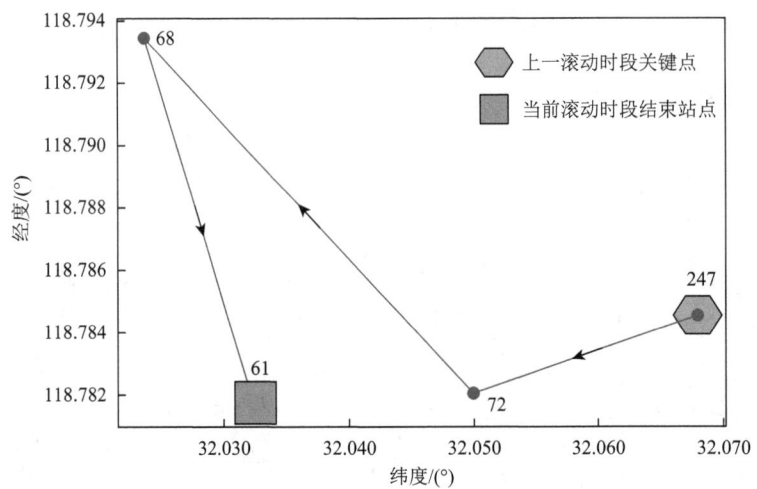

图 6-21 第一辆调度卡车第四个滚动时段调度路线图

参 考 文 献

[1] 陈晨. 城市公共自行车调配中心选址模型研究[D]. 南京：东南大学, 2016.
[2] 杨梓东. 数据驱动的公共自行车系统分析建模与优化[D]. 杭州：浙江大学, 2018.
[3] 史越. 共享单车需求预测及调度方法研究[D]. 北京：北京交通大学, 2019.
[4] 董红召, 赵敬洋, 郭海锋, 等. 公共慢行系统的动态调度建模与滚动时域调度算法研究[J]. 公路工程, 2010, 34（6）：68-71, 75.
[5] 冯佩雨. 公共自行车系统调度管理优化方法研究[D]. 南京：东南大学, 2018.
[6] 于文超. 城市公共自行车系统智能调度优化算法研究[D]. 上海：上海交通大学, 2015.
[7] 李叶. 基于神经网络的公共自行车再平衡问题的研究[D]. 北京：北京交通大学, 2019.
[8] 刘路美. 城市公共自行车站点需求预测及调度优化方法研究[D]. 北京：北京交通大学, 2017.
[9] 王超. 城市公共自行车分区调度模型研究[D]. 杭州：杭州电子科技大学, 2016.
[10] 朱宏伟. 公共自行车智能调度算法研究[D]. 杭州：杭州电子科技大学, 2017.
[11] 张晶, 梁燕, 魏文俊. 基于改进 K-means 算法的公共自行车站点区域划分[J]. 信息通信, 2017, （4）：42-44.
[12] 王世华. 城市公共自行车调度关键技术研究[D]. 杭州：杭州电子科技大学, 2018.
[13] 骆志刚, 丁凡, 蒋晓舟, 等. 复杂网络社团发现算法研究新进展[J]. 国防科技大学学报, 2011, （1）：47-52.

[14] Lin L A. Comprehensive Framework for Dynamic Bike Rebalancing in a Large Bike Sharing Network[C]. The 7th International Symposium on Dynamic Traffic Assignment，Hongkong，2018.

[15] Munoz-Mendez F，Han K，Klemmer K，et al. Community Structures，Interactions and Dynamics in London's Bicycle Sharing Network[C]. Proceedings of the ACM International Joint Conference and International Symposium on Pervasive and Ubiquitous Computing and Wearable Computers，New York，2018，1015-1023.

[16] Newman M E. Fast algorithm for detecting community structure in networks[J]. Physical Review E：Statistical，Nonlinear，and Soft Matter Physics，2004，69（6 Pt 2）：66133.

[17] Vincent D B，Jean-Loup G，Renaud L，et al. Fast unfolding of communities in large networks[J]. Journal of Statistical Mechanics：Theory and Experiment，2008，（10）：P1008.

[18] Rosvall M，Bergstrom C T. An information-theoretic framework for resolving community structure in complex networks[J]. Proceedings of the National Academy of Sciences，2007，104：7327-7331.

[19] Huffman D. A method for the construction of minimum-redundancy codes[J]. Proceedings of the IRE，1952，40（9）：1098-1101.

[20] Rosvall M，Axelsson D，Bergstrom C T. The map equation[J]. The European Physical Journal Special Topics，2009，178：13-23.

[21] Hipólito H，Juan-José S. A branch-and-cut algorithm for a traveling salesman problem with pickup and delivery[J]. Discrete Applied Mathematics，2004，145（1）：126-139.

[22] 张行. 共享单车运输车辆调度问题研究[D]. 长春：吉林大学，2019.

[23] 段凤. 城市公共自行车动态调度优化研究[D]. 杭州：杭州电子科技大学，2019.

[24] 徐伟. 城市公共自行车系统的调度优化研究[D]. 北京：北京交通大学，2019.

[25] 叶丽霞. 城市公共自行车调度系统研究[D]. 南京：南京理工大学，2013.

[26] 孔静. 无桩式共享单车站点需求预测及调度路径优化研究[D]. 西安：长安大学，2018.

[27] 薛聪聪. 动态需求背景下的公共自行车系统站点选址问题研究[D]. 呼和浩特：内蒙古大学，2019.

[28] 姚学儒，杨爽，菅美英，等. 公共自行车租赁点选址优化方法研究[J]. 内蒙古大学学报（自然科学版），2019，50（1）：90-95.

[29] 曹雪柠. 基于 IC 卡数据的公共自行车使用特性与动态调度优化研究[D]. 南京：东南大学，2016.

[30] 潘立军，符卓. 求解带时间窗取送货问题的遗传算法[J]. 系统工程理论与实践，2012，32（1）：120-126.

[31] Mulay S R，Desai J，Kumar S V. Towards a network theory of the immune system[J]. Annales d'immunologie，1974，125C（1-2）：373.

[32] 马丹. 基于免疫遗传算法的无人艇路径规划研究[D]. 武汉：华中科技大学，2018.

[33] Niwattanakul S，Singthongchai J，Naenudorn E，et al. Using of Jaccard Coefficient for Keywords Similarity[C]. Proceedings of the International MultiConference of Engineers and Computer Scientists，Hong Kong，2013.

[34] 蒋波. 基于遗传算法的带时间窗车辆路径优化问题研究[D]. 北京：北京交通大学，2010.

[35] Lawrence D. Applying Adaptive Algorithms to Epistatic Domains[C]. Proceedings of the 9th International Joint Conference on Artificial Intelligence，1985，162-164.

[36] Hussain A，Muhammad Y S，Sajid M N，et al. Genetic algorithm for traveling salesman problem with modified cycle crossover operator[J]. Computational Intelligence and Neuroscience，2017，2017（1）：7430125.

[37] 李三超. 城市无桩共享单车调度方案研究[D]. 西安：长安大学，2018.

[38] 金含笑. 基于摩拜出行数据的共享单车调度研究[D]. 北京：北京交通大学，2019.

[39] 马腾腾. 城市轨道交通车站共享单车接驳优化研究[D]. 北京：北京建筑大学，2018.

[40] Li Z，Lerapetritou M G. Rolling horizon scheduling algorithm for dynamic vehicle scheduling system[J]. Chemical

Engineering Science,2010,65(22):5887-5900.

[41] Shui C S,Szeto W Y. Dynamic green bike repositioning problem—A hybrid rolling horizon artificial bee colony algorithm approach[J]. Transportation Research Part D:Transport & Environment,2018,60:119-136.

[42] He M,Ma X,Jin Y. Station importance evaluation in dynamic bike-sharing rebalancing optimization using an entropy-based TOPSIS approach[J]. IEEE Access,2021,9:38119-38131.

[43] 乔睿. 城市公共自行车系统调度优化问题研究[D]. 西安：长安大学，2017.

[44] 贾永基，王长军. 基于满意优化的多目标车辆调度问题模型与算法[J]. 东华大学学报（自然科学版），2009，35（3）：351-354.

[45] 徐国勋，张伟亮，李妍峰. 共享单车调配路线优化问题研究[J]. 工业工程与管理，2019，（1）：80-86.

[46] 秦冰芳. 共享单车再平衡问题研究[D]. 成都：西南交通大学，2019.

[47] 尹丹丹. 城市公共自行车系统调度路径优化研究[D]. 大连：大连海事大学，2017.

[48] 靳迎新. 城市公共自行车系统调度优化研究[D]. 兰州：兰州交通大学，2018.

[49] 赵月月. 公共自行车系统调度策略及求解方法研究[D]. 南京：南京师范大学，2016.

[50] 程龙. 城市公共自行车租赁点选址及调度模型研究[D]. 南京：东南大学，2019.

[51] 杨苏. 基于改进的人工蜂群算法的车辆路径问题研究与应用[D]. 重庆：重庆大学，2018.

[52] Karaboga D. An Idea Based on Honey Bee Swarm for Numerical Optimization，Technical Report[R]. Erciyes Üniversitesi，2005.

[53] Szeto W Y，Wu Y，Ho S C. An artificial bee colony algorithm for the capacitated vehicle routing problem[J]. European Journal of Operational Research，2011，215（1）：126-135.

第7章 互联网租赁自行车接驳换乘出行优化

为了满足城市居民轨道交通-租赁自行车的一体化出行需求，提升以轨道交通为主导的出行服务效率和品质，需在考虑个体需求和系统供给均衡的基础上，研究轨道交通-租赁自行车组合出行路径的实时优化方法，研究结果可为用户推荐个性化的路径选择方案及相应的引导服务。综观国内外研究现状，现有关于出行路径优化方法的研究多是针对单一交通方式，然而这些方法并不适用于轨道交通-租赁自行车的组合出行路径优化。这是因为在组合出行过程中不仅涉及路径的选择问题，还包括交通方式之间换乘节点的选择问题。此外，尽管存在少数针对公共交通出行路径优化的研究，但是这些研究仅从出行者的角度考虑，缺乏考虑复合交通网络的系统负载问题，容易导致整个系统出现过载情况。

因此，本书将结合复合交通网络实时承载状态，从供需均衡的角度研究组合出行路径的优化方法。通过以出行者的换乘节点为优化对象，以综合考虑用户总出行效用、用户路径优化成本和系统调度成本的组合效用最大为目标函数，构建面向网络负载均衡的组合出行路径的优化模型。在此基础上，以南京市复合交通系统的实际数据作为实例，研究面向用户出行需求的组合出行路径优化方案，并探讨考虑群体异质性的组合出行路径优化策略。

7.1 组合出行路径优化问题描述与假设

7.1.1 组合出行路径优化问题描述

由于轨道交通-租赁自行车复合交通网络中的客流是随机用户均衡（stochastic user equilibrium，SUE）条件下用户组合出行路径的选择结果，在该状态下所有组合出行用户不可能通过单方面改变路径来减少期望路径的阻抗。因此，轨道交通-租赁自行车组合出行路径优化问题的本质是将随机用户均衡转化为轨道交通-租赁自行车复合交通系统最优（system optimum，SO），即实现所有组合出行用户的总出行效用最大化，进而通过提高复合交通网络的服务水平来引导更多中长距离出行者选择这种低碳组合方式出行。特别地，由于轨道交通-租赁自行车组合出行用户在轨道交通系统客流中占比较少，组合出行用户在轨道交通内部的路径改变对轨道交通线路承载状态的影响甚微。因此，本书提出基于用户换乘节点的路径优化方法，即通过改变组合出行用户的换乘节点来对其组合出行路径进行优化。在本书中，换乘节点指的是将短距离步行范围内的租赁自行车站点视为同一站点，并将相邻租赁自行车站点和轨道交通站节点进行链接。

本书的路径优化思路是以组合出行过程中的换乘节点选择为驱动，利用承载能力富余的换乘节点来分担拥挤节点上的用户，促使复合网络的供需匹配，生成能为轨道交通-租赁自行车组合出行用户提供诱导依据的路径优化方案。在此基础上，针对不同人群提出与之对应的轨道交通-租赁自行车组合出行路径优化策略。轨道交通-租赁自行车复合交通简化网络示意图如图 7-1 所示。

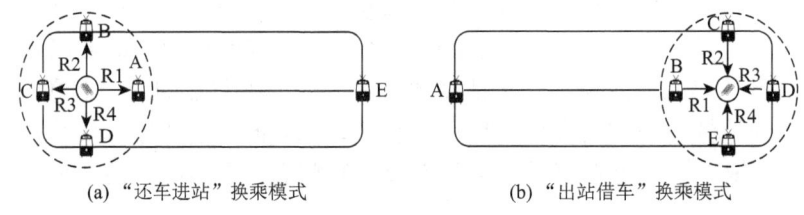

(a) "还车进站"换乘模式　　　　　(b) "出站借车"换乘模式

图 7-1　换乘模式空间分布示意图

其中，图 7-1（a）表示的是组合出行用户从租赁自行车站点借车—骑行至轨道交通站点还车—进站乘坐轨道交通—出站到达目的地 E 的过程。图 7-1（b）表示的是组合出行用户从轨道交通站点 A 乘坐轨道交通—出站借车—骑行租赁自行车—到达目的地还车的过程。以"还车进站"换乘模式为例，图中 R1～R4 表示用户借车骑行到换乘节点 A～D 对应的路径。由于轨道交通-租赁自行车的影响范围一般是 2km，因此"还车进站"换乘用户在借车点面临的可选换乘节点为该借车点周边 2km 辐射范围内的轨道交通站点。由于"还车进站"用户在借车点时并不知道从借车点到换乘节点时还车点是否有空闲桩位，因此在高峰时段可能会存在还不了车或者等待还车的情况。同理，"出站借车"用户在出轨道交通系统时也不知道借车点是否有可借的自行车，因此也可能会存在借不了车或者等待借车的情况。此时，如果引导用户选择其他可选承载富有余力的换乘节点（如原换乘节点线路上的前一个换乘节点或后一个换乘节点），则可以减少用户借不到车或还不了车的可能，从而使复合网络负载状态向系统最优的方向偏移。因此，本书需要解决的路径优化问题是为用户提供实时的换乘节点选择优化方案，并根据用户路径选择行为的机理为相关运营管理部门提供优化策略。

需要注意的是，由于轨道交通和租赁自行车是政府牵头企业投资耗资巨大的系统工程，因此控制系统的优化成本和运营管理成本是路径优化过程中始终要考虑的因素。因此，在组合出行路径方案能满足所有用户总出行效用最大的原则上，应尽可能降低系统的优化和管理成本。

7.1.2 组合出行路径优化目标与假设

根据上述问题描述可知，对轨道交通-租赁自行车组合出行路径优化的实质是力求在提升系统服务质量和节省系统成本的同时，基于组合出行用户的自身出行特点，通过优化用户的换乘节点，以实现组合出行用户和相关运营方总体效用最优的目标。具体地，本书提出以下轨道交通-租赁自行车组合出行路径优化目标：

（1）用户总出行效用最大的目标。只有实现所有组合出行用户在轨道交通-租赁自行车复合交通网络中总出行效用最大化的目标时，才能避免和减少因绝大多数用户选择自己效用最大路径造成的复合交通网络负载不均衡的情况。

（2）被优化用户数量最小的目标。一方面，用户更倾向于选择自己效用最大的组合路径出行，当优化后的路径效用低于原本最大路径效用时，部分用户可能不愿遵从系统推荐的出行路径。这时交通管理者需要给遵循推荐路径的用户提供一定的激励，从而获得更好的优化实施效果，也就是说，优化群体比例的增加意味着系统优化成本的增加，这不利于系统的长期运营。另一方面，随着优化群体人数占总用户人数比例增大时，系统的整体优化边际收益可能会显著降低。

（3）换乘节点优化成本最低的目标。由于优化用户组合出行路径会涉及换乘节点的更改，进而影响换乘节点租赁自行车的库存量。当租赁自行车站点的库存率过低或者过高时都会触发租赁自行车公司对该站点的车辆调度，导致运营成本的增加。因此，需要在换乘节点触发调度次数最小的情况下实现对组合出行路径的优化。

为了实现上述优化目标，本书进行了以下假设：

假设 1 在路径优化时不考虑用户在轨道交通系统中的两条或多条可选路径方案，即当换乘节点确定时每个组合出行用户对应一条可选轨道交通出行路径，而该条可选路径的效用值为所有可选路径的加权平均值。

假设 2 不考虑同一换乘节点内不同租赁自行车站点对应的多条可选骑行路径，即当换乘节点确定时每个组合出行用户有且仅有一条骑行路径，而该路径的效用值为该换乘节点对应所有可选骑行路径的平均值。

假设 3 换乘节点的优化成本采用因优化触发的调度次数来衡量，本书假设每个换乘节点租赁自行车的初始库存率为50%，当库存率大于90%或小于10%时会触发租赁自行车运营公司的车辆调度，调度结果是使得换乘节点租赁自行车库存率恢复到50%。

假设 4 本书认为个体性别 Male、早高峰 Peak1、晚高峰 Peak2、是否是固定用户 Regular（使用轨道交通-租赁自行车组合出行天数≥3 天/周），换乘节点租赁自行车的承载状态：供过于求 OS、供不应求 OD、租赁自行车站点数 STATION_NUM 和平均桩位数 DOCK_AVG、换乘惩罚系数 TRPF、车内时间 IVT 和车外时间 OVTT，路径区间的最大满载率 MALF 会对用户的组合出行路径效用产生影响。

7.2 复合网络动态承载状态估计方法

由于轨道交通-租赁自行车复合交通网络的承载状态是一个实时变化的过程，为了进一步为计划出行或正在出行的用户提供实时的组合出行路径指导，还需要对实时的轨道交通-租赁自行车复合交通网络承载状态进行估计。

7.2.1 复合网络承载状态定义

轨道交通-租赁自行车复合交通网络承载状态本质是反映交通供需之间的关系，即复合交通网络上的出行需求与之对应承载力间的关系。因此，需要从供给和需求两方面进行计算才能实现对复合网络承载状态的测度。

在供给方面，轨道交通-租赁自行车复合交通网络承载力理论上包括线路承载力和节点承载力。具体地，线路承载力包括①轨道交通线路承载力，②自行车道路承载力；节点承载力主要包括③租赁自行车站点承载力。其中，①可以用单位时间内列车发车数量乘以列车定员数表示[1]。针对②，可根据道路时空资源、自行车个体时空消耗、电动自行车对自行车的影响等因素，构建基于时空消耗法的自行车道路网络承载力测度方法，并通过调查道路基础设施实际供给情况，标定相关影响参数及折减系数[2]。针对③，无桩共享单车因具有随机分布和随停随取的特点，在承载力的计算上要比公共自行车复杂。目前，随着政府对于共享单车管理的加强，管理部门施划了很多共享单车停车区，再加之共享单车在某些地点存在聚集的现象，有学者提出可以利用聚类方法，通过数学方法得到共享单车的聚集的位置，并以此作为共享单车的虚拟站点[2,3]。

在需求方面，轨道交通-租赁自行车复合交通网络的出行需求包括轨道交通出行需求和租赁自行车出行需求。其中，本书采用轨道交通线网客流实际 OD 需求分布来反映轨道交通客流需求，通过将实际 OD 需求与对应轨道交通线网承载力进行比较，进而得到轨道交通动态承载状态。理论上，租赁自行车的实际承载状态也是用相同方法获取的。然而，根据本书第 3 章组合出行路径特征分析，发现租赁自行车的日均骑行路径需求量较少，对自行车路网承载状态的测度意义不大。

因此，本书不考虑自行车道路承载状态的测度，而是通过将租赁自行车借还车需求与租赁自行车站点承载力进行比较，进而得到租赁自行车站点的承载状态。最终，将轨道交通的承载状态与租赁自行车站点的承载状态进行组合，完成对轨道交通-租赁自行车的复合网络承载状态的测度。

7.2.2 轨道交通动态承载状态估计方法

根据前述可知，要估计轨道交通动态承载状态统计以轨道交通线网上的动态出行需求为基础信息，这意味着轨道交通动态承载状态估计的重点在于获取轨道交通线网上的动态 OD 需求分布。然而，在城市轨道交通自动售检票系统（Automatic Fare Collection System，AFC）中，用户的出站信息只有在用户出站刷 IC 卡时才能获取，这种信息记录的时滞性导致无法直接提取用户实时的 OD 需求分布。因此，本书需要基于能够反映完成 OD 信息的历史刷卡数据和实时的进站刷卡信息，实现 OD 需求动态估计。目前，主流的 OD 动态估计方法包括极大似然法、最小二乘法、极大熵法和卡尔曼滤波方法。其中，前三种算法属于参数优化模型范畴[4]，这类算法的优点是计算原理相对简单，但是低效率的运算难以满足大型轨道交通网络的在线 OD 动态估计。相比而言，卡尔曼滤波方法运算效率较高、时效性较好，适用于复杂交通网络的在线 OD 动态估计[5]。因此，本书采用卡尔曼滤波方法对轨道交通线网客流 OD 进行动态估计。

1）卡尔曼滤波原理介绍

卡尔曼滤波（Kalman filtering）是一种采用状态空间方法描述系统的最优化自回归数据处理算法，已被广泛应用于控制、制导、导航、通信等现代工程领域。其中，状态估计是卡尔曼滤波的重要组成部分，其原理是通过利用前一时刻的状态最优估计值及其误差方差估计和当前时刻的量测值来更新对状态变量的估计，求解得到当前时刻的最优估计值。因此，卡尔曼滤波的基本公式包括动态系统的状态空间模型和观察模型两部分。其中，状态方程的作用是根据上一时刻的状态和控制变量来推测当前时刻的状态。卡尔曼滤波的状态方程和观测方程分别如下所示。

状态方程： $X(t) = \varphi X(t-1) + W(t)$ （7-1）

观测方程： $Y(t) = HX(t) + V(t)$ （7-2）

式中，t 是离散时间；$X(t)$ 是系统在 t 时段的状态；$Y(t)$ 是对应状态的观测值；φ 是状态转移矩阵；H 为观测矩阵；$W(t)$ 是预测过程噪声，它服从均值为 0、协方差为 Q 的高斯分布，即 $W(t) \sim N(0,Q)$；$V(t)$ 是观测噪声，它服从均值为 0、协方差为 R 的高斯分布，即 $V(t) \sim N(0,R)$。过程噪声和观测噪声表示卡尔曼滤波观测值和真实值之间的误差，均可由统计得到。需要说明的是，卡尔曼滤波要求系统模型足够准确且是由白噪声所激发的线性动态系统。在标准的状态空间模型中，通常还需满足以下两个假设条件：①$W(t)$和$V(t)$是均值为0的不相关白噪声，其对应的协方差Q和R不相同；②系统初始状态$X(0)$不相关于$W(t)$和$V(t)$。

2）线网客流OD动态估计模型

对轨道交通线网客流进行OD动态估计的关键是利用用户刷卡信息采集的时滞性和其行程时间的分散性，来构建合理的OD流与进出站客流间的动态流量关系。在轨道交通封闭网络中，客流量具有以下三个守恒关系：①某时段内从站点i去往其他站点的客流总和应等于该时段内站点i的总进站乘客数；②某时段内从站点i去往站点j的客流应等于该时段内从站点i进站准备去站点j的乘客数；③某时段内从站点j出站的乘客数应等于某时段之前从其他站点进站准备去站点j且能在某时段内到达的乘客数。基于此，本节将上述客流关系转化为如下表达式：

$$\begin{cases} E_i(t) = \sum_{j=1, j \neq i}^{n} q_{ij}(t) & \forall i, j \in S, t \in T \\ q_{ij}(t) = E_i(t) \cdot p_{ij}(t) & \forall i, j \in S, t \in T \\ O_j(t) = \sum_{k=1}^{T} \sum_{i=1}^{s} E_i(k) \cdot p_{ij}(k) \cdot \delta_{ij}^{k}(k) & k \leq t, i \neq j, \forall i, j \in S, k \in T, t \in T \\ \sum_{j=1, j \neq i}^{n} p_{ij}(t) = 1, \sum_{t=k}^{T} \delta_{ij}^{k}(t) = 1 \\ 0 \leq p_{ij}(t) \leq 1, 0 \leq \delta_{ij}^{k}(t) \leq 1 \end{cases} \quad (7\text{-}3)$$

式中，$E_i(t)$为站点i在t时段内的进站乘客数；$O_j(t)$为站点j在t时段内的出站乘客数；S为轨道交通站点集合，$S=\{1,2,\cdots,i,j,\cdots,s\}$；$T$为时间段集合，$T=\{1,2,\cdots k, \cdots t, \cdots\}$；$q_{ij}(t)$为在$t$时段内由站点$i$进站去往站点$j$的乘客数，即$t$时段内站点间的OD量；$p_{ij}(t)$为在$t$时段内由站点$i$进站去往站点$j$的乘客数量占$t$时段内站点$i$进站总乘客数的比例，即$t$时段内站点间的OD转移比例；$\delta_{ij}^{k}(t)$为在$k$时段内从站点$i$出发且以站点$j$为目的地的OD客流中在$t$时段内到达站点$j$的比例（即客流出站到达系数），其中$t \geq k$。

从上述客流关系中可以看出，OD转移比例是决定某时间段内轨道交通OD客流的关键所在，且无法通过观测直接获取需要进行状态估算。因此，本节将OD转移比例作为状态变量，并基于卡尔曼滤波原理建立了标准状态空间模型。值得注意的是，由于轨道交通客流存在明显的周期性，在构建状态转移方程时可以考虑历史同期数据或前几步数据对现有状态的影响，因此本节将式（7-1）中的$X(t-1)$进行了替换，替换后的系统状态转移方程如下：

$$p_{ij}(t) = (1-\alpha) p_{ij}^{*}(t-1) + \alpha p_{ij}^{*}(t) + w(t) \quad (7\text{-}4)$$

式中，$p_{ij}^*(t)$ 表示 t 时段站点 $[i,j]$ 间的历史 OD 转移比例，该比例可以通过历史相同客流特征日的同期客流数据获取；α 为衡量历史客流信息可靠度的权重系数（$0 \leqslant \alpha \leqslant 1$）；$w(t)$ 为高斯白噪声变量。值得注意的是，α 的取值取决于历史客流信息的可靠程度，α 值越大则表明历史信息的可靠程度越高。

将式（7-4）转化为向量形式，可得

$$\begin{cases} \boldsymbol{B}(t) = \boldsymbol{R}(t)\boldsymbol{B}(t-1) + \boldsymbol{U}(t)\boldsymbol{B}^*(t) + \boldsymbol{W}(t) \\ \boldsymbol{B}(t) = [p_{ij}(t)]_{R_{OD} \times 1}, \boldsymbol{B}^*(t) = [p_{ij}^*(t)]_{R_{OD} \times 1} \end{cases} \quad (7-5)$$

式中，$\boldsymbol{B}(t)$ 表示 t 时段的客流状态向量，由 $p_{ij}(t)$ 所组成的 $R_{OD} \times 1$ 维矩阵构成（即将各线网客流 OD 转移比例矩阵的对角线元素剔除，并转化为列向量形式）；R_{OD} 为轨道交通线网客流 OD 对的总数目；$\boldsymbol{B}^*(t)$ 表示 t 时段的历史客流状态向量，其为 $p_{ij}^*(t)$ 组成的 $R_{OD} \times 1$ 维矩阵；$\boldsymbol{R}(t)$、$\boldsymbol{U}(t)$ 均表示系统状态转移矩阵，两者均是由权重系数 α 所得的 $R_{OD} \times R_{OD}$ 维矩阵；$\boldsymbol{W}(t)$ 为构建状态转移方程时产生的误差矩阵。

在构建出客流状态转移方程后，需要进一步建立系统观测方程。由式（7-3）可以看出，客流采集信息的时滞性特征导致关系方程中仍包含有多个时段的状态变量信息，这不利于模型的求解。因此，本节借鉴 Lin 和 Chang[6] 提出的方法，利用 OD 转移比例均值来代替关系方程中涉及的所有时段内的 OD 转移比例，并假设任意 OD 对之间的用户行程时间跨越的估计时间段个数不大于 M，进一步将式（7-3）转化为如下形式：

$$O_j(t) = \left[\sum_{m=0}^{M} \sum_{i=1, i \neq j}^{s} E_i(t-m) \cdot \delta_{ij}^{t-m}(t) \right] \cdot \bar{p}_{ij}(t) + v(t) \quad (7-6)$$

式中，$\bar{p}_{ij}(t)$ 表示关系方程中 t 时段出站客流的 OD 转移比例均值；$v(t)$ 为高斯白噪声变量。

将式（7-6）转化为向量形式，可得

$$\begin{cases} \boldsymbol{O}(t) = \boldsymbol{H}(t)\bar{\boldsymbol{B}}(t) + \boldsymbol{V}(t) \\ \boldsymbol{O}(t) = [O_j(t)]_{s \times 1}, \bar{\boldsymbol{B}}(t) = [\bar{p}_{ij}(t)]_{R_{OD} \times 1} \end{cases} \quad (7-7)$$

式中，$\boldsymbol{O}(t)$ 表示系统 t 时段的出站观测向量，其为由 $[O_j(t)]$ 组成的 $s \times 1$ 维矩阵；$\boldsymbol{H}(t)$ 表示系统 t 时段的观测矩阵，其为由 $\sum_{m=0}^{M} \sum_{i=1, i \neq j}^{s} E_i(t-m) \cdot \delta_{ij}^{t-m}(t)$ 确定的时变 $s \times R_{OD}$ 维矩阵；$\bar{\boldsymbol{B}}(t)$ 是由 t 时段的 OD 转移比例均值 $\bar{p}_{ij}(t)$ 构成的 $R_{OD} \times 1$ 维矩阵；$\boldsymbol{V}(t)$ 表示构建观测方程时所产生的误差矩阵。

3）OD 动态估计过程

在轨道交通线网客流 OD 动态估计模型构建后，就需要利用卡尔曼滤波对模型进行求解。卡尔曼滤波算法求解原理是以均方误差最小化作为优化目标，利用状态空间模型进行迭代递推,从而对系统的状态进行动态估计[7]。其求解过程主要包括估计和更新两个步骤。估计步骤是根据上一时刻（$t-1$时刻）的后验估计值来估计当前时刻（t时刻）的状态,得到t时刻的先验估计值。更新步骤则是用最近的观测,来计算修正后的估计。具体地,更新步骤可以分为时间更新过程和观测更新过程。时间更新过程是根据前一时刻的状态估计值推算当前时刻的状态变量先验估计值和误差协方差先验估计值;观测更新过程则是将先验估计和新的观测变量结合起来构造改进的后验估计。因此,卡尔曼滤波算法实质是一个递归的估计-更新的方法,如图 7-2 所示。

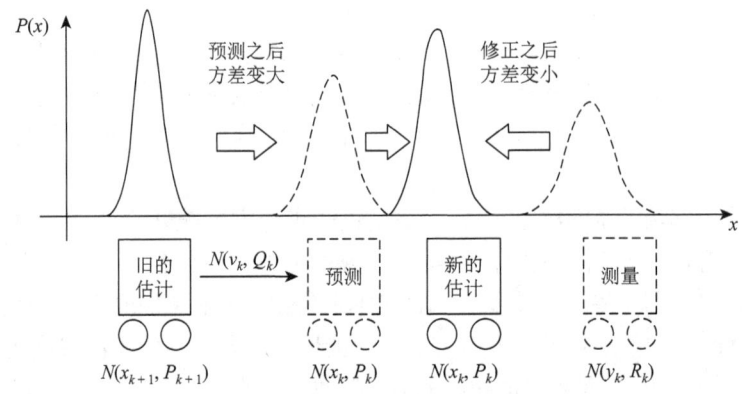

图 7-2 基于卡尔曼滤波的 OD 动态估计算法示意图

在此基础上,可以推导出 5 个用于轨道交通客流 OD 动态估计的状态更新方程,如式（7-8）所示。其中,前两个公式为时间更新方程,后三个公式为状态更新方程。

$$\begin{cases} \hat{\boldsymbol{B}}_{t|t-1}(t) = \boldsymbol{A}(t)\hat{\boldsymbol{B}}_{t-1|t-1}(t-1) + \boldsymbol{W}(t) \\ \boldsymbol{P}_{t|t-1}(t) = \boldsymbol{A}(t)\boldsymbol{P}_{t-1|t-1}(t-1)\boldsymbol{A}^{\mathrm{T}}(t) + \boldsymbol{Q}(t) \\ \boldsymbol{K}(t) = \boldsymbol{P}_{t|t-1}\boldsymbol{H}^{\mathrm{T}}(t)[\boldsymbol{H}(t)\boldsymbol{P}_{t|t-1}(t)\boldsymbol{H}^{\mathrm{T}}(t) + \boldsymbol{R}(t)]^{-1} \\ \hat{\boldsymbol{B}}_{t|t}(t) = \hat{\boldsymbol{B}}_{t|t-1}(t) + \boldsymbol{K}(t)[\boldsymbol{O}(t) - \boldsymbol{H}\hat{\boldsymbol{B}}_{t|t-1}(t)] \\ \hat{\boldsymbol{P}}_{t|t}(t) = [1 - \boldsymbol{K}(t)\boldsymbol{H}(t)]\hat{\boldsymbol{P}}_{t|t-1}(t) \end{cases} \quad (7-8)$$

式中,$\hat{\boldsymbol{B}}_{t|t-1}(t)$ 和 $\hat{\boldsymbol{B}}_{t|t-1}(t-1)$ 分别为 OD 客流在 t 时刻和 $t-1$ 时刻的先验状态估计值,即更新后的最优估计；$\hat{\boldsymbol{B}}_{t|t}(t)$ 为 OD 客流在 t 时刻的后验状态估计校正值,即根据 $t-1$ 时刻的最优估计的 t 时刻的结果；$\boldsymbol{P}_{t|t-1}(t)$ 和 $\boldsymbol{P}_{t|t-1}(t-1)$ 分别为 OD 客流 t 时刻和 $t-1$ 时刻的后验估计协方差 [即 $\hat{\boldsymbol{B}}_{t|t-1}(t)$ 和 $\hat{\boldsymbol{B}}_{t|t-1}(t-1)$ 的协方差,表示状态的不确定度]；$\hat{\boldsymbol{P}}_{t|t}(t)$ 为 OD 客流 t 时刻的先验估计协方差校正值 [即 $\hat{\boldsymbol{B}}_{t|t}(t)$ 的协方差]；$\boldsymbol{H}$ 为状态变量到观测的转换矩阵,表示将状态和观测连接起来的关系,卡尔曼滤

波里为线性关系；$O(t)$ 为 t 时刻出站客流的观测值；$K(t)$ 为卡尔曼增益矩阵，是滤波的中间计算结果；$A(t)$ 为状态转移矩阵，它是滞后到底比例矩阵；$W(t)$ 为状态转移协方差矩阵，它是 $S \times S$ 维对角矩阵，S 为站点数；$Q(t)$ 为过程噪声协方差；$O(t) - H\hat{B}_{t|t-1}(t)$ 为实际观测和估计观测的残差，和卡尔曼增益一起修正先验（预测），得到后验。

7.2.3 租赁自行车动态承载状态估计方法

本节采用库存变化率来量化站点的借还需求。租赁自行车站点动态库存变化率估计本质是对时序数据的一种短时预测。近十年来，随着机器学习模型在处理复杂非线性映射问题方面的提升，支持向量机（SVM）作为人工智能领域中常用的分类和回归技术被广泛应用于交通领域。支持向量机善于发现小样本下的统计规律，具有较强的学习能力。同时，该方法具有较好的泛化性能，易于在泛化水平和适应度之间进行平衡。因此，本节采用支持向量机作为租赁自行车库存变化率预测的基础模型。

考虑到城市租赁自行车库存变化率具有高度非平稳性、时变性和随机性，直接对其建模预测可能会带来模型准确率的下降。为了保证模型的预测准确率，本节在基于支持向量机的预测基础上还引入了小波变换（WT）分析。小波变换的本质就是将原始数据分解成各种频率分量，为原始数据的子序列成分提供有用的信息，从而通过提取不同层次的有用信息来提高模型的预测能力。目前，少量研究将小波变换分析与支持向量机进行了融合。这些研究结果均证实这种混合 WT-SVM 模型不仅可以发挥小波变换在时域上具有频率分解的优势，还可以突出支持向量机在处理非线性优化问题上的优势，能够有效地提高模型的预测精度。因此，本节采用基于小波变换分析和支持向量机结合的方法对租赁自行车站点动态承载状态进行估计，以下分别对小波变换分析和支持向量机的原理进行简单介绍。

1）小波变换分析

根据信号分析学原理，将高变异性的时间序列转变为多个低易变性的时间序列再进行预测，可以有效地提高整体预测的准确性。具体地，假设函数 $\varphi(t) \in L^2(R)$ 及其傅里叶变换 $\psi(\omega)$ 满足以下条件（t 和 ω 为随机变量）：

$$\int_R \frac{|\hat{\psi}(\omega)|^2}{|\omega|} d\omega < +\infty \tag{7-9}$$

那么 $\varphi(t)$ 可以称为小波基或母波。通过母波的平移和伸缩，可以得到一系列小波函数，如下所示

$$\psi_{a,b}(t) = \frac{1}{\sqrt{a}} \psi\left(\frac{t-b}{a}\right) \quad a \neq 0, b \in R \tag{7-10}$$

式中，a 为尺度因子；b 为平移因子。令 $a=2^j$ 且 $b=k2^j$，可以得到离散小波变换（DWT）

$$\psi_{j,k}(t) = 2^{-\frac{j}{2}} \psi(2^{-j}, t-k) \quad (7\text{-}11)$$

式中，k 为平移参数；j 为分辨率水平。j 值越大，小波分解的频率越低。

小波变换的一种有效应用是通过基于尺度函数和小波函数的多分辨率技术，分别提取序列低频分量和高频分量。多尺度分解过程可以表示为

$$V_0 = V_1 \oplus W_1 = V_2 \oplus W_2 \oplus W_1 = V_3 \oplus W_3 \oplus W_2 \oplus W_1 \cdots \quad (7\text{-}12)$$

式中，V_0 为原始信号；V_i 为信号第 i 次分解后的近似分量，$i=1,2,\cdots,n$；W_i 为信号的细节分量，$i=1,2,\cdots,n$。小波分解过程示意图如图 7-3 所示。

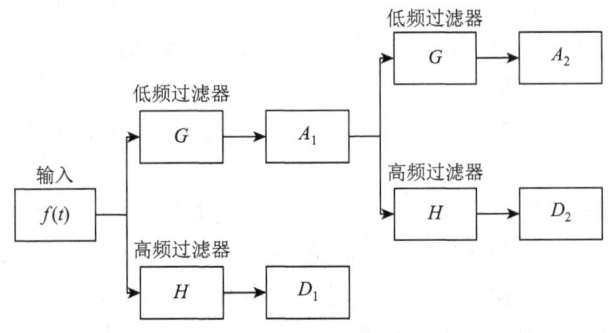

图 7-3　Mallat 小波分解示意图

对于某一给定的租赁自行车站点，定义该站点的第 t 个时段（以某一时长划分的 T 个时段）的库存变化率为 $f(t)$，$t=1,2,\cdots,T$，$f(t) \in L^2(R)$。因此，可以将站点库存变化率的时间序列 $f(t)$ 作为一个信号输入，通过小波分解成不同的频带。在此基础上，通过 Mallat 多尺度分析算法得到以下重构表达式

$$f(t) = \sum_k c_{j,k} \varphi_{j,k}(t) + \sum_k \sum_j d_{j,k} \psi_{j,k}(t) = A_j(t) + \sum_j D_j(t) \quad (7\text{-}13)$$

式中，$c_{j,k}$ 为小波系数；$d_{j,k}$ 为尺度系数；$\varphi_{j,k}(t)$ 为小波函数；$\psi_{j,k}(t)$ 为尺度函数；A_j 和 D_j 分别为重构后原始数据的近似序列和细节序列。

2）支持向量回归模型

支持向量回归（SVR）是支持向量机中的一个重要的应用分支，被广泛应用于非线性预测中。在解决非线性回归问题时，SVR 主要通过升维和线性化两个变换来对模型进行求解。具体地，假设给定一组样本点，即 $\{(x_1, y_1), (x_2, y_2), \cdots, (x_n, y_n)\}$（$x_i$ 为输入向量；y_i 为影响因子；n 为观测值数量）。如图 7-4 所示，SVR 可以利用一组非线性传递函数将输入样本映射到高维特征空间中，并通过一个线性超平面实现样本点的线性回归。根据统计学习理论，SVR 的线性估计函数可以表示为

$$f(x) = \omega \cdot \phi(x) + b \tag{7-14}$$

式中，$\phi(x)$ 为特征空间中的非线性传递函数；ω 是权重向量；b 是一个常数。通过最小化正则风险函数，可以计算出系数 ω 和 b：

$$\min R(f) = C\frac{1}{n}\sum_{i=1}^{n} L_\varepsilon(y_i, f(x_i)) + \frac{1}{2}\|\omega\|^2 \tag{7-15}$$

$$L_\varepsilon[y, f(x)] = \begin{cases} 0 & (y - f(x)) \leqslant \varepsilon \\ |y - f(x)| - \varepsilon & (y - f(x)) > \varepsilon \end{cases} \tag{7-16}$$

式中，$L_\varepsilon[y, f(x)]$ 为 ε 不敏感损失函数。常数 $C > 0$，表示对离群数据的惩罚度，C 越大，意味着对离群点的惩罚就越大，最终就会有较少的点跨过间隔边界，模型也会变得复杂。ε 为不计入损失范围的长度，相当于训练集的近似精度，ε 越大则对离群点容忍度越高，最终的模型会较为平滑。C 和 ε 需要预先设定。两个松弛变量 ξ 和 ξ^* 表示实际值和 ε 不敏感损失带对应的边界值的距离。式（7-15）可转化为如下凸二次规划问题

$$\min_{\omega, b, \xi, \xi^*} \frac{1}{2}\|\omega\|^2 + C\sum_{i=1}^{N}(\xi_i + \xi_i^*)$$

$$\begin{cases} \omega_i \cdot \phi(x_i) + b_i - y_i \leqslant \varepsilon + \xi_i^* \\ y_i - \omega_i \cdot \phi(x_i) - b_i \leqslant \varepsilon + \xi_i \\ \xi_i, \xi_i^* \geqslant 0 \quad i = 1, 2, \cdots, N \end{cases} \tag{7-17}$$

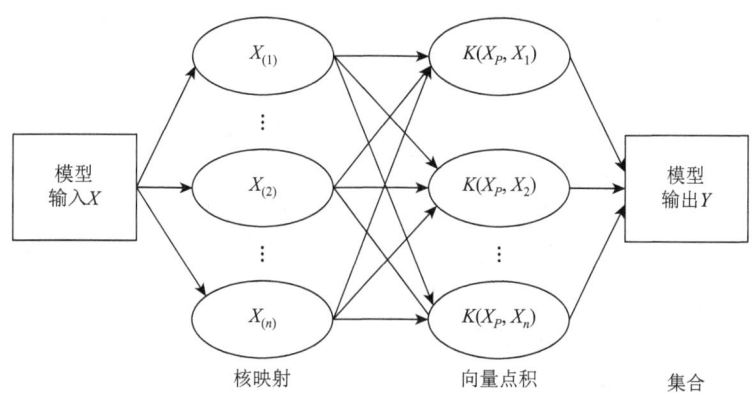

图 7-4　SVR 的拓扑结构示意图

利用拉格朗日函数和 KKT（Karush-Kuhn-Tucker）条件对上述方程进行优化，得到非线性回归函数

$$f(x) = \sum_{i=1}^{l}(\alpha_i - \alpha_i^*)k(x_i, x) + b$$

$$k(x_i, x) = \sum_{j=1}^{D}\phi(x_i) \cdot \phi(x_j) \tag{7-18}$$

式中，α_i 和 α_i^* 为两个拉格朗日乘数；$k(x_i,x)$ 是一种描述内积在高维特征空间的核函数。通过使用核函数，所有的计算过程都可以直接在输入空间完成，而不需要映射到高维特征空间。

需要注意的是，支持向量机的性能和效率很大程度上取决于核函数，因此根据不同的问题选择合适的核函数和相应的参数非常重要。常见的核函数如表 7-1 所示。其中，采用径向基函数（RBF）作为核函数，能够用少量的超参数拟合高维数据，降低预测模型的复杂度。因此，本节选用 RBF 作为回归模型的核函数。当核函数选定之后，就需要对核函数中的参数进行设置。RBF 核函数包括三个参数：惩罚参数 C、核函数参数 γ 和损失边界 ε，只有当三个参数（C、γ 和 ε）组合最优时模型的预测精度才能达到最大。一般来说，这个最优组合可以通过 k 重交叉验证（CV）、遗传算法（GA）和粒子群优化算法（PSOA）等方法来确定。

表 7-1 SVR 通用核函数

核函数	表达式
线性	$k(x_i,x_j) = x_i \cdot x_j$
多项式	$k(x_i,x_j) = [(x_i \cdot x_j) + c]^d$
径向基函数	$k(x_i,x_j) = \exp(-\gamma \|x_i - x_j\|)$
S 型	$k(x_i,x_j) = \tanh[v(x_i \cdot x_j) + c]$

3）租赁自行车站点库存变化率估计过程

本节将轨道交通站点与其邻近租赁自行车站点重新组合为一个新的换乘节点，因此，这里对租赁自行车站点的库存变化率估计实际是对换乘节点中的多个（或单个）站点库存变化率的总和进行估计。对于每个换乘节点，利用小波多尺度分解方法，将节点库存变化率的时间序列分解为多个子序列分量（近似分量 A 和细节分量 D）。以节点前序时段的库存变化率作为模型的输入数据，就可以得到下一时段相应的节点库存变化率子序列的预测值，对它们进行相加就可以到节点库存变化率的预测结果。本节分别采用不同的 SVR 模型对预测时段未来库存变化率的子序列（A 和 D）分量进行预测，最终得到每个模型输出的集合。具体步骤如下所示：

步骤 1 利用小波多尺度分解，将每个租赁自行车站点的库存变化率分解为子序列分量 [即近似分量 A_n 和细节分量 D_n，$n = 1, 2, \cdots, N$（N 为分解层数）]。

步骤 2 采用自回归单整移动平均季节模型（SARIMAR）建立各换乘节点库存变化率子序列相关因素的序列回归模型，筛选显著的因素作为各子序列 SVR 模型的输入变量。

步骤 3 基于步骤 2 得到的输入变量，利用 SVR 模型分别对各节点库存变化率的子序列分量进行训练和测试，并采用粒子群优化算法（PSOA）和五折（5-fold）交叉检验来搜寻最优参数组合。

步骤4 根据建模结果对每一层分级建立 SVR 模型进行预测，最终的预测结果由所有 SVR 模型的预测结果组合而成，可以表示为

$$\hat{y}=\sum_{i=1}^{n}D_i'+A_i'=\sum_{i=1}^{n}f_{D_i}(x_1,x_2,\cdots x_k)+f_A(x_1,x_2,\cdots,x_k) \quad (7\text{-}19)$$

式中，$\hat{y}$ 表示模型预测值；$f(*)$ 表示由 SVR 训练的非线性映射函数；D 表示预测值的细节分量；A 表示预测值的近似分量；n 表示分解水平。

步骤5 将最终预测值与其他参照模型的预测结果进行比较。估计流程如图 7-5 所示。

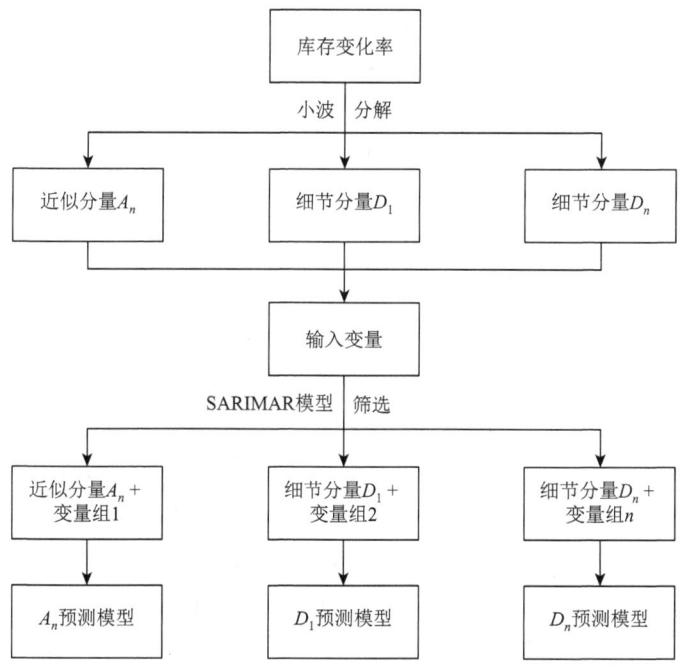

图 7-5 "换乘节点"自行车库存变化率预测模型建模流程图

7.3 租赁自行车组合出行路径优化

7.3.1 组合出行路径优化目标函数

根据上述优化目标和假设条件，结合用户组合出行路径的选择机理，本节构建的轨道交通-租赁自行车组合出行路径优化目标函数如下所示

$$\text{MaxObj}(t)=U(t)-\omega_D D(t)-\omega_O O(t) \quad (7\text{-}20)$$

$$U(t) = \sum_{q \in Q_R} \sum_{k_1 \leqslant k \leqslant k_q} \delta_{q,k}^R U_{q,k}^R(t) + \sum_{q \in Q_B} \sum_{k_1 \leqslant k \leqslant k_q} \delta_{q,k}^B U_{q,k}^B(t) \quad (7\text{-}21)$$

$$O(t) = \sum_{q \in Q_R} \sum_{k_1 \leqslant k \leqslant k_q} \frac{|\delta_{q,k}^R - \delta_{q,k}^{R0}|}{2} + \sum_{q \in Q_B} \sum_{k_1 \leqslant k \leqslant k_q} \frac{|\delta_{q,k}^B - \delta_{q,k}^{B0}|}{2} \quad (7\text{-}22)$$

$$D(t) = \sum_{\forall \text{BikeS}} \xi_{\text{BikeS}}, \quad \xi_{\text{BikeS}} = \begin{cases} 0 & 0.1 \leqslant C^{\text{BikeS}}(t) \leqslant 0.9 \\ 1 & C^{\text{BikeS}}(t) < 0.1 \text{ 或 } C^{\text{BikeS}}(t) > 0.9 \end{cases} \quad (7\text{-}23)$$

$$\begin{aligned} U_{q,k}^R(t) = &\theta_{C,k}^R + \theta_{\text{Male},k}^R X_{q,\text{Male}} + \theta_{\text{Peak1},k}^R X_{q,\text{Peak1}} + \theta_{\text{Peak2},k}^R X_{q,\text{Peak2}} \\ &+ \theta_{\text{Regular},k}^R X_{q,\text{Regular}} + \theta_S^R X_S^{\text{BikeS}} + \theta_D^R X_D^{\text{BikeS}} + \theta_{OS}^R X_{OS}^{\text{BikeS}}(t) \\ &+ \theta_{OD}^R X_{OD}^{\text{BikeS}}(t) + \theta_T^R X_{\text{TRPF}}^{\text{MetroP}} + \theta_I^R X_{\text{IVT}}^{\text{MetroP}} + \theta_O^R X_{\text{OVTT}}^{\text{MetroP}} + \theta_M^R X_{\text{MALF}}^{\text{MetroP}}(t) \end{aligned} \quad (7\text{-}24)$$

$$X_{\text{All}}^{\text{BikeS}}(t) = X_{\text{Non}}^{\text{BikeS}}(t) + X_R^{\text{BikeS}}(t) - X_B^{\text{BikeS}}(t) \quad \forall \text{BikeS} \quad (7\text{-}25)$$

$$X_R^{\text{BikeS}}(t) = \frac{\sum_{q \in Q_R} \sum_{k_1 \leqslant k \leqslant k_q} \delta_{q,k}^R \phi_{q,k}^{\text{BikeS}}}{X_S^{\text{BikeS}} X_D^{\text{BikeS}}} \quad (7\text{-}26)$$

$$X_B^{\text{BikeS}}(t) = \frac{\sum_{q \in Q_B} \sum_{1 \leqslant k \leqslant k_q} \delta_{q,k}^B \phi_{q,k}^{\text{BikeS}}}{X_S^{\text{BikeS}} X_D^{\text{BikeS}}} \quad (7\text{-}27)$$

$$X_{OS}^{\text{BikeS}}(t) = \begin{cases} 0 & X_{\text{All}}^{\text{BikeS}}(t) > 0 \\ -X_{\text{All}}^{\text{BikeS}}(t) & X_{\text{All}}^{\text{BikeS}}(t) \leqslant 0 \end{cases} \quad (7\text{-}28)$$

$$X_{OD}^{\text{BikeS}}(t) = \begin{cases} 0 & X_{\text{All}}^{\text{BikeS}}(t) > 0 \\ X_{\text{All}}^{\text{BikeS}}(t) & X_{\text{All}}^{\text{BikeS}}(t) \geqslant 0 \end{cases} \quad (7\text{-}29)$$

$$C^{\text{BikeS}}(t) = C^{\text{BikeS}}(t-1) + X_{\text{All}}^{\text{BikeS}}(t) \quad (7\text{-}30)$$

$$\phi_{q,k}^{\text{BikeS}} = \begin{cases} 0 & \text{乘客} q \text{ 第 } k \text{ 条路径未包括换乘节点 BikeS} \\ 1 & \text{乘客} q \text{ 第 } k \text{ 条路径包括换乘节点 BikeS} \end{cases} \quad (7\text{-}31)$$

$$\delta_{q,k}^R = \begin{cases} 0 & \text{乘客} q \text{ 未选择第 } k \text{ 条路径} \\ 1 & \text{乘客} q \text{ 选择第 } k \text{ 条路径} \end{cases} \quad (7\text{-}32)$$

$$\delta_{q,k}^B = \begin{cases} 0 & \text{乘客} q \text{ 未选择第 } k \text{ 条路径} \\ 1 & \text{乘客} q \text{ 选择第 } k \text{ 条路径} \end{cases} \quad (7\text{-}33)$$

$$\sum_{1 \leqslant k \leqslant k_q} \delta_{q,k}^R = 1 \quad \forall q \in Q_R \quad (7\text{-}34)$$

$$\sum_{1 \leqslant k \leqslant k_q} \delta_{q,k}^B = 1 \quad \forall q \in Q_B \quad (7\text{-}35)$$

式中，$U(t)$ 为 t 时段所有组合出行用户的总体效用；$D(t)$ 为 t 时段所有换乘节点租赁自行车的总调度次数；$O(t)$ 为 t 时段路径被优化的总人数；ω_D 为 $D(t)$ 的惩罚系数；ω_O 为 $O(t)$ 的惩罚系数；q 为组合出行用户；Q_R 为所有"还车进站"用户；Q_B 为所有"出站借车"用户；k_q 为用户 q 的最大可选组合出行路径数；R 表示还车进站；B 表示出站借车；$U_{q,k}^R(t)$ 为 t 时段"还车进站"用户 q 第 k 条组合出行路径的效用；$U_{q,k}^{B}(t)$ 为 t 时段"出站借车"用户 q 第 k 条组合出行路径的效用；$\delta_{q,k}^{R0}$ 为"还车进站"用户 q 实际选择的组合出行路径；$\delta_{q,k}^{R}$ 为"还车进站"用户 q 优化后选择的组合出行路径；$\delta_{q,k}^{B0}$ 为"出站借车"用户 q 实际选择的组合出行路径；$\delta_{q,k}^{B}$ 为"出站借车"用户 q 优化后选择的组合出行路径；BikeS 表示用户 q 第 k 条组合出行路径的换乘地铁站点；MetroP 表示乘客 q 第 k 条组合出行路径对应轨道交通的 OD 对；ξ_{BikeS} 为换乘节点的租赁自行车调度次数；C^{BikeS} 为换乘节点对应租赁自行车的总库存量；X_{S}^{BikeS} 为换乘节点对应租赁自行车站点数；X_{D}^{BikeS} 为换乘节点对应租赁自行车平均停泊点数；$X_{\text{All}}^{\text{BikeS}}(t)$ 为 t 时段换乘节点对应租赁自行车库存变化率；$X_{\text{Non}}^{\text{BikeS}}(t)$ 为 t 时段换乘节点对应非换乘引起的库存变化率；$X_{R}^{\text{BikeS}}(t)$ 为 t 时段换乘节点对应"还车进站"引起的库存变化率；$X_{B}^{\text{BikeS}}(t)$ 为 t 时段换乘节点对应"出站借车"引起的库存变化率。

7.3.2 组合出行路径优化求解算法

本节采用分支定界算法来求解本章所构建的组合出行路径优化模型。分支定界算法是一种求解整数规划问题的最常用算法，其基本思想是将模型的可行解展开为若干分支，然后在各分支上求解相应的最优解，最后再在各分支中寻找原模型的最优解。需要注意的是，在分支定界算法求解模型过程中初始值的确定较为关键，如果选择了不合适的初始值，含有最优解的分支被提前删除，进而无法得到原模型的最优解。因此，本节将组合出行用户的实际路径选择作为模型的初始解。对于一个给定的初始解 $\{\delta^{R0}, \delta^{B0}\}$，通过分支定界算法至少能得到一个备选的解 $\{\delta^{R*}, \delta^{B*}\}$，使 $\text{Obj}_1(\delta^{R*}, \delta^{B*}) \geqslant \text{Obj}_1(\delta^{R0}, \delta^{B0})$。当达到某一初始值所确定的最优解时，再进行任何的分支运算都无法提升目标函数值，此时算法停止。当通过多组初始解找到同一个最优解时，可以认为此解就是目标函数的最优解。图 7-6 为组合出行路径优化模型求解流程图。

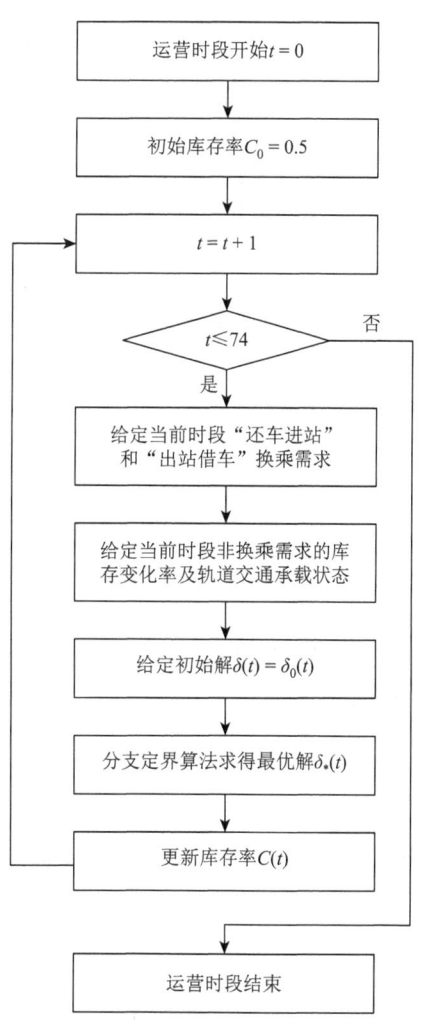

图 7-6 组合出行路径优化模型求解流程图

利用分支定界算法求解模型的具体步骤如下：

步骤 1 给定初始时刻 $t=0$；

步骤 2 输入换乘节点租赁自行车初始库存率 $C_0 = 0.5$；

步骤 3 $t = t+1$；

步骤 4 针对换乘节点，给定当前时段中"还车进站"和"出站借车"的换乘需求量 $\{\delta^{R0}, \delta^{B0}\}$；

步骤 5 针对换乘节点，给定当前时段中由非换乘需求引起的租赁自行车库存变率 $X_{\text{Non}}^{\text{BikeS}}(t)$ 和轨道交通承载状态 $\text{MALF}^{\text{MetroP}}(t)$；

步骤 6 给定初始解 $\delta(t) = \delta_0(t)$；

步骤 7 利用分支定界算法求解最优解 $\delta_*(t)$；

步骤 8 更新换乘节点的库存率 $C(t)$，更新公式为：$C^{\text{BikeS}}(t) = C^{\text{BikeS}}(t-1) + X_{\text{All}}^{\text{BikeS}}(t)$，返回到 $t+1$；

步骤 9 对更新后的 C_t 进行判断，

$$C^{\text{BikeS}}(t) = \begin{cases} 0.5 & 0.1 \leq C^{\text{BikeS}}(t) \leq 0.9 \\ C^{\text{BikeS}}(t) & C^{\text{BikeS}}(t) < 0.1 \text{ 或 } C^{\text{BikeS}}(t) > 0.9 \end{cases}$$

重复步骤3～步骤9，直到 $t > 74$，结束循环，并输出优化结果。

7.3.3 案例分析

本节以南京市某工作日的轨道交通-租赁自行车组合出行路径选择建模数据为例，对所构建的组合出行路径优化模型进行求解。在模型求解前，本节首先根据南京轨道交通运营时段5:30～24:00，将路径优化时间段以15min为间隔划分为74个时段，设置时段集合为 $T = \{1,2,\cdots,73,74\}$。其次，将所选工作日的组合出行路径数据按这74个时段进行汇集。组合出行路径优化建模数据的基本信息如表7-2所示。

表 7-2 组合出行路径优化建模数据基本信息

信息类型	数据说明
站点规模	换乘节点数：39个
数据时间	2016年3月24日组合出行路径选择建模数据
待优化用户数	1159
待优化目标	复合交通网络系统总体效用 $Obj(t)$
优化时段	5:30～24:00
单个时段长度	15min

根据式（7-15）可知，组合出行路径优化的目标函数中包括换乘节点租赁自行车总调度次数的权重系数 ω_D 和路径优化总人数的惩罚系数 ω_O。尽管惩罚系数越小，组合总体效用越大，但是在实际情况中系统的优化成本是不可忽视的，同时不同城市的财政能力与公共交通发展力度也会影响系统优化成本的投入，因此在确定 ω_D 和 ω_O 的最优组合时，还需要结合城市规模及交通系统特点以保证其取值的合理性。鉴于南京市作为首批"公交都市"示范城市正着力于打造一体化的公共交通出行模式。因此，本节认为南京市的组合出行路径系统优化成本惩罚相对较小，并分别设定 ω_D 和 ω_O 的值为24和1。基于上述惩罚系数得到的优化结果，本节首先对74个时段轨道交通-租赁自行车组合出行实际用户数与优化用户数进行了对比分析，如图7-7所示。

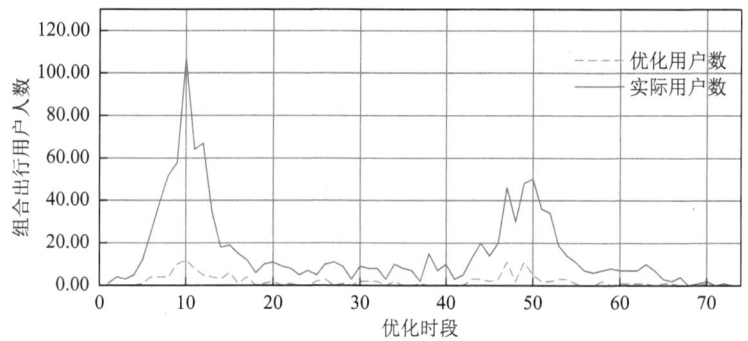

图7-7　组合出行用户人数对比图

图7-7显示时段7~15对应的是早高峰7:00~9:00的时段，而时段47~55对应的是晚高峰17:00~19:00时段。根据前文分析可知，实际轨道交通-租赁自行车组合出行用户数为1159人，而被优化的组合出行人数为145人。从图中可以看出，优化前的组合出行用户主要集中在早晚高峰时段出行，且早高峰时段的用户数要远高于晚高峰和平峰时段，而被优化的组合出行用户早晚高峰的人数相近。这说明尽管早高峰的组合出行用户人数相较于其他时段更多，但需要被优化的用户人数与晚高峰时段的用户人数是相近的。本节同时比较了优化前和优化后换乘节点触发租赁自行车调度次数的时间分布特征，如图7-8所示。

图7-8显示优化后换乘节点触发租赁自行车的调度次数明显少于优化前所需的租赁自行车调度次数。同时，还可以看出优化前换乘节点租赁自行车的调度时段分布较为分散，而优化后租赁自行车的调度时段主要集中在早晚高峰。这说明本节构建的轨道交通-租赁自行车组合出行路径优化模型不仅可以降低系统运营和管理的投入成本，同时还可以提高系统运行的效率。本节进一步对比分析了被优化用户优化前后的组合出行路径选择结果，如图7-9所示。

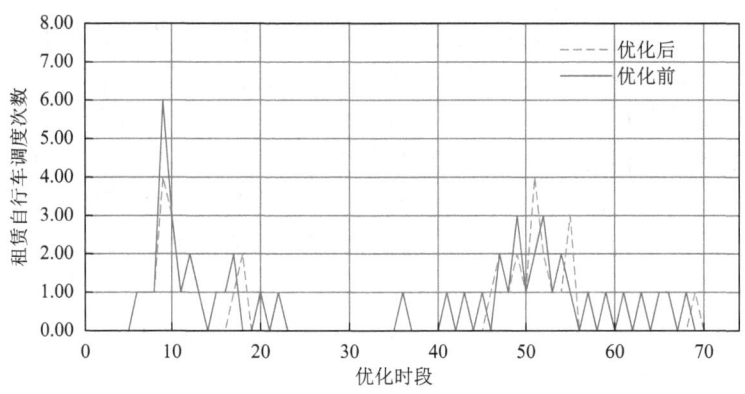

图 7-8　换乘节点触发租赁自行车调度次数的时间分布图

图 7-9 显示被优化的"出站借车"用户人数明显多于被优化的"还车进站"人数，说明轨道交通的"最后一公里"组合出行路径优化需求明显高于"起始一公里"的组合出行路径优化需求。同时，被优化的"还车进站"用户和"出站借车"用户的组合出行路径选择分布相似，说明两类换乘用户的组合出行路径选择行为没有明显区别。此外，从图中还可以看出优化后两类换乘用户选择路径 1 的人数明显增加，而选择路径 2 和路径 3 的人数明显降低。这说明针对两类换乘用户的组合出行路径优化手段均是将其从路径 2 和路径 3 转移到路径 1 上，即骑行距离最短的组合出行路径。在此基础上，本节进一步对优化前后换乘节点的空间分布进行分析，如图 7-10 和图 7-11 所示。

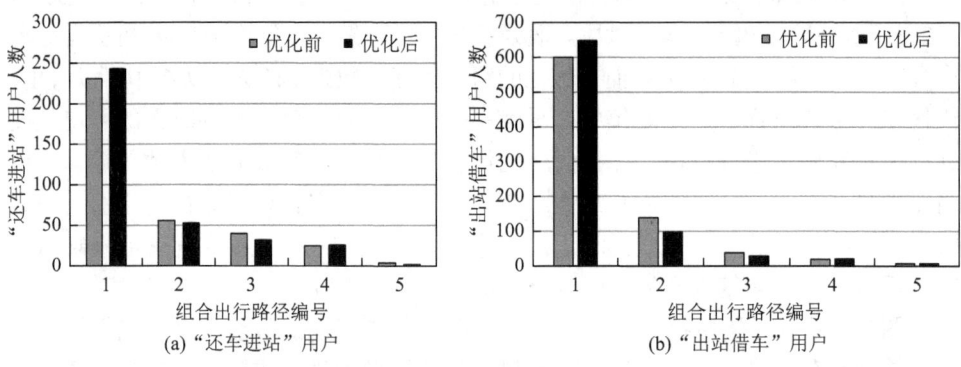

图 7-9　被优化的组合出行用户路径选择分布对比图

图 7-10 表示的是"还车进站"用户优化前后对应的换乘节点空间分布。从图中可以看出，优化后的换乘节点主要位于原换乘节点邻近 1~2 个轨道交通站点，

这些优化后的换乘节点均位于用户的骑行可达范围内（2km）。针对这类换乘模式的用户，组合出行路径优化方案主要是让用户从 25 号（上海路）、23 号（莫愁路）、21 号（集庆门大街）、24 号（汉中门）、27 号（西安门）及 42 号（软件大道）换乘节点转移到其他邻近换乘节点。一方面，由于这些邻近换乘节点要相对远离城市核心区，通过分散客流可以降低原换乘节点的客流负载，有利于复合交通网络客流的负载均衡。另一方面，由于本节提出的优化方案可以让更多选择路径 2 和路径 3 的组合出行用户去选择路径 1 出行，因此当用户采用优化后的换乘节点换乘时，不仅可以实现自身组合出行效用最大，还能使得整个轨道交通-租赁自行车复合交通网络系统的效用最大。

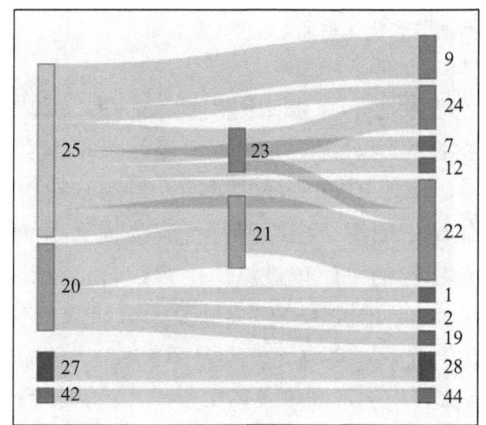
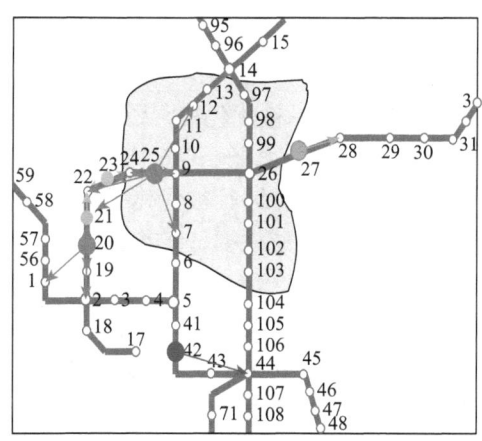

图 7-10 "还车进站"用户换乘节点优化前后对比图

图 7-11 表示的是"出站借车"用户优化前后对应的换乘节点空间分布。从图中可以看出，"出站借车"换乘模式下被优化的换乘节点数明显高于"还车进站"换乘模式，且主要集中在轨道交通 2 号线上。针对这类换乘模式下的组合出行用户，组合出行路径优化方案主要是让用户从 3 号（中胜）、5 号（安德门）、7 号（安德门）、11 号（三山街）、13 号（鼓楼）、19 号（奥体东）、20 号（兴隆大街）、21 号（集庆门大街）、22 号（云锦路）、23 号（莫愁路）、27 号（西安门）、41 号（天隆寺）及 104 号（卡子门）换乘节点转移到邻近的换乘节点上。与"还车进站"模式下的优化节点相似，这些优化后的换乘节点均分布在用户骑行 2km 的可达范围内，且相对原换乘节点的空间分布更为分散。其中，轨道交通 2 号线上的换乘节点主要被优化到了相同线路的邻近站点及 10 号线和 3 号线上，这有助于缓解 2 号线上的客流压力。在此基础上，本节进一步对被优化的组合出行用户属性进行分析，如图 7-12 所示。

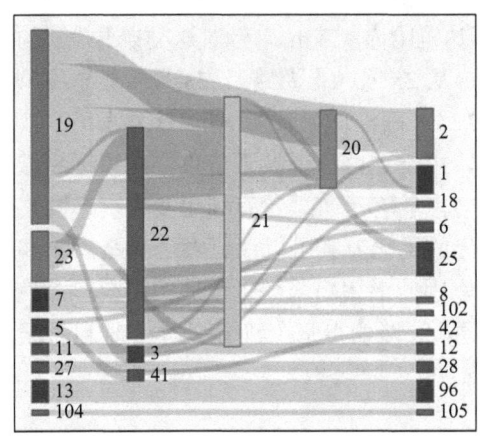 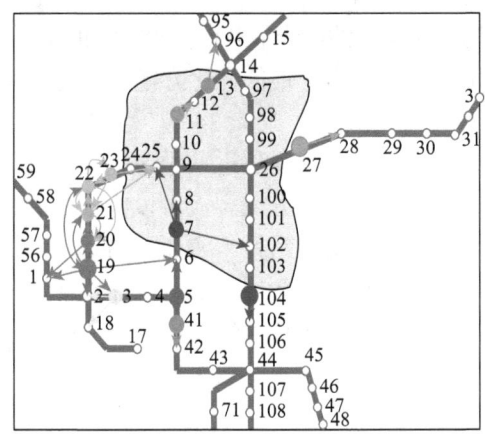

图 7-11 "出站借车"用户换乘节点优化前后对比图

图 7-12 显示被优化的"还车进站"用户中男性和女性比例相当,而在"出站借车"用户中男性比例(46.15%)略低于女性比例,说明有更多"出站借车"女性用户的组合出行路径被优化了。换句话说,"出站借车"模式下的女性用户对组合路径的改变敏感性要低于男性,通过优化她们的组合出行路径更容易提升系统的运行效用。其次,有超过 78%在高峰时段出行的"还车进站"用户组合出行路径被优化了,其中早高峰时段的用户占比 53.57%。造成这一结果的原因可能是"还车进站"用户主要集中在早高峰时段出行。因此,对高峰(特别是早高峰)"还车进站"用户的路径优化更容易提升系统的总体效用。不同于"还车进站"用户,模型结果显示有超过 40%在非高峰出行的"出站借车"用户被优化了,说明通过优化高峰和非高峰时段"出站借车"用户的组合出行路径均有利于提高系统的总体效用。需要注意的是,几乎所有被优化的组合出行用户均为非固定用户,说明相

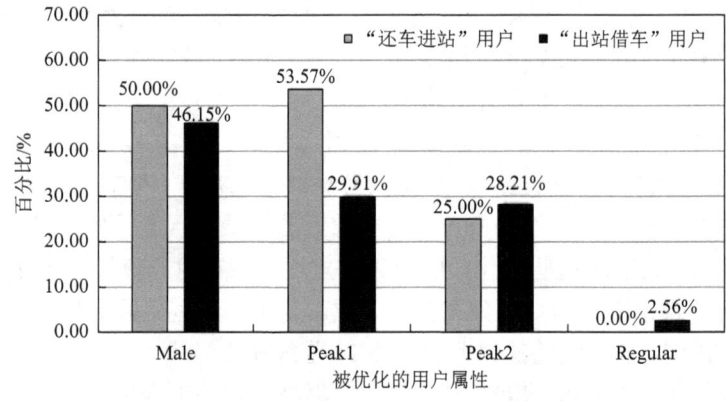

图 7-12 被优化用户的个人属性特征分布图

比于固定用户,通过改变偶尔使用轨道交通-租赁自行车组合方式用户的出行路径更容易实现用户的一体化出行优化。

7.3.4 组合出行路径优化策略

针对上述轨道交通-租赁自行车组合出行路径的优化结果,本节提出了以下基于用户的组合出行路径优化策略。

首先,根据优化结果可知,对非固定组合出行用户的路径优化不仅能提高用户自身的出行效用,还有利于系统运行效用的最大化。因此,当地政府和相关部门管理者可以重点关注非固定组合出行用户,即重点对那些偶尔使用轨道交通-租赁自行车组合方式出行群体的组合出行路径进行优化。一方面,相较于固定用户,这些临时用户对轨道交通-租赁自行车复合交通网络不熟悉,更希望获取相应的组合出行路径推荐方案。另一方面,这些临时用户也更容易去接受和采纳被推荐的优化路径方案。因此,针对非固定组合出行用户,可以采用相对低成本的方式去优化他们的组合出行路径,即只需为其提供查询组合出行路径推荐方案的信息渠道即可。例如,通过设计相关移动终端实时查询系统(如智能手机APP),或将查询服务功能嵌套于现有的主流应用软件中,当用户输入起始目的地时,系统即可为其推荐最优的组合路径出行方案及其他备选方案。该推荐方案主要包括出行时间、换乘节点及其对应承载状态、出行线路及其对应承载状态。

其次,对于固定组合出行用户,由于他们对轨道交通-租赁自行车复合交通网络较为熟悉,因此通常倾向于选择固定的组合出行路径,并且这种选择难以被改变。针对这类用户,可以通过经济激励等手段去诱导其改变原有的出行路径选择。例如,当他们采用系统推荐的轨道交通-租赁自行车组合出行方案完成出行后,可对其进行相应的奖励(如发放下一次使用组合方式的优惠/折扣券或者奖励积分,当积分达到不同积分等级时可以兑现礼品)。值得注意的是,尽管诱导这类固定组合出行用户的成本相对于诱导非固定组合出行用户的成本较高,但是根据前文可知这部分用户的比例相对较少,同时需要被优化的固定用户占比较少,因此,系统的优化成本可以被控制在可接受的范围内。特别地,由于"出站借车"模式下需要被优化的固定用户数高于"还车进站"的模式(占比为0),因此,优化对象可以重点锁定为"出站借车"模式下的固定组合出行用户。

此外,由于"出站借车"模式下的女性用户相对男性用户更容易接受组合出行路径的优化方案,因此,当地政府和相关部门可以更多地去关注女性用户的出行需求。例如,在用户注册或首次使用组合出行路径查询程序时,可以通过注册信息简单地收集用户的个人信息(包括性别、年龄、使用频次等),并利用后台算法对用户进行类别划分。在此基础上,针对不同类型用户,利用移动终端查询程序为其定期推送一些具有用户偏好性的优惠政策通知，以实现在鼓励用户使用轨道交通-租赁自行车组合出行方式的同时，优先选择系统所推荐路径方案出行的总优化目标。值得注意的是，由于早高峰时段轨道交通-租赁自行车复合交通网络客流负载相对于其他时段较大，因此可以鼓励非通勤用户错峰出行，如针对女性年龄55以上、男性年龄60以上的用户（退休用户）推荐其在非高峰的时段出行。

参 考 文 献

[1] Huang Z, Xu R, Fan W, et al. Service-oriented load balancing approach to alleviating peak-hour congestion in a metro network based on multi-path accessibility[J]. Sustainability, 2019, 11（5）：1293.

[2] 易陈钰. 基于交通分区的共享单车投放量测算方法研究[D]. 南京：东南大学, 2019.

[3] Hua M, Chen X, Zheng S, et al. Estimating the parking demand of free-floating bike sharing: a journey-data-based study of Nanjing, China[J]. Journal of Cleaner Production, 2020, 244: 118764.

[4] 姚向明, 赵鹏, 禹丹丹. 城市轨道交通网络短时客流 OD 估计模型[J]. 交通运输系统工程与信息, 2015, 15（2）：149-155, 162.

[5] 刘洋. 城市轨道交通线网客流 OD 动态估计[D]. 南京：东南大学, 2017.

[6] Lin P W, Chang G L. A generalized model and solution algorithm for estimation of the dynamic freeway origin-destination matrix[J]. Transportation Research Part B: Methodological, 2007, 41（5）：554-572.

[7] Lo H P, Chan C P. Simultaneous estimation of an origin-destination matrix and link choice proportions using traffic counts[J]. Transportation Research Part A: Policy & Practice, 2003, 37（9）：771-788.

第8章　互联网租赁自行车低碳效益评估优化

随着国家"双碳"战略的提出，交通运输领域积极行动。低碳交通工具的使用、绿色出行系统的完善是交通部门脱碳战略的主要方面。倡导绿色低碳生活方式，积极引导绿色出行，互联网租赁自行车系统作为低碳交通系统的重要组成部分，正在加快转变，由一味追求投放规模向更加注重质量效益转变，由满足基本骑行需求向更加注重低碳效应转变，更好地满足公众高品质、个性化的绿色出行需求。本章主要从互联网租赁自行车影响下小汽车出行转移机理、共享出行碳减排和低碳效益评估等方面进行阐述。为构建绿色低碳的互联网租赁自行车服务体系提供基础理论和技术支撑，提高绿色出行效率、改善绿色出行体验，更好地满足人民群众对美好出行的向往，为绿色出行行动、"双碳"战略提供有力支撑。

8.1　互联网租赁自行车影响下小汽车出行转移机理

租赁自行车作为一种绿色出行方式，在提高单车利用效率、提升用户体验、节能减排等方面发挥积极作用，其发展不仅促进了公共交通系统的发展，同时减少了私家车的使用量，能够有效缓解道路拥堵和环境污染问题。由于共享单车发展的时间较短，现有研究大多集中在传统的有桩公共自行车上，现有的从汽车向公共自行车的模式转换研究主要集中在转移率、用户人口统计特征比较等方面，而对于出行方式转移背后影响因素研究则集中在客观因素上，如社会属性方面（性别、年龄、收入等）[1]与公共自行车相关的因素（便利性、舒适度、站台密度等）[2]，对于出行者主观心理因素的研究较少。与公共自行车相比，共享单车具有无桩和互联网＋的特性，这些特性使得两者在运营过程中各有优劣，用户群体也存在显著差异。目前共享单车方面的研究仍处于未成熟阶段，其影响机理尚待进一步研究，心理因素对小汽车向共享单车的转移产生的影响仍需要探索。因此，了解影响小汽车向共享单车，以及共享单车参与的多模式出行方式转移的因素，对促进和引导这种低碳绿色交通出行方式显得尤为重要。综上所述，本节将在技术接受模型（TAM）的基础上，结合健康因素提出假设，并建立改进的 TAM 框架。随后，针对模型设计问卷，并在南京市主城区对小汽车用户进行问卷调查，最后运用 AMOS 对模型进行参数标定并进行分析。本研究的贡献在于从心理因素对共享单车影响下的小汽车用户出行方式转移进行分析，可以作为管理者改善策略的理论依据。

8.1.1 问卷设计与数据收集

1. 问卷内容设计

不同出行目的、出行距离、环境条件出行者的出行方式选择会具有差异性，本节侧重于探究不同距离下主观感知因素对转移意愿的影响，为使结果更加明确直观，在问卷中设定的是获取相对于已经发生过的此次小汽车出行，下次在相同出行目的与环境条件下的转移意愿信息。

1）客观属性问卷设计

客观属性需要获得出行者基于实际出行行为的真实数据，此部分问卷采用显示偏好（RP）调查以保证数据的准确性，具体内容包括基础属性和出行属性。

（1）基础属性问卷设计。不同类型的出行者在进行出行行为决策时的选择偏好具有差异性，因此需要调查出行者个人与家庭属性信息，其中个人属性包括年龄、性别、职业、收入、受教育程度等；家庭属性包括小汽车拥有量、家中有无未成年人及年龄大小等。综上所述构成调查问卷的出行者基础属性部分问卷。

（2）出行属性问卷设计。基于当前的出行状态，让出行者回忆已发生的出行行为进行作答，获得出行者的出行属性信息，主要包括出行者日常选择的出行方式、共享单车出现之前采用的出行方式等。将通过此部分收集到的数据对出行者的出行习惯进行分析。

2）主观感知属性问卷设计

问卷使用从 1~5 的五点利克特（Likert）量表进行设计，其中 1 表示高度不一致，5 表示高度一致。如图 8-1 所示，设计观测变量衡量参与者的主观感知属性，具体包括 5 个变量：感知有用性、感知易用性、感知健康价值、态度和转移意愿。5 个变量及其相关项目描述如下。

（1）感知有用性（perceived usefulness）。感知有用性是个人认为使用共享单车会给他/她的生活带来一些有利的改变。基于 Verhagen 等[3]和 Chen 等[4]的理念基础上，本节选择了三个问题对这一潜变量进行观测，PU1：使用共享单车会减少我的出行时间；PU2：使用共享单车会减少我的出行费用；PU3：使用共享单车会改善生态环境。

（2）感知易用性（perceived ease of use）。感知易用性被认为是个人使用共享单车轻松程度，整个过程可以简化为成为注册会员及借车和还车的难易程度。因此，在 Davis[5]的基础上，本节选择了以下三个题目对潜变量进行观测，PEOU1：我觉得成为共享单车的会员很容易；PEOU2：我觉得借共享单车很容易；PEOU3：我觉得还共享单车很容易。

(3) 感知健康价值 (perceived health value)。感知健康价值是个人认为使用共享单车对于健康具有的改善作用。基于 Webster 等[6]和 Šťastná 等[7]的理念,本节选择了以下两个题目作为观测变量,PHV1:我认为使用共享单车对于身体健康有积极的作用;PHV2:我认为使用共享单车对于缓解心理压力具有积极的作用。

(4) 态度 (attitude)。态度是指出行者对于共享单车的喜爱程度。具体问题理念来源于 Ajzen[8]和 Borhan 等[9],A1:我很喜欢共享单车这个理念;A2:我的共享单车骑行体验很好;A3:乱停乱放的共享单车让我感到厌烦。

(5) 转移意愿 (willing to transfer)。理性行为理论 (TRA) 指出,个人的行为意图是他们实际行为的决定性因素。转移意愿是指个人从其他出行方式向共享单车转移的行为意图,具体的问题以距离划分为短距离 (2km 以内)、中距离 (2～7km) 和长距离下 (7km 以上) 的转移意愿,WTT1:短距离下我愿意转向共享单车;WTT2:中距离下我愿意转向共享单车;WTT3:长距离下我愿意转向共享单车。

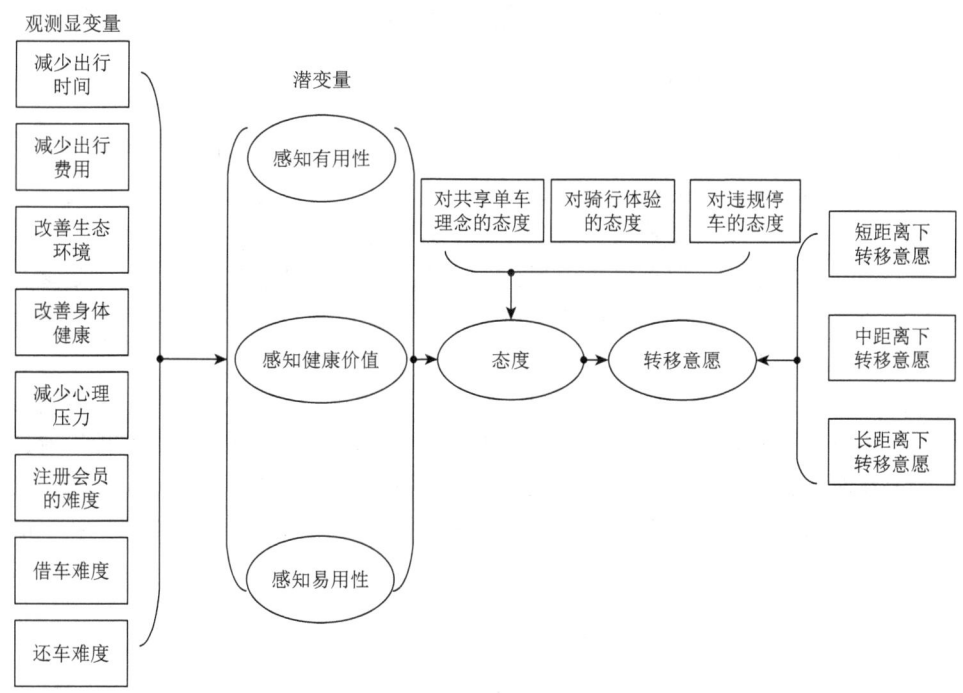

图 8-1 观测变量模型图

2. 调查实施方案

此次的问卷在正式调查前经过两轮的测试,第一轮由被邀请的 10 名学者对问卷的设计进行评价,第二轮前往南京市主城区进行预投放,随机选取了 20 人填写问卷并询问是否有难以理解或者语义不清的问题。在这样的两轮测试后，问卷具有较高程度的有效性，随后在南京市主城区进行发放，收集数据验证假设。

调查在 2018 年的 5 月和 6 月进行。为了收集到小汽车用户的数据，在南京市主城区的停车场进行调查。填写一份问卷所需要的时间为 10~20min，由于被调查者时间较为充裕，因此问卷的准确性较高。调查一共收集到了 336 份问卷，其中有效问卷为 308 份，因此有效率为 91.7%。

8.1.2 基于主观感知的影响因素分析

在对于转移行为的影响因素作用机理和行为理论的分析下，结合问卷调查数据，对小汽车用户向共享单车转移意愿影响因素进行分析。将在传统 TAM 的基础上结合感知健康因素提出改进的 TAM 模型，并提出假设。运用 AMOS 21.0 对模型进行拟合，随即对模型的拟合优度与信度、效度进行检验，并对模型的路径结果进行分析，且对各变量对于方式转移产生影响程度进行排序。

1. 技术接受模型理论基础

共享单车作为近两年兴起的出行方式，小汽车用户向其转移意愿的研究可以借鉴用户行为理论相关的研究。用户行为理论通过长期研究发展产生了理性行为理论、计划行为理论、技术接受模型等多个模型理论。

理性行为理论一般用来探究意识行为决策过程中的决定性影响因素，是重要的行为研究理论之一。该理论假定个体会在考虑行为结果后进行决策，通常会被用来对态度形成过程和态度对行为的影响进行分析，模型结构如图 8-2 所示。该理论指出行为意向能够在某种程度合理地推断出行为，而行为意向通常由主观规范与个体对行为的态度而决定。而外部因素如信念、从众心理、个体特性等通过影响个体对于行为的态度和主观规范从而间接影响行为意向。态度指个体对于行为的正面或负面的情感，是由个体衡量行为结果的行为信念和行为结果重要度的

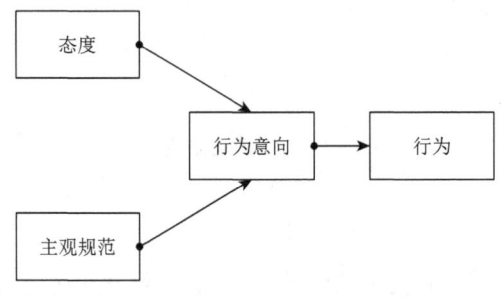

图 8-2 理性行为理论模型结构

估计决定。行为信念为个体对于行为结果估计的主观概率,而行为结果为结合行为的收益与成本得到结果的评价。主观规范为个体在采取行为时受到的周围人的影响与社会压力。主观规范由个体规范信念与服从程度决定,其中个体规范信念为个体行为受到他人与社会的意见,服从程度为个体对于他人与社会意见的服从程度。

Davis 于 1989 年提出的技术接受模型(TAM)源于理性行为理论,是评估技术接受度最常用的理论,该理论创立以来多用于对信息技术接受程度的决定性因素的研究[5]。如图 8-3 所示,感知有用性是个体感知到新技术对于其生活和工作效率的提高程度,通常通过对技术产品的服务维度进行分析来度量。同时感知有用性对态度和行为意向产生正向的影响,即个体对于新技术的感知有用性越高,则其对新技术的态度和使用意愿更高。感知易用性是个体对于预期掌握并且应用新技术所要付出的努力,通常需要通过个体的行为经验与先验感知度量。感知易用性对态度产生正向的影响,并作为外生变量对行为意向产生间接的影响。个体的态度是其对于新技术应用的情感感知状态,通常通过先验行为和情感倾向进行度量,并对个体的行为意向产生正向的影响。而个体的行为意向指使用新技术的概率,通常通过行为意向调查,行为意向直接决定行为的发生。

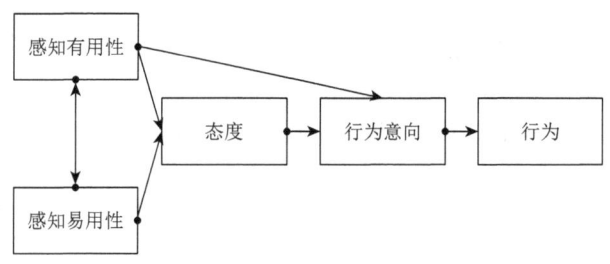

图 8-3 技术接受模型结构

除了在信息领域的应用外,TAM 也被用来探讨交通领域的问题,Chen 等探讨了人们绿色的心理认知对公共自行车系统的影响[4],Hutchins 和 Hook 探讨了控制、信念和影响安全技术应用的因素对自动系统接受程度的影响[10]。由于该理论考虑了外部因素与信念、态度和意图,因此在这种情况下适用于评估用户的心理因素对于共享单车系统使用的影响。

为定量分析各变量间关系及各潜变量对转移意愿产生的影响,基于 TAM 对共享单车影响下的小汽车出行方式转移机理进行数学分析。

每组观测变量 x_i 与对应的潜变量 ξ_i 构成的测量方程为

$$x_{ih} = \lambda_{ih}\xi_i + \varepsilon_{ih} \tag{8-1}$$

式中,λ_{ih} 表示观测变量 x_{ih} 与潜变量 ξ_i 的关系,即因素荷载;ε_{ih} 为随机误差。

不同组的潜变量 ξ_i 之间的结构方程为

$$\xi_i = \sum_{i \neq j} \beta_{ij} \xi_j + \zeta_j \qquad (8\text{-}2)$$

式中，β_{ij} 表示潜变量 ξ_i 和 ξ_j 的关系，即路径系数；ζ_j 为残差。

2. 模型构建

在 TAM 中，感知有用性和感知易用性被认为是影响对于技术的态度的两个因素，而态度影响了使用新技术的意图[11]。态度是指个人对于特定行为的实施产生的积极或者消极的情感。在已有的 TAM 研究中，态度早已被证明对行为的意图有着显著的影响[8]。而在交通领域的应用中，Passafaro 等[12]的研究表明，在城市中使用自行车的愿望可能受到情绪和态度的影响，态度可能会对这种愿望产生重要影响。并且在之前 TAM 研究中发现，感知易用性和感知有用性共同影响了态度，从而间接地对使用的意图产生了影响[11]。在此基础之上，由于近年来越来越多的研究表明健康价值很大程度上影响了出行方式的转移，Webster 等[6]及 Šťastná 等[7]的研究表明健康对于出行者选择自行车作为出行方式具有重要的影响。因此，如图 8-4 所示，本节加入感知健康价值构建改进的 TAM，以探究影响出行者转移的心理因素，本节的假设如下：

假设 1　感知健康价值对态度产生积极的影响。
假设 2　感知易用性对态度产生积极的影响。
假设 3　感知有用性对态度产生积极的影响。
假设 4　感知有用性对转移意愿产生积极的影响。
假设 5　态度对转移意愿产生积极的影响。

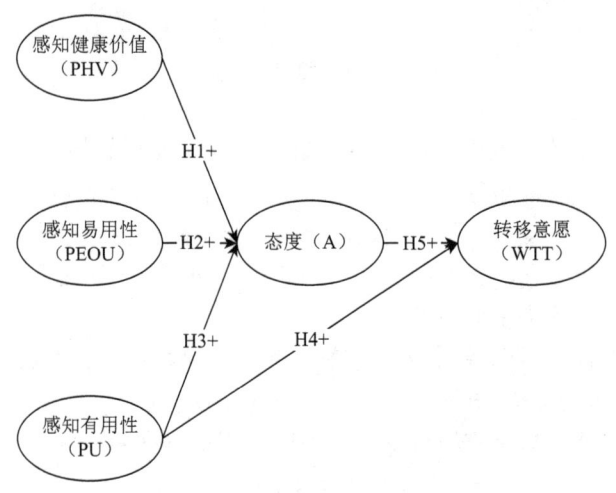

图 8-4　共享单车转移意愿结构模型框架

8.1.3 模型拟合与检验

1. 模型拟合结果

模型检验阶段的内容共包括两部分：路径系数的显著性检验和模型拟合度检验。将正式调查得到的有效数据录入 SPSS 21.0 中，并以正确的格式导入 AMOS 软件中即可对模型进行计算。各潜变量之间的路径系数能够反映潜变量之间的相互影响程度和方向，它可以通过计算变量的方差和协方差进行估计，这就是 AMOS 软件的路径系数估计原理。

对模型的路径系数进行显著性检验是结构方程模型检验最主要的内容。显著性检验的评价指标通常有 3 个：标准误差（s.e.）、临界比值（CR 值）、p 值。其中 CR 值等于参数的估计值与其标准差之比，一般 CR 值大于 2 时达到标准。p 值是用来检查路径系数是否具有统计的显著性指标，p 值小于 0.05 为显著，三个评价指标的标准值如表 8-1 所示。本节运用 AMOS 21.0 软件对模型进行计算后，输出的数据结果如表 8-1 和图 8-5 所示。

表 8-1 路径系数显著性检验结果

路径	非标准估值	s.e.	CR 值	p
态度（A）←感知易用性（PEOU）	0.556	0.069	8.085	***
态度（A）←感知健康价值（PHV）	0.372	0.085	4.356	***
态度（A）←感知有用性（PU）	0.036	0.119	0.302	0.763
转移意愿（WTT）←态度（A）	0.267	0.09	2.964	0.003
转移态度（WTT）←感知有用性（PU）	0.326	0.118	2.757	0.006
PHV1←感知健康价值（PHV）	1.103	0.078	14.07	***
PHV2←感知健康价值（PHV）	1			
WTT1←转移意愿（WTT）	1.001	0.093	10.715	***
WTT2←转移意愿（WTT）	0.413	0.063	6.585	***
WTT3←转移意愿（WTT）	0.689	0.079	8.702	***
PU1←感知有用性（PU）	1.200	0.152	7.903	***
PU2←感知有用性（PU）	1			
PU3←感知有用性（PU）	1.151	0.149	7.716	***
PEOU1←感知易用性（PEOU）	1			
PEOU2←感知易用性（PEOU）	0.937	0.073	12.914	***

续表

路径	非标准估值	s.e.	CR 值	p
PEOU3←感知易用性（PEOU）	0.785	0.067	11.638	***
A1←态度（A）	1			
A2←态度（A）	0.793	0.122	6.48	***
A3←态度（A）	0.138	0.071	1.936	0.043

***表示 $p<0.001$。

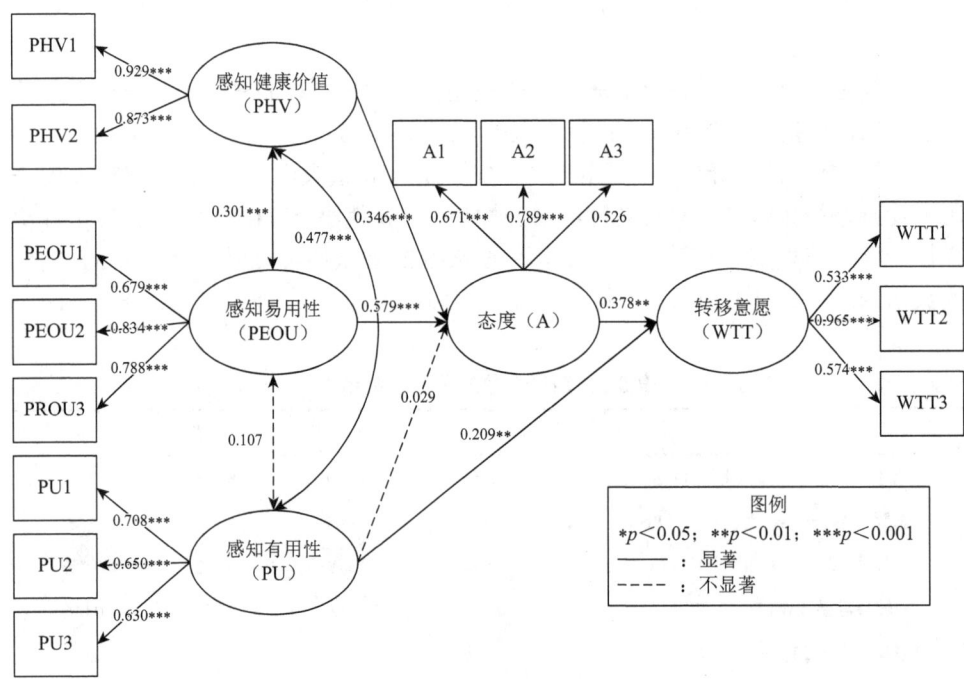

图 8-5 基于 TAM 的小汽车向共享单车方式转移模型结果

模型的精度分析通常从以下几个指标进行评价：拟合优度（GFI）指数、增值拟合指数（IFI）、比较拟合指数（CFI）、近似误差均方根（RMSEA）、规范拟合指数（NFI）、卡方自由度（CMIN/DF）和绝对拟合指数（SRMR）。其中，GFI、CFI、IFI 和 NFI 的统计数据均需要高于 0.9，RMSEA 需在 0.05~0.08，SRMR 应小于 0.08，CMIN/DF 应小于 3 时，模型拟合结果良好表明模型是可接受的，因此由本模型的拟合结果（GFI = 0.938，CFI = 0.942，IFI = 0.943，NFI = 0.907，RMSEA = 0.061，SRMR = 0.073，CMIN/DF = 2.084）可知模型拟合良好。

2. 信度和效度检验

1) 信度检验

信度检验是检测问卷的一致性、稳定性和可靠性，指采用相同的方法对同一对象重复测量时所得到结果一致性的程度，即反映实际情况的程度。测量可靠性的方法有很多，包括重测信度法、复本信度法、半信度法和Cronbach's α系数法。通常采用Cronbach's α系数对内部信度进行估算，一般认为Cronbach's α系数大于0.8时问卷的可靠性比较高，当Cronbach's α系数为0.6~0.8时问卷具有可靠性，而当Cronbach's α系数小于0.35时应予以拒绝。运用SPSS 21.0计算主观感知属性变量的Cronbach's α系数，分析结果如表8-2所示，五个潜变量的Cronbach's α系数为0.678~0.895，其中感知健康价值和感知易用性的Cronbach's α系数为0.895和0.810，说明数据的信度检验达标。

表 8-2 测量模型参数

潜变量	观测变量	观测变量描述	因子荷载	Cronbach's α 系数	CR	AVE	AVE 的平方根
感知有用性（PU）	PU1	减少出行时间	0.708	0.699	0.702	0.503	0.709
	PU2	减少出行费用	0.650				
	PU3	改善生态环境	0.630				
感知健康价值（PHV）	PHV1	改善身体健康	0.929	0.895	0.896	0.813	0.902
	PHV2	减少心理压力	0.873				
感知易用性（PEOU）	PEOU1	注册会员的难度	0.679	0.810	0.812	0.593	0.770
	PEOU2	借车难度	0.834				
	PEOU3	还车难度	0.788				
转移意愿（WTT）	WTT1	短距离下转移意愿	0.533	0.752	0.747	0.515	0.718
	WTT2	中距离下转移意愿	0.965				
	WTT3	长距离下转移意愿	0.574				
态度（A）	A1	对共享单车理念的态度	0.671	0.678	0.705	0.527	0.726
	A2	对骑行体验的态度	0.789				
	A3	对违规停车的态度	0.526				

2) 效度检验

效度检验目的在于评价所编制的问卷能否获取反映概念不同侧面的信息，本书通过平均方差提取（AVE）判别该模型的构念效度。如表8-2所示，本书中所有潜变量的 AVE 的平方根都超过潜变量之间的所有相关系数，即模型的判别有效。另外，本模型所有因子载荷和复合可靠性（CR）均分别高于 0.5 和 0.6，均可以接受。因此，模型的收敛有效性测量是可以接受的，潜变量之间内部聚合紧密，互相区分显著。

8.1.4 模型结果

从拟合结果上看，对于模型假设 1，并没有对人们的转移意愿产生直接影响。这说明在中国，人们使用共享单车更多是为了完成日常的活动出行，而不是进行休闲运动。在日常出行的行为决策中，人们并不会因为骑行共享单车能够为自己带来健康收益而选择这种出行工具，在方式决策时更多地是选取原来那种能够便捷地协助自己完成出行目的的交通方式。这与 Šťastná 等[7]的研究结果不一致，因为其研究是以大学生为对象主体，由于其收入和职业特性上的局限，他们在出行方式上的选择范畴相比较其他社会群体较小，因此健康可能成为考量的一个重要因素。而本节所使用的调查数据除南京的大学生群体外，还包括其他社会群体（如公务员、企业员工、个体经营者等），因此感知健康价值在方式决策上的作用并不十分突出。事实上，模型拟合结果也告诉我们感知健康价值主要是通过影响人们对共享单车的态度，进而促进他们在出行时使用共享单车。这说明人们在方式决策时并没有放弃考虑健康因素，当人们在比较几种出行成本相似的出行工具时，就会倾向于选择共享单车。

对于假设 2，研究结果显示感知易用性对出行者的态度具有很强的影响，从而在很大程度上间接地影响转移的意愿，这与以往的 TAM 的研究相一致[11]。政府和共享单车运营公司应该通过提高便利性来增加出行者对于共享单车的喜爱态度，从而吸引更多的出行者向共享单车转移，而改进的优先级别可以基于模型的系数。结果显示，寻找和停放共享单车的便利性的重要程度位于第一和第二。因此建议运营公司和政府加强协同配合工作，一方面运营公司加强调度工作，减少甚至避免用户无车可用、无地可停的问题；另一方面政府相关部门做好停车区域的规划，引导用户规范停车。

对于假设 3、假设 4，拒绝假设 3，接受假设 4，这表明感知有用性是直接影响转移意愿而非通过影响态度间接产生影响，这一点在之前的 TAM 的研究中，有些研究与本节结果相一致，表明感知有用性越过人们的情感态度直接影响行为意向[12]，而有些则与本节相反，是间接影响[11]。这是因为人们是基于如何帮助他们实现有价值的目标来形成转移的意愿，而不仅仅是因为他们对于共享单车的态度。研究结果意味着有助于用户实现特定的目标，如减少出行时间、出行费用等（即感知有用性），对出行者的态度产生很弱的影响。鉴于共享单车用户群体的广泛性和中国交通的背景下，我们认为用户可能从使用过程中获得满意提升好感，而不是从目标导向的因素中获得好感。因为中国公共自行车用户有80%是从步行和公共交通转移过来，这些转移的用户的目的就是减少出行时间和出行费用，他们是在明确的目标导向和态度的共同作用下产生了转移意愿，他们的目标不会因为态度而改变，反之态度也不会因为目标而产生很大的变化。结果显示，减少出行时间和出行费用的重要程度较高，因此应当从时间和费用的角度吸引小汽车用户向共享单车转移。例如，加强调度，减少找车的时间，使用金钱激励机制吸引出行者转移。

对于假设5，同之前的研究一致，态度很早就被证明影响行为意向[8]。而对于转移意愿产生的影响而言，中距离所受到的影响程度明显高于短距离和长距离，这与之前统计得到的中距离下潜在转移用户较多的结果相一致。因为对于短距离出行而言，出行者相对于共享单车更加愿意选择步行，而长距离下则更愿意选择公交或者小汽车，出行者的态度明确，较少人持中立态度。而对于中距离而言，以健康廉价的共享单车参与的出行方式到达目的地并不是一件难事，同样也可以选择更为舒适的网约车，因此持中立态度的人较多，即潜在转移用户较多。

由表8-3可知，态度对转移意愿的影响程度最大，其中对骑行体验的态度和违规停车的态度的影响程度为前两名，表明对于小汽车用户而言提高共享单车的骑行体验和加强共享单车的停车管理可以提高其向共享单车的转移意愿。潜变量中对转移意愿的影响程度第二高的为感知有用性，其中减少出行时间和出行费用的影响程度在总变量中排3、4名，表明使用共享单车降低出行成本可以吸引小汽车用户向共享单车转移。感知健康价值对于转移意愿的影响程度总体上大于感知易用性，可能是因为本次调查的是小汽车用户，多数人日常使用共享单车的频率较低，因此在考虑转移向共享单车的意愿时可能更注重共享单车带来的收益而非实际使用过程中的难易程度。

表8-3 观测变量影响程度排序

潜变量	观测变量	观测变量描述	累积影响系数	影响程度排序
感知有用性（PU）	PU1	减少出行时间	0.191	3
	PU2	减少出行费用	0.184	4
	PU3	改善生态环境	0.161	6
感知健康价值（PHV）	PHV1	改善身体健康	0.131	7
	PHV2	减少心理压力	0.124	8
感知易用性（PEOU）	PEOU1	注册会员的难度	0.091	11

续表

潜变量	观测变量	观测变量描述	累积影响系数	影响程度排序
感知易用性（PEOU）	PEOU2	借车难度	0.110	9
	PEOU3	还车难度	0.102	10
态度（A）	A1	对共享单车理念的态度	0.181	5
	A2	对骑行体验的态度	0.213	1
	A3	对违规停车的态度	0.196	2

这项研究旨在探讨出行者的心理感知对出行者从小汽车向共享单车和共享单车参与的多模式出行模式转移的影响。研究结果可以帮助管理人员从出行者的心理学角度采取措施吸引更多的小汽车出行者转移到共享单车参与的出行中。由于不同的心理因素对转移意愿的影响不同，本节采用一种含有多种直接或间接心理感知因素的改进 TAM 模型，研究结果表明感知健康价值和感知易用性通过态度对转移意愿产生间接正向的影响，而感知有用性直接对转移意愿产生正向影响。与以往的研究相比，本研究从侧重心理因素对共享单车影响下小汽车出行方式转移机理进行了研究，南京市繁荣的共享单车市场使得本研究具有普遍性，对其他适合共享单车推广的城市具有较高的参考价值。

8.2 互联网租赁自行车共享出行碳减排估算方法

共享交通作为一种新的减排方式，是绿色发展模式的创新。作为共享交通的一部分，互联网租赁自行车（FFBS）的出现不仅为短途出行提供了便利，而且拓展了公共交通的服务半径，通过与城市公共交通的无缝衔接，提高了出行可达性，有效解决了城市"最初一公里"和"最后一公里"的问题，同时为解决环境污染、城市拥堵问题和降低能源消耗提供了新的思路，对构建节能环保型社会具有重要意义。互联网租赁自行车在出行链中的主要使用形式为作为独立个体直接使用和接驳公共交通。

互联网租赁自行车产生的低碳效益与其替代的交通模式密切相关，即互联网租赁自行车无法使用的情况下，使用原始出行方式与使用其他出行方式产生的温室气体排放量之间的差异。现有关于模式转换的研究主要基于简化假设[13,14]，如仅根据出行距离确定模式转换阈值。但是在不同的使用形式下，由互联网租赁自行车引起的模式转换结构存在差异。例如，互联网租赁自行车接驳公共交通的复合出行方式能更好地替代汽车出行，因此有必要分析互联网租赁自行车的不同使用形式。另外，仅根据互联网租赁自行车的历史出行数据无法获得用户的完整出行链信息。因此，本节将通过问卷调查分析互联网租赁自行车的使用特性及基于出行链的互联网租赁自行车影响下的模式转换分布，评估互联网租赁自行车在使用阶段产生的碳减排。

8.2.1 问卷设计与数据收集

1. 问卷内容设计

本调查基于两个关键问题展开，分别是："你最近一次使用互联网租赁自行车的形式是什么，直接用于短途出行，还是用于接驳公交或地铁？""若本次出行无法使用互联网租赁自行车，您会选择何种交通方式完成本次出行？"第一个问题从互联网租赁自行车的使用特点入手，创新性地将二者分开研究，在考虑用户出行链的基础上，对互联网租赁自行车的减排效果进行更精确的研究。之后根据用户的选择，跳转相应问题，以收集特定使用情形下，用户对于交通方式的代替选择情况。

除此之外，还收集了关于受访者个人社会经济属性（如年龄、性别、职业、收入和教育）及出行特征（出行目的和出行起讫点类型）等标准问题。我们通过收集用户的使用频率，根据每个受访者的互联网租赁自行车使用频率对结果进行加权，以衡量个体用户之间的差异。因此，在本节中，将使用以下问题的回答：

Q1：您每周使用互联网租赁自行车的频率是多少？

Q2：您使用互联网租赁自行车的形式是什么？

Q3：您最近一次使用互联网租赁自行车出行的距离大约是多少（单程，以km为单位）？

Q4：您最近一次使用互联网租赁自行车出行的时间大约是多少（单程，以min为单位）？

Q5：如果您无法使用互联网租赁自行车，则本次直接出行将选择哪种替代出行方式？如果您使用了其他交通方式，那么您要花多长时间才能到达目的地（单程，以min为单位）？

Q6：若最近一次使用互联网租赁自行车是用于接驳公交/地铁，请问是和什么交通方式接驳，且在公交/地铁上花费的时间是多少（单程，以min为单位）？

Q7：在此次出行中，若不使用互联网租赁自行车接驳公交/地铁的出行方式，您此次出行会选择什么交通方式，如果您使用了其他交通方式，那么您要花多长时间才能在同一条路线上到达目的地（单程，以min为单位）？

同时还需加上几个社会经济特征问题：如用户的性别、年龄、私人交通工具拥有状况、收入、教育程度等。

2. 调查实施方案

此次的问卷主要通过网上调查进行收集。在正式调查前经过一轮测试，由被邀请的 5 名学者对问卷的设计进行评价，同时修改问卷的语义表达以易于理解，因此问卷具有较高程度的有效性，随后通过在线问卷收集平台提供的样本服务进行收集。

调查在 2021 年的 4 月和 5 月进行。本次问卷的调查对象为南京市互联网租赁自行车用户，通过样本服务，共收集 1688 份有效问卷，其中 76.96% 的受访者将互联网租赁自行车直接用于短途出行，仅有 23.04% 的受访者将互联网租赁自行车用于接驳公交/地铁。

8.2.2 描述性统计分析

本研究根据使用形式的不同，将问卷结果分开统计，得到样本分布如表 8-4 和表 8-5 所示。在不同的使用形式中，大部分样本均由年轻人组成，这可能是由于 45 岁以上的人群受到体力的限制。在我国，一般禁止未满 12 周岁的未成年人使用互联网租赁自行车，这可能是 18 周岁以下未成年人使用者较少的原因之一。在用于接驳出行的样本中，受访者拥有其他交通工具的比例高于直接用于短途出行的样本拥有其他交通工具的比例，且超过一半的受访者每年收入多于 8 万元；而在直接短途出行的样本中，仅有大约 1/3 的受访者每年收入超过 8 万元。在出行行为特征方面，直接用于短途出行的样本中，超过一半的受访者每周使用互联网租赁自行车的频率少于一次；而在接驳使用的样本中，超过一半的受访者每周使用频率不少于 2 次。在其他调查中，发现使用频率较高的用户主要将互联网租赁自行车作为日常地铁接驳工具，且频率越高，对互联网租赁自行车作为接驳工具的依赖也相对更高[15]，因此本研究的数据结果较为可信。关于出行目的，在直接用于短途出行的样本中，大约 1/3 的人使用自行车进行通勤出行，在用于接驳公交/地铁的样本中，接近一半的受访者的出行目的为通勤。

此外，出行距离是影响互联网租赁自行车碳减排效果的重要因素。从整体样本来看，受访者的平均骑行距离为 2.2km，考虑互联网租赁自行车的使用形式差异时，受访者的骑行距离分布存在较大差距。在短途出行中，样本的平均骑行距离为 2.3km；将互联网租赁自行车用于接驳公交/地铁时，样本的平均骑行距离为 1.9km。在接驳出行的样本中，93.90% 受访者在公交或地铁上的出行时间不多于

40min，其中接驳公交的用户在公交上的平均出行时间为 19.3min，接驳地铁的用户在地铁上的平均出行时间为 21.5min。

表 8-4 个人属性及出行特征统计（直接用于短途出行）

出行目的		年收入		拥有私人交通工具情况	
通勤出行	34.2%	<80000 元	63.4%	私人自行车	29.5%
休闲出行	31.2%	80000~160000 元	31.4%	电动自行车	61.1%
回程	6.8%	>160000 元	5.2%	私人小汽车	57.8%
弹性出行	27.8%				
年龄		周使用频率		骑行距离	
12~18 岁	9.2%	少于 1 次	56.8%	<1km	29.2%
19~26 岁	38.7%	1 次	14.2%	1~2km	32.3%
27~34 岁	23.3%	2~3 次	17.0%	2~5km	31.4%
34~44 岁	19.1%	4~5 次	6.8%	5~10km	6.6%
45~60 岁	9.7%	多于 5 次	5.2%	>10km	0.5%
>60 岁	0.0%				

表 8-5 个人属性及出行特征统计（用于接驳公共交通）

出行目的		个人年收入（元）		拥有私人交通工具情况		互联网租赁自行车接驳的交通方式	
通勤出行	49.9%	<80000 元	49.1%	私人自行车	40.4%	公交	25.4%
休闲出行	28.5%	80000~160000 元	42.9%	电动自行车	69.9%	地铁	74.6%
回程	8.7%	>160000 元	8.0%	私人小汽车	74.8%		
弹性出行	12.9%						
年龄		周使用频率		骑行距离		在公共交通上花费的时间	
12~18 岁	2.0%	少于 1 次	29.8%	<1km	12.6%	<5min	2.1%
19~26 岁	45.8%	1 次	16.0%	1~2km	60.4%	5~10min	18.3%
27~34 岁	33.9%	2~3 次	35.2%	2~5km	26.2%	10~20min	33.4%
34~44 岁	13.9%	4~5 次	10.0%	5~10km	0.8%	20~30min	27.0%
45~60 岁	4.1%	多于 5 次	9.0%	>10km	0.0%	30~40min	13.1%
>60 岁	0.3%					40~50min	4.1%
						50~60min	1.5%
						>60min	0.5%

8.2.3 互联网租赁自行车碳减排效果核算

1. 模式转换结果分析

根据问卷调查,"如果没有互联网租赁自行车,用户此次出行会选择什么交通方式?",可确定互联网租赁自行车对交通方式结构的影响。

问卷显示,在直接用于短途出行的样本中,有80%的受访者在放弃非机动交通、公交和地铁后骑行互联网租赁自行车,如图8-6(a)所示。南京地铁站点的平均间隔在1.5km左右,公交站点的平均间隔在1km左右,因此部分将互联网租赁自行车直接用于短途出行的受访者会选择替代公共交通出行,因为互联网租赁自行车的灵活性和可达性在短程出行时优于公共交通。同时,和全球其他国家公共自行车的出现对其他交通方式的影响数据对比发现,由于自行车的短途性等特征,公共自行车的出现替代原有小汽车出行的比例极低,替代公共交通及步行出行的比例达到80%以上[16-19]。

在互联网租赁自行车接驳公共交通的样本中,超过1/3的用户选择的替代方式为步行接驳公交/地铁,但仍有43.2%的用户替代方式选择了机动车或机动车接驳公交/地铁,即互联网租赁自行车接驳公共交通的方式对机动交通有更强的替代作用,如图8-6(b)所示。一些研究表明在引进租赁自行车系统后,大多数人从步行或私人自行车转而选择租赁自行车作为最后一公里或最初一公里的补充[20]。互联网租赁自行车作为一种短距离出行交通工具,产生的替代是一种功能性替代,替代的是原本就属于短距离出行的步行和公交,符合一般出行常识;但由于它可作为出行最后一公里或最初一公里的补充,与公共交通具有很强的互补性,能更有效地促使人们减少机动车的使用[20, 21]。

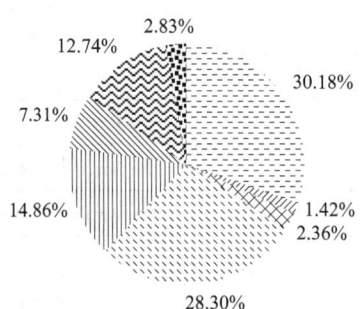

(a) 直接用于短途出行

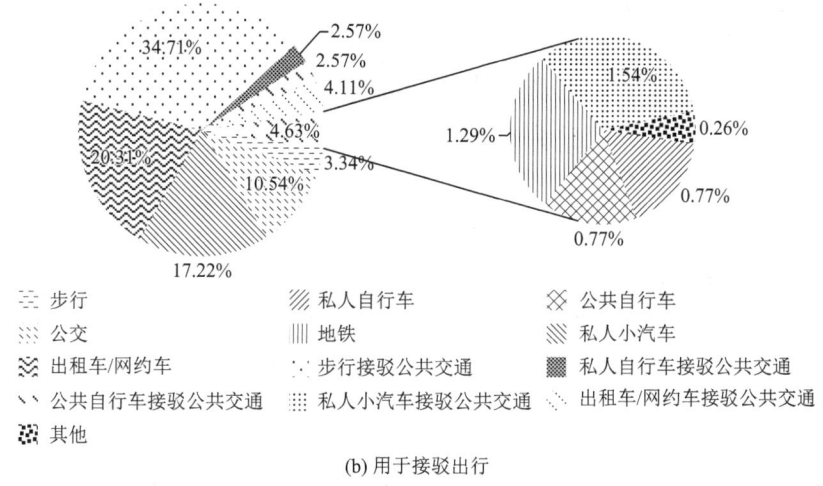

(b) 用于接驳出行

图 8-6　不同使用形式下的模式转换结构

2. 互联网租赁自行车使用阶段碳减排估算

本节假设每次互联网租赁自行车出行是替代其他交通方式出行的结果，因此互联网租赁自行车的碳减排效果是指在同一行程中，使用互联网租赁自行车和使用其他交通方式产生的温室气体排放量的差异。车辆使用过程中产生的碳排放与其所使用的燃料和各燃料的排放系数有关[15]。由于步行和自行车在使用过程中均不消耗燃料，因此本节假设步行和自行车在使用阶段不产生碳排放，在使用阶段，选择互联网租赁自行车代替机动车或公共交通出行将减少碳排放。即

$$\mathrm{EF}_i = C_i \cdot \theta_i \tag{8-3}$$

$$\mathrm{GHG}_i = \mathrm{EF}_i \cdot D_i \tag{8-4}$$

式中，C_i 为交通方式 i 行驶单位里程的能源消耗量；θ_i 为该能源的温室气体排放参数；EF_i 为交通方式 i 的使用阶段排放系数；D_i 为交通方式 i 在本次出行中的行驶距离；GHG_i 为交通方式 i 在本次出行中产生的温室气体排放量，以二氧化碳当量进行衡量。图 8-7 列出了各交通工具在使用阶段的碳排放系数的数据[22]。

在互联网租赁自行车的不同使用形式下，受访者对替代出行方式的选择存在差距。根据问卷调查结果，对使用阶段互联网租赁自行车的碳减排效果进行估算。

首先对将互联网租赁自行车直接用于短途出行的 1299 个样本进行计算，在其使用阶段，共产生碳减排 190.395kg CO_2-eq。其中，有 34.9% 的样本在本次互联网租赁自行车出行中未产生减排效应，因为在这些受访者的选择中，若没有互联网

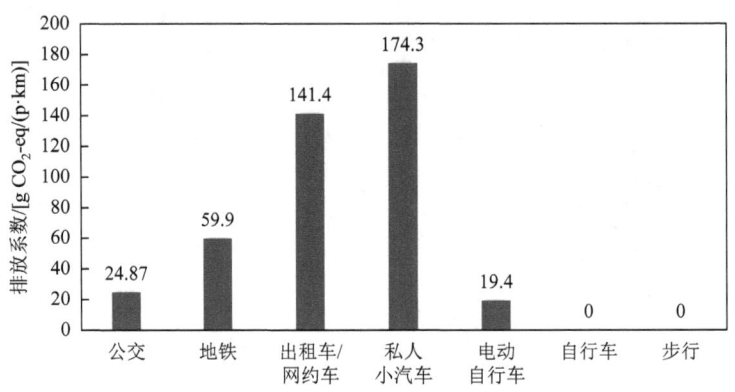

图 8-7 使用阶段不同交通方式的 GHG 排放系数

租赁自行车,他们将采用步行或其他自行车出行,而步行和其他自行车在使用阶段的碳排放为 0。然而,大部分样本利用互联网租赁自行车出行时产生了有效的减排效果。尽管在直接出行的样本中互联网租赁自行车对机动交通的代替率不高,但由于机动交通具有高碳排放系数,减排效果仍很显著。平均而言,在直接将互联网租赁自行车用于短途出行的 1299 条样本中,每人每使用互联网租赁自行车出行一公里的节碳量约为 63.726g CO_2-eq。

接着对将互联网租赁自行车用于接驳公交/地铁的 389 条样本进行分析。在使用阶段,共减少碳排放 241.275kg CO_2-eq。然而有 15.17%的样本在本次互联网租赁自行车出行中增加了碳排放,究其原因,如果用户不采用互联网租赁自行车接驳地铁进行出行时,会转向直接使用公交或其他非机动交通方式,而地铁在使用阶段的碳排放大于公交。有 39.85%的样本在本次互联网租赁自行车出行中未产生碳减排效应,因为在不使用互联网租赁自行车接驳公交/地铁的情况下,这些受访者仍会选择其他非机动交通方式接驳公交/地铁进行出行。在接驳出行的样本中,其碳减排效益主要来源于替代机动车出行;每人每使用互联网租赁自行车出行一千米的节碳量约为 300.718g CO_2-eq,远大于将互联网租赁自行车直接用于短途出行的样本平均值。这可能是因为互联网租赁自行车作为公共交通最初一公里或最后一公里的补充时,增强了公共交通的可达性,人们更愿意从高排放的机动交通转向使用低排放的公共交通;而将互联网租赁自行车直接用于出行时,由于其受到用户体力的很大影响,此时主要表现互联网租赁自行车的短途性特征,因此其碳减排效应更不显著。同时有研究表明美国不同城市共享单车系统的每次出行大约减少排放 283~581g CO_2-eq[22]。这可能是由于我们的建模方法存在差异,此外不同城市的交通环境和交通出行特征也存在差异,同时我们考虑了用户的完整出行链,这些都将影响最终的结果。

在本节,基于问卷数据及调查结果,我们探讨了互联网租赁自行车在使用阶段的碳减排估算方法，其核心在于确定互联网租赁自行车出行对交通方式选择结构产生的影响，从而根据不同交通方式的使用阶段对温室气体排放系数进行估算。研究结果可以帮助管理人员采取更多措施吸引机动车出行者转移到互联网租赁自行车接驳公共交通的复合出行中。与以往研究相比，本研究侧重从互联网租赁自行车的不同使用形式对互联网租赁自行车的碳减排效应进行研究，结合后续对互联网租赁自行车的全生命周期分析，可为互联网租赁自行车的绿色发展提供更强有力的数据支撑。

8.3 面向全生命周期的互联网租赁自行车低碳效益评估模型

为进一步全面分析互联网租赁自行车在交通领域的低碳效益，本节将采用全生命周期评价法对其进行分析。生命周期评价是评估一个系统从摇篮到坟墓的整个生命周期中对环境产生影响的一种技术与方法，现已形成较为系统的理论与标准，在使用过程中具有很大的灵活性，是更为科学和全面的评价方法。关于生命周期评价法的概念，最早是1990年国际环境毒理学和化学学会（SETAC）提出的："生命周期评价是一种对产品、生产工艺及活动对环境的压力进行评价的客观过程，它是通过对能量和物质利用及由此造成的环境废物排放的辨识和量化来进行的；其目的在于评估能量和物质利用，以及废物排放对环境的影响，寻求改善环境影响的机会及如何利用这种机会；这种评价贯穿于产品、工艺和活动的整个生命周期，包括原材料提取与加工、产品制造、运输以及销售产品的使用、再利用和维护、废物循环和最终废物弃置。"ISO 14040-1999中的定义指出：生命周期评价是"对一个产品在生命周期中输入、输出及其潜在的环境影响进行评价，具体包括四个步骤：目的与范围的确定、清单分析、影响评价和结果解释"。

因此，从全生命周期的角度出发，从互联网租赁自行车的生产、使用、运维和处置4个阶段综合考量，可以进一步验证互联网租赁自行车是否真的产生正低碳效益。根据以上阶段，车辆生命周期的碳排放即为车辆在各阶段的碳排放之和。在功能单位确定中，以"克/(人·千米)，即 $gCO_2/(p \cdot km)$" 量化互联网租赁自行车的碳排放，建立互联网租赁自行车低碳效益模型。

8.3.1 模型建立

1. 生产阶段

互联网租赁自行车生产过程主要包括原材料生产、加工、零件组装、运输等4个主要流程。互联网租赁自行车不能载人，为单人使用交通工具，因此一次出行即为一人出行。车辆生产过程中的单位碳排放系数与车辆生命周期内的年均使用距离、使用寿命、生产运输距离等有关。可以计算生产阶段各交通方式的排放系数 EF_p：

$$EF_p = \frac{PEC}{D \cdot F \cdot T} = \frac{\sum_{k=1}^{K} C_k \cdot \theta_k}{D \cdot F \cdot T} \tag{8-5}$$

式中，PEC 为生产单位互联网租赁自行车产生的碳排放量；D 代表互联网租赁自行车的次均出行距离（km），F 代表互联网租赁自行车的年均周转次数（次）；T 为互联网租赁自行车的使用寿命（年）；C_k 为生产单位互联网租赁自行车所需的第 k 种能源消耗量；θ_k 为第 k 种能源的碳排放系数。

以南京为例，南京市的互联网租赁自行车的主要制造地位于丹阳市，能运输 100 辆互联网租赁自行车的卡车从丹阳到南京的平均距离为 94km，因此每辆单车的平均运输距离为 0.94km。从生产到使用之间的运输阶段的碳排放量为

$$GHG_t = \frac{D_t \cdot C_t \cdot \theta_t}{A} \tag{8-6}$$

式中，GHG_t 为将单位互联网租赁自行车运输至目的地时产生的碳排放量；C_t 为将互联网租赁自行车从生产地运输至目的地时使用的单位运输车辆的能源消耗量；θ_t 为该能源的碳排放系数；D_t 为生产地到目的地之间的距离；A 为单位运输车辆的可承载单车数量。

2. 运维阶段

互联网租赁自行车运维阶段主要包括调度和维修两个主要流程[23]。其中互联网租赁自行车的调度主要利用小型货车、三轮电动车和依维柯金杯车这三种车型进行车辆调度。目前，南京市的互联网租赁自行车市场主要有青桔单车、哈啰单车和摩拜单车，在 2020 年上半年的运力规模调整后，南京市运力总规模为 25.7 万辆[24]。根据在南京市某互联网租赁自行车企业走访得到的数据整理可得南京市单车调度现状如表 8-6 所示，该企业在南京市占有较大市场份额，具有代表性，南京市每天调度的单车数量为单车投放量的 10%。其中小型货车、三轮电动车和依维柯金杯车在使用阶段的碳排放系数分别为 257.7g CO_2-eq/km、81.2g CO_2-eq/km 和 300.0g CO_2-eq/km[23]。

表 8-6 调度车辆类型

项目	小型货车	依维柯金杯车	三轮电动车
调度车辆单次承载单车数量/辆	50~60	20~25	10~15
调度车辆日平均调度运行距离/km	80~120	60~80	不限
调度车辆日平均调度次数	4~5	5~7	10

因此，在调度阶段，互联网租赁自行车的碳排放为

$$\mathrm{GHG}_r = \frac{\sum_{r=1}^{R} n_{rv} \cdot \alpha_r \cdot \mathrm{EF}_{u_r} \cdot D_r}{N} \quad (8\text{-}7)$$

式中，GHG_r 为单位互联网租赁自行车在调度时产生的排放量；n_{rv} 为南京市调度车辆的总数；α_r 为第 r 种调度车型的比例；EF_{u_r} 为第 r 种调度车型在使用阶段的碳排放系数；D_r 为第 r 种调度车型的单位年平均调度运行距离；N 为南京市互联网租赁自行车投放量。

至于互联网租赁自行车的维修过程，可利用以下公式计算[23]：

$$\mathrm{GHG}_m = \sum_{m=1}^{M} C_m \cdot \theta_m \cdot P_m \quad (8\text{-}8)$$

式中，GHG_m 为共享单车维修过程产生的碳排放量；P_m 为第 m 个单车零件的维修概率。

3. 处置阶段

互联网租赁自行车的处置阶段，主要考虑共享单车的回收再利用及废物焚烧。假设回收过程中采用了90%的回收效率，即90%的可回收金属可作为主要金属再利用[25,26]，剩下的组件作为废弃物进行焚烧处理。参考垃圾焚烧温室气体排放的计算公式，针对不可回收部分焚烧的碳排放量 GHG_d 计算如下

$$\mathrm{GHG}_d = \sum_{d=1}^{D} \mathrm{BC}_d \cdot \mathrm{EF}_d \quad (8\text{-}9)$$

式中，BC_d 为不可回收的第 d 种单车组件的质量；EF_d 为焚烧第 d 种单车部件的碳排放系数。

因此，在共享单车的全生命周期，它的最终碳排放量 GHG 为

$$\mathrm{GHG} = \sum_{p=1}^{P} \mathrm{GHG}_p \quad (8\text{-}10)$$

式中，GHG_p 为共享的全生命周期各阶段的碳排放量，共享单车使用阶段的碳排放量为 0。由于互联网租赁自行车的出现不会对公共交通的运营产生明显影响，互联网租赁自行车和小汽车的出行功能定位不重合，因此仅考虑互联网租赁自行车对其他交通方式在使用阶段产生替代的环境效益变化，未将其余交通方式的其他阶段纳入考虑。其余交通方式在使用阶段的碳排放量 $\mathrm{GHG}_i = \mathrm{EF}_{u_i} \cdot \mathrm{Distance}_{u_i}$，其中 $\mathrm{Distance}_{u_i}$ 为替代交通方式在此次出行中的行驶距离。$\mathrm{Distance}_{u_i} = v_i \cdot t_i$，其中 v_i 为第 i 种交通方式在南京市的平均运行速度，出租车的平均运行速度为 25.6km/h，私人小汽车的平均运行速度为 26km/h，公交的平均运行速度取 18.0km/h，地铁的平均运行速度取 45.4km/h[27,28]；t_i 为用户使用替代交通方式 i 完成本次出行时花费的时间。

因此，互联网租赁自行车的低碳效益 $\Delta GHG = GHG_i - GHG$，结合上一节内容可知，在互联网租赁自行车接驳公交/地铁的出行中，需考虑整条出行链的交通方式转变带来的碳减排影响。

4. 用户使用权重

上述计算对受访者最近一次使用互联网租赁自行车出行和使用替代交通方式出行的行程距离进行了估算，并计算了每次互联网租赁自行车共享出行的碳减排效果。考虑到用户的异质性，每个受访者使用互联网租赁自行车的频率存在差异，为此，假设受访者的最近一次互联网租赁自行车出行行为代表其年度行为[29]，年加权因素如表8-7所示。

表8-7 等效的互联网租赁自行车使用频率范围与平均年使用次数

使用频率范围	平均年使用次数	解释说明
只使用过1次或已不再使用	1	
平均一周少于1次	15	
平均一周1次	52	
平均一周2~3次	130	2.5次每周
平均一周4~5次	234	4.5次每周
平均一周大于5次	312	每周6次，一年为52周

5. 样本推广

2020年上半年南京市互联网租赁自行车经营服务评价之后，南京市互联网租赁自行车的运力规模调整至25.7万辆。截至2017年底南京市互联网租赁自行车日使用量约130万人次。根据相关报告及数据，假设南京市有130万人至少使用过一次互联网租赁自行车，本节将使用下列等式计算互联网租赁自行车的推广对南京市碳排放的影响。

$$\Delta GHG = N_{FFBS} \cdot \left(\varphi_{direct} \frac{\sum_i WF_i \cdot \Delta GHG_i}{n_{direct}} + \varphi_{connection} \frac{\sum_j WF_j \cdot \Delta GHG_j}{n_{connection}} \right) \quad (8-11)$$

式中，ΔGHG为考虑用户权重的南京市互联网租赁自行车碳减排效益；N_{FFBS}为南京市互联网租赁自行车用户数量；φ_{direct}为调查中直接将互联网租赁自行车用于短途出行的用户比例；$\varphi_{connection}$为调查中将互联网租赁自行车用于接驳公交/地铁出行的用户比例。

8.3.2 结果核算

1. 互联网租赁自行车全生命周期碳排放

根据相关资料，每辆自行车质量约 20kg，其中包括钢 15.181kg、铝 0.171kg、塑料 1.105kg、纸 2.143kg、橡胶 1.400kg、电子器件 0.35kg、电池 0.15kg 和光伏板 0.02kg 等；同时需消耗水 0.001m^3、电 0.37kW·h 及天然气 0.85m^3[23, 25]。同时根据处置阶段的回收效率设置，认为有 90%的金属来自再利用的回收旧金属。以南京为例，计算可得生产一辆互联网租赁自行车的碳排放为 54.209kg CO_2-eq。

运维阶段主要分为调度和维修两部分。首先，以南京市互联网租赁自行车调度情况为例，根据获取到的调度统计数据，假设小型货车的日平均调度运行距离为 100km，三轮电动车的日平均调度运行距离为 185km，依维柯金杯车的日平均调度运行距离为 70km，可计算得到日均调度单位车辆产生的碳排放为 0.012kg CO_2-eq，因此在互联网租赁自行车的使用寿命内，由于调度产生的碳排放为 13.384kg CO_2-eq。至于维修部分，由于缺少相应数据，取每辆互联网租赁自行车维修产生的平均碳排放为 0.319kg CO_2-eq[23]。因此，在整个运维阶段，每辆互联网租赁自行车平均排放 13.703kg CO_2-eq。

在处置阶段，假设回收过程中采用了 90%的回收效率，即 90%的可回收金属可作为主要金属再利用，剩余部分全部作为废弃物进行焚烧处理，根据公式计算，平均每辆互联网租赁自行车处置阶段会产生 8.774kg CO_2-eq 的排放。

因此，经核算，在一辆互联网租赁自行车的全生命周期中，生产、运维和处置三个阶段会产生能源消耗，即产生碳排放，共计产生 76.686kg CO_2-eq 排放，其中生产阶段产生的碳排放最多。

2. 面向全生命周期的互联网租赁自行车低碳效益评估

在 8.2 节对互联网租赁自行车共享出行减排结果估算的基础上，对互联网租赁自行车的年减排效益进行进一步的分析。首先，考虑到用户使用互联网租赁自行车存在差异，引入用户加权因素，表征受访者使用互联网租赁自行车的年度行为。计算表明，在将互联网租赁自行车直接用于短途出行的样本中，互联网租赁自行车在使用阶段的年减排效益为 16.783t CO_2-eq。在将互联网租赁自行车用于接驳公交/地铁的样本中，互联网租赁自行车在使用阶段的年减排效益为 24.470t CO_2-eq。其次，根据问卷调查获得的不同使用形式的用户比例，当南京市使用互联网租赁自行车的用户数达 130 万人次时，有 76.96%用户选择将互联网租赁自行车用于直接出行，23.04%的用户用于接驳公交/地铁。现有规范规定互联网租赁自行车的强制报废年限为 3 年，即其寿命为 3 年。计算表明，当南京市拥有 25.7 万辆互联网租赁自行车时,考虑互联网租赁自行车整个生命周期内产生的碳排放,在互联网租赁自行车使用寿命年限内,互联网租赁自行车的出现使南京市交通部门的净年均排放减少了 25195.921t CO_2-eq。从减少 GHG 排放的角度看,互联网租赁自行车系统具有显著的环境效益,不仅有效地补充了交通出行结构的不足,而且对交通出行结构的改善也有重要作用。然而由于大部分受访者仅将互联网租赁自行车直接用于短途出行,而在短途出行中,大部分互联网租赁自行车替代的出行都是通过公共交通和非机动交通实现的,而非机动交通和公共交通都是排放量非常低的模式,因此其低碳效益相对不显著。与此同时,在接驳出行的样本中,接近一半的用户为通勤出行,其中超过 1/3 的用户选择的替代方式涉及机动交通,因此,加强互联网租赁自行车和公共交通的衔接,有利于缓解通勤对出行早晚高峰造成的影响,相关管理部门应在公共交通站点合理布设互联网租赁自行车的有效停车区域,并合理调控不同区域互联网租赁自行车的投放量。此外,如图 8-8 所示,当南京市拥有 25.7 万辆互联网租赁自行车,在当前每辆单车一天平均被使用一次,一次骑行里程为 2.2km 的情况下,每辆单车至少使用 227 天,才能实现真正意义上的零排放和绿色出行,即生产、运维和处置阶段产生的碳排放才能因使用互联网租赁自行车减少的碳排放所抵消。然而随着互联网租赁自行车周转率的提升,在当前情况下,能更快地达到碳排放折中点;相关管理部门也应结合实际使用情况和互联网租赁自行车的全生命周期概念合理确定互联网租赁自行车投放量。

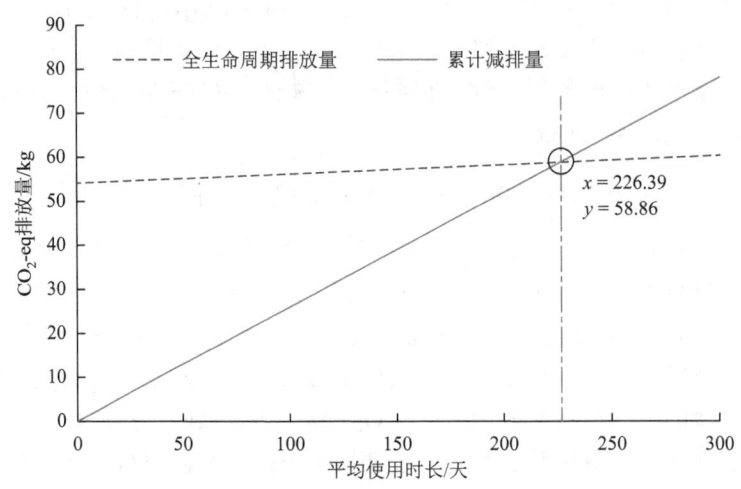

图 8-8 互联网租赁自行车碳排放折中点

随着碳中和战略的实施,相关部门和各企业一直致力于推广对环境更友好的交通方式,互联网租赁自行车作为交通出行的新选择和公共交通的有效补充,它的出现对人们的出行方式选择产生了影响，人们可能会从其他非机动交通、公共交通和机动交通转向使用互联网租赁自行车，因此互联网租赁自行车产生的环境效益是其得到推广的原因之一。本节从全生命周期的角度，量化了互联网租赁自行车的碳排放足迹，并结合问卷调查，分析了互联网租赁自行车的出现对其他出行方式的替代效果。本节与以往的研究存在一定的差异，如根据互联网租赁自行车的使用形式不同，将使用互联网租赁自行车的情况分开考虑，考虑了用户使用互联网租赁自行车出行时出行链的变化及影响。结果充分显示，在不同使用形式下，互联网租赁自行车的使用特征及减排效益均存在明显差异。同时，互联网租赁自行车的普及带来了正向的环境效益，其中互联网租赁自行车作为公共交通"最初一公里"/"最后一公里"的有效补充，互相增强了双方的可达性，为用户提供了更为便捷、快速和高效的出行方式。用户采用互联网租赁自行车接驳公共交通的出行方式能更有效地替代机动交通进行出行。互联网租赁自行车仅用于直接短途出行时，接近80%的样本选择的替代出行方式为其他非机动交通和公共交通方式，与以往研究结果相符合。因此，如何提高用户选择互联网租赁自行车接驳公共交通出行的比例，是提升互联网租赁自行车低碳效益的关键。

本节侧重于考虑因互联网租赁自行车引起的模式转换产生的减排潜力，但互联网租赁自行车的投放量、使用效率和运维效率等仍会对其减排潜力产生影响，这对政府和企业都是较大的考验。因此仍需结合相关规范，合理布局，通过控制投放、合理规划互联网租赁自行车的有效停车范围，提升公共交通站点附近的互联网租赁自行车服务水平，出台相应激励措施提高用户使用互联网租赁自行车用于接驳公共交通的比例等，提升互联网租赁自行车的减排潜力。在后续研究中，可结合投放量测算、使用激励措施等进一步分析，并考虑互联网租赁自行车对其他交通方式产生的边际效应，将先进的理念技术和实施措施整合到实际应用中，为互联网租赁自行车的绿色发展提供更强有力的数据支撑。

参 考 文 献

[1] 袁朋伟，董晓庆，翟怀远，等. 基于 Nested Logit 模型的互联网租赁自行车选择行为研究[J]. 交通运输系统工程与信息，2018，18（5）：195-200，214.

[2] Campbell A A，Cherry C R，Ryerson M S，et al. Factors influencing the choice of shared bicycles and shared electric bikes in Beijing[J]. Transportation Research Part C：Emerging Technologies，2016，67：399-414.

[3] Verhagen T，Feldberg F，Hooff B V D，et al. Understanding users' motivations to engage in virtual worlds：a multipurpose model and empirical testing[J]. Computers in Human Behavior，2012，28（2）：484-495.

[4] Chen S Y，Lu C C. A model of green acceptance and intentions to use bike-sharing：YouBike users in Taiwan[J]. Networks and Spatial Economics，2016，16（4）：1103-1124.

[5] Davis F D. Perceived usefulness，perceived ease of use，and user acceptance of information technology[J]. MIS Quarterly，1989，13（3）：319-340.

[6] Webster K M, Cunningham C J L. Preparing for bike-sharing: insight from focus groups and surveys, Chattanooga, Tennessee, 2010[J]. Health Promotion Practice, 2013, 14 (1): 62-68.

[7] Šťastná M, Vaishar A, Zapletalová J, et al. Cycling: a benefit for health or just a means of transport? Case study Brno (Czech Republic) and its surroundings[J]. Transportation Research Part F: Traffic Psychology & Behaviour, 2018, (55): 219-233.

[8] Ajzen I. Attitudes, traits, and actions: dispositional prediction of behavior in personality and social psychology[J]. Advances in Experimental Social Psychology, 1985, 20 (8): 1-63.

[9] Borhan M N, Syamsunur D, Akhir N M, et al. Predicting the use of public transportation: a case study from Putrajaya, Malaysia[J]. The Scientific World Journal, 2014, (4): 1-9.

[10] Hutchins N, Hook L. Technology acceptance model for safety critical autonomous transportation systems[C]. 2017 IEEE/AIAA 36th Digital Avionics Systems Conference (DASC) St. Petersburg, 2017, 1-5.

[11] Chen C D, Fan Y W, Farn C K. Predicting electronic toll collection service adoption: an integration of the technology acceptance model and the theory of planned behavior[J]. Transportation Research Part C: Emerging Technologies, 2007, 15 (5): 300-311.

[12] Passafaro P, Rimano A, Piccini M P, et al. The bicycle and the city: desires and emotions versus attitudes, habits and norms[J]. Journal of Environmental Psychology, 2014, 38 (3): 76-83.

[13] Zhang Y, Mi Z. Environmental benefits of bike sharing: a big data-based analysis[J]. Applied Energy, 2018, 220: 296-301.

[14] Anderson N A. Portland Bicycle Share Health Impact Assessment[D]. Portland: University of Southern Maine, 2015.

[15] 王杰. 互联网租赁自行车对交通领域碳排放的影响及对策研究[D]. 北京: 北京建筑大学, 2019.

[16] Braun L M, Rodriguez D A, Cole-Hunter T, et al. Short-term planning and policy interventions to promote cycling in urban centers: findings from a commute mode choice analysis in Barcelona, Spain[J]. Transportation Research Part A: Policy and Practice, 2016, 89: 164-183.

[17] Lin J R, Yang T H. Strategic design of public bicycle sharing systems with service level constraints[J]. Transportation Research Part E: Logistics and Transportation Review, 2011, 47 (2): 284-294.

[18] Midgley P. Bicycle-Sharing Schemes: Enhancing Sustainable Mobility in Urban Areas[R]. New York: United Nations Department of Economic and Social Affairs, 2011.

[19] Park C, Sohn S Y. An optimization approach for the placement of bicycle-sharing stations to reduce short car trips: an application to the city of Seoul[J]. Transportation Research Part A: Policy and Practice, 2017, 105: 154-166.

[20] Fan A, Chen X, Wan T. How have travelers changed mode choices for first/last mile trips after the introduction of bicycle-sharing systems: an empirical study in Beijing, China[J]. Journal of Advanced Transportation, 2019, 3: 1-16.

[21] Shaheen S, Martin E, Cohen A. Public bikesharing and modal shift behavior: a comparative study of early bikesharing systems in north america[J]. International Journal of Transportation, 2013, 1: 35-54.

[22] Kou Z, Wang X, Chiu S F A, et al. Quantifying greenhouse gas emissions reduction from bike share systems: a model considering real-world trips and transportation mode choice patterns[J]. Resources, Conservation and Recycling, 2020, 153: 104534.

[23] Chen J, Zhou D, Zhao Y, et al. Life cycle carbon dioxide emissions of bike sharing in China: production, operation, and recycling[J]. Resources, Conservation and Recycling, 2020, 162: 105011.

[24] 南京市交通运输局. 市交通运输局关于 2020 年上半年互联网租赁自行车企业经营服务评价工作的报告[EB/OL].

2020. http：//jtj.nanjing.gov.cn/njsjtysj/202012/t20201204_2742897.html. 2021-07-18.

[25] Luo H，Kou Z，Zhao F，et al. Comparative life cycle assessment of station-based and dock-less bike sharing systems[J]. Resources，Conservation and Recycling，2019，146：180-189.

[26] Haupt M，Kägi T，Hellweg S. Life cycle inventories of waste management processes[J]. Data in Brief，2018，19：1441-1457.

[27] 刘淑瑶. 南京地铁4号线社会效益的定量分析研究[J]. 物流工程与管理，2020，42（4）：130-132.

[28] 牛天林. 基于智能交通大数据的南京高分辨率路网排放清单研究[D]. 北京：清华大学，2017.

[29] de Bortoli A，Christoforou Z. Consequential LCA for territorial and multimodal transportation policies：method and application to the free-floating e-scooter disruption in Paris[J]. Journal of Cleaner Production，2020，273：122898.